이야기 요한계시록

박공서 지음

쿰란출판사

프롤로그

그날이 오고 있다. 그날은 인류 최후요 심판의 날이다. 성경에서 증거하는 그날은 바로 예수님께서 재림하시는 날이다.

"지금이 바로 종말이다." 이렇게 말했을 때 그리스도인들의 반응은 어떨까? 아마도 이럴 것이다. "그렇군요. 그런데 그게 어째서요! 더 이상 난 그런 말에 관심 가질 여유가 없네요. 대환란이 오면 휴거되든지 들어가든지 어떻게든 되겠지요! 휴거되면 근심 걱정 없는 천국에 가니까 좋은 것이고 대환란에 들어가도 우리를 위한 피난처가 있을 테니까 안전하게 보호받다가 예수님 재림하시면 천년왕국에 들어가면 되지요. 여하튼 어떻게 잘 되겠지요."

사실상 늑대와 양치기 소년의 이야기처럼 수많은 사람들이 예언한 종말 시점들에 대한 불발로 더 이상 기독교인들은 '휴거', '대환란', '예수님의 재림' 에 대하여 현실화될 것이라고 믿지를 않는다. 재림 대망 신앙이 약화되다 보니 기독교가 급속하게 세속화되어 가고 있다. 열 처녀 비유처럼 한때 종말론적 신앙으로 뜨거웠던 사람들까지도 깊은 잠에 빠져 있는 실정이다(마 25:5).

게다가 상대주의를 앞세우는 21세기는 예수님의 절대적 신성이 약화되고 강력한 인본적인 신이 만들어질 위험성이 있다. 이 시대는 인간이 만든 신과 성경이 증거하는 진정한 하나님이신 예수님이 싸우는 전쟁터임을 알아야 한다. 빛의 자녀들과 어둠의 자녀들의 격돌을 피할 수 없을 것이다. 우리는 분별해야만 한다. 21세기의 모든 사람들이 추종하도록 만들어진 인본적인 신은 사탄이라는 것을 말이다. 더욱더 정신을 차리고 이 세대를 본받지 말고 돌이켜서 하나님의 선하신 뜻을 분별해야만 할 것이다(롬 12:2).

21세기에 들어서 현격하게 부각되는 세계적 현상은 하나 된 지구촌, 경제와 종교, 정치의 통합이다. 게다가 드러나지 않으면서 이 조직들을 이용하여 세계 단일 정부(New World Order)를 만들고자 하는 강력한 그림자 정부가 전 세계적인 비밀 조직인 프리메이슨이라고 주장하는 사람들이 많다.

특별히 노골적으로 세계 단일 정부를 추진하는 단체는 가톨릭의 예수회와 자칭 유대인이나 사탄의 무리(계 2:9)인 프리메이슨이 합작하여 18세기에 만들어진 일루미나티이다. 일루미나티에 관한 책들은 너무나 많이 출간되었기에 자세히 언급하지는 않겠다. 전 세계 유력한 정치, 경제, 종교적 인물들이 일루미나티 조직에 연관되었다는 것은 놀랄 만한 사실도 아니다. 반드시 언젠가는 일루미나티에 의하여 세계 단일 정부 지도자(적그리스도, 계 13:1)가 만들어지고 그에 의하여 전 세계인은 강제적으로 루시퍼를 하나님으로 숭배하게 될 것이다. 이것이 타락한 천사장인 루시퍼의 최대 전략이다.

그는 구약시대에 니므롯(창 10:8-9)을 통하여 인본적인 국가인 바벨론을 세워 전 세계 사람들을 하나님과 독립시켜 자신만을 신으로 섬기는 바벨탑을 쌓게 만들었다(창 11:1-9). 이것이 니므롯을 중심으로 전 세계인이 하나님을 대적한 구약 판 세계 단일 정부 사건이다.

그렇다면 신약판 바벨탑 사건은 무엇일까? 요한계시록 13장의 열 뿔 짐승인 적그리스도에 의하여 대환란 후 삼 년 반 시기에 만들어질 신 바벨론 국가인 '뉴 월드 오더(New World Order)' 가 될 것이다(계 17:5).

한마디로 이 시대는 암흑이 충만한 혼돈의 시대다(렘 4:23). 밝은 빛의 진리가 절대적으로 필요하다. 암흑 속을 표류하는 교회를 인도할 등대 역할을 할 마지막 때의 복음이 바로 요한계시록이다. 계시록은 성령의 감동으로 기록된 성경이다(벧후 1:21). 그러므로 학적으로 연구하여 알 수 있는 책이 아니라 때가 되어 성령의 허락하심으로 자연스럽게 알게 되는 시대적인 복음이다. 고차원의 지식이 아니라 모든 그리스도인들이 쉽게 활용할 만나와 같은 영적 양식이다. 평범한 목회자인 필자가 펜을 들게 된 것도 바로 이 때문이다.

필자는 성경 66권의 맥(성경적 세계관)에 따라 본서를 집필했고 예수님의 절대성인 신성과 속죄성을 강조했다. 이 책은 나무 하나하나를 세세하게 묘사한 책이 아니고 원리에 따라서 숲 전체를 묘사하여 일관된 길을 쉽게 찾도록 돕는 요한계시록 3D 내비게이션과 같다고 할 것이다.

이 책이 출간되도록 용기와 위로의 말을 아낌없이 해준 아내와 두 아들에게 또한 기도와 물심양면으로 동역해준 여월동 새부천교회 성도들과 쿰란출판사 대표 이형규 장로님께 감사드린다.

2015년 봄 도당산 자락에서

주 예수님의 작은 종 박공서

목차

제3부 이야기로 쉽게 풀어낸 요한계시록 각장(1~22장) 해설

제1부

요한계시록을 풀기 위한 기본 베이스

요한계시록을 풀기 위한 기본 베이스

이야기 요한계시록 성경적 세계관으로 쉽게 풀다

21세기는 종말의 세기이다. 원래 '종말' 이라는 표현은 성경적 세계관에서 나온 말이다. 성경은 크게 창조, 타락, 구속이라는 구조로 되어 있다. 종말은 바로 구속이 완성된다는 의미이다. 성경에서는 종말을 '추수 때' 라고 증거한다(마 13:39).

종말을 인식하는 그리스도인들은 요한계시록에 관심을 갖는다. 요한계시록이 종말의 때와 상황, 의미를 기록한 책이기 때문이다. 그런데 특이하게도 성경 66권 중에서 마지막 책인 요한계시록만이 계시라는 이름이 포함되어 있다. 계시는 미래를 예언할 뿐 아니라 '하나님께서 알게 해준 진리' 라는 의미를 내포한다(계 1:1下). 즉 요한계시록이란 요한을 통하여 하나님께서 알게 해준 구속의 진리라는 뜻이다.

요한계시록은 단순히 미래를 예언하는 책이 아니다. 시대와 장소를 초월하여 적용되는 구속적 의미를 담은 성경책임을 명심하자.

요한계시록은 구원받아 영적 광야인 대환란에 들어온 이스라엘 민족에게 알게 해준 광야생활 매뉴얼이다. 요한계시록은 성경의 마지막 책으로서 종말에 일어날 구체적 상황을 묘사하고 하나님의 구속적 섭리를 증거하기 때문이다.

종말의 때를 사는 그리스도인들은 요한계시록을 알아야만 한다. 하지만 아이러니하게도 알 수 없는 미스터리한 책이 되어버리고 말았다. 요한계시록 22장 전장이 상징적 메시지이기 때문이다. 그리스도인들은 갈급한 마음에 읽어보지만 도통 알 수 없는 상징적 환상과 숫자들로 낙심하여 몇 장 읽지 않아서 덮어버리고 마는 실정이다.

요한계시록에 관련된 책이나 세미나가 있기는 하지만 공통적으로 핵심을 잡지 못하고 진리의 주위를 맴돌기만 할 뿐 마음에 시원함을 주지 못하는 경우가 대부분이다.

그러나 낙심하지 말라. 사실상 요한계시록은 그리 어려운 책이 아니다. 우리에게 가장 소망적인 문구가 요한계시록 처음에 등장한다.

> "예수 그리스도의 계시라"(계 1:1).

'계시'란 '모르는 것을 하나님께서 친히 알게 해주신다'는 의미이다. 하나님의 은혜로 반드시 알게 된다는 기쁜 소식이다. 이것은 마치 우리가 비행기를 타고 공중에 떠오르면 거대한 숲을 관통하는 길을 자연스럽게 보게 되는 이치이다.

요한계시록을 바로 알기 위해서는 반드시 다음과 같은 기초적 안목이 필요하다.

1. 요한계시록은 무엇인가?

이야기 요한계시록 성경적 세계관으로 쉽게 풀다

이 질문은 요한계시록의 정체성에 관한 질문이다. 한마디로 요한계시록은 구속의 진리를 증거하는 성경이다. 설교자를 배출하는 대부분의 신학교에서는 요한계시록을 '묵시문학' 이라고 가르친다. 그렇게 배운 신학생들이 나중에 목회하면서 교인들에게 그것이 진리인 양 가르친다.

묵시문학이란 사도 요한이 박해 중에 있는 초대교회 성도들을 위로하기 위하여 네로 황제를 적그리스도나 666으로 상징화하여 쓴 가상현실 소설이라는 것이다. 이것이 사실이라면 인류 역사상 존재하는 최초의 판타지 소설일 것이다. 하지만 소설은 픽션이건 논픽션이건 간에 반드시 작가의 상상이 가미된 허구가 들어간다. 만약에 요한계시록이 판타지 소설이라면 이 책에도 거짓된 허구가 들어갔다는 말이다. 분명한 것은 만약에 이 책에 1퍼센트라도 허구가 들어가 있다면 성경이 될 수가 없다는 것이다. 하지만 요한계시록이 성경이라는 것은 기독교 역사상 단 한 번의 논쟁 없이 믿어져 왔다. 성경은 온전히 진실만을 모아 놓은 진리의 책이다. 이 말의 의미는 요한계시록은 결코 판타지 소설이 아닌 모세오경이나 여러 복음서와 동일한 권위를 가진 성경이라는 사실이다.

성경은 구원의 진실과 원리를 담은 절대적인 책이다. 그러므로 요한계시록도 구원에 있어서 절대적인 책이다. 요한계시록에 기록된 모든 환상들과 숫자들이 우리의 구원과 직접적인 관계가 있다. 다만 구속사적 측면에서만 그 의미를 찾을 수 있다.

요한계시록에는 다른 성경에서는 볼 수 없는 몇 가지 특징이 있다. 성경 중 유일하게 "예수 그리스도의 계시라"라고 시작한다는 것과 3층천 천상낙원 본부가 나오고, 보좌에 앉으신 하나님이 직접 주관하신다는 것이다. 게다가 첫 장과 끝장에서 "이 책을 읽고 지키는 자가 복되다"라고 재차 강조한다. 만약에 단순한 판타지 신앙소설이라면 이러겠는가! 이런 특징은 곧 '요한계시록이야말로 성경 중에 성경'이라는 의미이다. 한마디로 요한계시록은 성경 66권의 집대성이다. 성경 66권의 맥을 농축하여 원리적으로 이미지화한 결론이다.

성경은 각각의 제목만 보아도 그 책의 핵심을 알 수가 있다. 요한계시록이란 제목은 곧 '예수님께서 사도 요한을 통하여 교회들에게 복음을 시청각적으로 쉽게 알게 해준 광야(연단, 고난, 십자가, 속죄, 성화)의 도' 라는 의미다. 우리는 요한계시록을 시한부적인 책으로 한정하여 이해한다. 즉 요한계시록의 말씀은 역사적 대환란에 실질적으로 들어간 사람들에게만 적용되는 시한부 종말론이라는 것이다. 하지만 분명히 알아야 할 것은 시한부 종말론은 진리가 아니다. 단언하건대 요한계시록은 시한부 종말론이 아닌 복음을 증거하는 성경이다.

성경은 동서고금 모두에게 동일하게 적용되는 구속의 진리이다. 역사의 특정한 시점에만 적용되는 시한부 종말론적 책이 아니다. 마찬가지로 성경인 요한계시록도 역사와 공간을 초월하여 적용되는 구원의 복음이다.

요한계시록이 성경이라는 믿음은 대환란의 홍해를 가르는 데 중요한 지팡이가 될 것이다. 우리는 요한계시록을 신비적이고 종말론적인 책으로 축소하지 않고 실천적이고 복음적인 성화의 책으로 활용해야만 할 것이다(계 1:3).

2. 요한계시록은 어떤 관점으로 기록되었는가?

요한계시록은 헤브라이즘적인 관점으로 기록되었다. 이 말은 '원리 중심' 이라는 의미이다. 사도 요한 당시의 세계는 인본주의인 헬레니즘과 신본주의인 헤브라이즘이 충돌하는 시대였다. 로마제국은 인간인 황제를 신으로 숭배하는 헬레니즘 사상을 따랐지만 기독교는 성육신하신 예수님을 참 하나님으로 섬기는 헤브라이즘을 따랐다. 모든 성경의 사관이 그렇지만 요한계시록 역시 헤브라이즘적인 사관에 따라 기록되었다. 이것은 요한계시록을 해석하는 데 있어 대단히 중요한 사실이다.

물론 요한계시록은 로마제국 당시의 평민 언어인 코이네 헬라어로 기록되었다. 그래서 혹자는 헬레니즘적인 사관으로 풀어야만 한다고 주장하는 이도 있다. 하지만 언어가 헬라어라고 해서 요한계시록이 헬레니즘 사관으로 기록된 것은 결코 아니다. 조선시대에 모든 사람이 한자로 글을 썼다고 중국식 사관으로 한국 역사를 이해해야 한다는 말인가? 어불성설이다.

대부분의 계시록 증거자들이 요한계시록의 정글을 여행할 때 극단적인 신비주의나 이성적인 방법을 사용한다. 첫 단추부터가 잘못 꿰어진 것이다. 기록자가 어떤 사상을 가지고 기록했는가를 아는 것이 대단히 중요하다. 기록자인 요한은 정통 히브리인이다. 히브리적 문화와 전통 속에서 자라 머리끝부터 발끝까지 헤브라이즘으로 무장된 사람이다. 당시에 히브리인 중에도 헬라의 고등 지식을 익혀 헬라적인 사고를 가진 이들도 있었지만 요한은 그와는 거리가 멀었다. 그가 초등 지식만을 익힌 어부 출신임은 우리 모두가 다 아는 사실이다.

단편적 지식과 숲의 나무 하나하나를 이성적으로 묘사하는 헬레니즘에 비하여 헤브라이즘은 종합적인 원리 중심이고 숲 전체를 관통하는 길을 묘사하는 방법을 중시한다. 헬레니즘은 의지적으로 알려고 하는 능동적 사상인 데 반하여, 헤브라이즘은 원리 중심으로 자연스럽게 깨닫게 되는 피동적인 사상이다.

요한계시록이 그렇다는 것이다. 헤브라이즘적인 원리 중심의 안경을 쓰고 보면 그냥 알게 되는, 은혜의 복음이다. 요한계시록은 이성적 방법으로 해석될 수 있는 인본적인 책이 결코 아니다. 은혜로 알게 되는 책이다(계 1:1下).

성경의 대부분은 헤브라이즘적인 사고를 가진 유대인들이 쓴 책이다. 그러므로 성경의 모든 사건 사고 스토리가 원리 중심적으로 기록되어 있다. 대표적으로 이스라엘 백성들의 출애굽과 광야 여정기가 그렇다. 그것들은 단편적으로 이해할 수 없다. 성경 전체를 관통하는 구속사적 원리에 따라서만 이해할 수 있다.

구약의 모든 사건 사고가 신약시대를 사는 우리에게 중요한 이유는 그 모든 것을 모형으로 구원의 원리를 증거하고 있기 때문이다. 한마디로 구약의 모든 것은 구원의 매뉴얼이다. 그것이 있어야만 우리 그리스도인들은 신앙의 이긴 자가 되어 생명과를 먹을 수가 있다(계 2:7). 대체신학자들은 구약의 모든 말씀은 육적 이스라엘 백성과 맺었는데 그들이 거부하여 이방인에게 대체되었기에 무효라고 주장한다. 그들은 구약성경은 박물관에나 있어야 할 기념품 정도의 가치만 지닐 뿐이라고 생각한다. 이런 그릇된 사상이 현대 교회 내에 깊이 뿌리를 내리고 있는 실정이다.

하지만 구약성경 모두는 현대를 사는 우리에게도 절대적인, 살아있는 하나님의 말씀이다. 원리 중심의 헤브라이즘적인 관점이 없으면 이런 실수를 하게 된다. 성육신하신 예수님 역시 정통 히브리인이셨다. 그래서 예수님의 증거 방식이 철저히 비유를 사용한 원리 중심적이었다(마 13:34). 그래서 인본주의적이고 헬라적인 사고를 가진 고등 지식인들은 이해하지 못했지만 당시 무식한 서민들이나 어린아이들은 쉽게 이해했다.

요한계시록은 환난과 고난의 책이다. 구약적인 관점으로 보면 광야에 대한 기록이다. 혹자는 대환란은 상징일 뿐 실질적으로는 존재하지 않는다고 주장하지만 그러한 주장은 옳지 않다. 대환란의 존재를 부인하는 것은, 마치 이스라엘 백성들이 애굽을 탈출하여 광야를 통과하지 않고, 곧바로 가나안 땅에 들어갔다고 우겨대는 것과 같다.

광야에는 낮의 더위와 밤의 추위 그리고 배고픔과 목마름, 아말렉 족속 같은 이방 군대의 침략이 있었듯이, 그 원리에 따라 영적 광야인 대환란에도 첫째부터 일곱째 나팔 재앙의 어려움과 열 뿔과 두 뿔 짐승 그리고 666명의 거짓 선지자들의 박해를 당하게 되는 것이다. 광야의 모든 것이 이스라엘 백성들의 훈련을 위해 절대적이었듯이 계시록에 등장하는 모든 환난도 영적 이스라엘 백성인 그리스도인들의 신앙 훈련을 위해 절대적이다.

혹자는 모든 그리스도인은 대환란 직전에 다 휴거되기에 그 안에 들어가는 불신자나 육적 유대인들에게나 적용되는 말씀이라고 주장하는데, 이 역시 옳지 않다. 이것은 성경 전체의 원리를 무시한 견해다. 구약에서 광야에는 누가 들어갔는가? 하나님의 백성들이 들어가지 않았는가! 이 영적 원리에 따라서 극소수의 알곡이 된 휴거 성도를 제외한 모든 그리스도인들은 대환란에 들어간다는 것이다.

3. 기록자의 정체와 기록 목적은 무엇인가?

요한계시록의 기록자는 예수님의 직제자인 사도 요한이다

40여 명의 성경 기록자들과 마찬가지로 사도 요한도 성령의 감동을 받아 인격적 의지로 이 책(편지)을 기록하였다. 혹자는 이 책이 직통계시를 받아 적은 것이라고 하는데, 옳지 않다. 성경에서 유일한 직통계시는 십계명뿐이다. 모든 성경이 인격적 자유의지로 기록된 것이다. 하지만 동일한 성령님의 감동으로 기록되었기에 일관성이 있다.

우리는 먼저 사도 요한이 누구인지를 알아야 한다. 그는 배움이 부족한 어부 출신이지만 예수님의 직제자였고 예수님의 신성을 가장 정확하게 경험하고 깨달은 사람이다. 게다가 그는 예수님 승천 후 오순절 날 마가의 다락방에서 광야 연단 과정을 마쳐 이긴 자가 되었다는 징표로 성령세례를 받은 장본인이 되었다. 이것의 의미는 곧 그 누구보다 광야에서의 영적 성장 과정을 명확하게 알고 있다는 말이다. 마치 광야에서 40년간 미리 연단을 받고 광야를 통한 하나님의 섭리를 깨달은 후에 이스라엘 백성을 광야로 인도했던 모세처럼 말이다.

또한 요한계시록을 쓰기 이전에 요한복음과 요한일서, 요한이서, 요한삼서를 기록한 당대에 유력한 성경 저술가이기도 했다. 한마디로 철저히 준비된 사람이다. 그는 결코 망상적 신비주의자가 아니었다. 이런 그가 신비로운 환상들이 보이고 들린다고 해서 아무런 대책 없이 기록했겠느냐는 말이다. 사실 요한계시록이 단순히 미래에 일어날 일들만 예언했다면 별 가치가 없을 것이다. 세계적인 예언가 노스트라다무스의 예언과 그리 다르지 않을 것이다.

하지만 요한계시록은 단순한 예언서가 아니라 구속의 진리를 증거하는 성경이다. 요한은 단순한 예언가가 아니라 성경적 세계관으로 온전히 무장된 복음을 전하는 사도이다. 그래서 우리는 신비한 느낌이나 선입견, 어떤 종말론적 학설을 가지고 요한계시록의 숲에 달려들지 말고 기록자인 사도 요한의 정체성을 파악해야만 올바른 해석이 가능한 것이다.

사도 요한은 왜 최악의 상황 속에서 요한계시록을 기록했을까?

사도 요한은 밧모 섬으로 귀양 가기 전에 에베소 교회의 대표적인 목회자요 설교자였다. 모든 목회자들의 고민이겠지만 사도 요한 역시 '어떻게 하면 성경(속죄 복음)을 알기 쉽게 전하여 성도들의 삶에 적용시켜 영적으로 성장케 할까?' 를 고심했을 것이다. 그는 죄 사함과 영적 성장을 위한 광야 복음 매뉴얼을 만들고 싶은 마음이 절실했을 것이다. 하지만 당시 그리스도인들 대부분은 문맹인이었다. 글을 모르기에 문자를 통한 논리적이고 합리적인 가르침이 불가능했다는 것이다.

당시 목회자였던 요한 또한 그 현실을 통감했을 것이다. 사도였던 그는 예수님을 영접하여 영적 광야에 들어온 그들에게 광야의 도를 전해야만 한다는 사명감이 투철했을 것이다. 수많은 시행착오를 통하여 깨달은 것은 가장 효과적인 방법이 그림(이미지)을 통하여 연단의 원리를 설명하는 것이었다. 터키 갑바도기아 지역의 초대 교인들이 살던 곳을 순례할 때 보니 예배드리던 동굴 벽마다 그림들이 많이 그려져 있었다. 당시의 기독교인들에게 그림을 통한 이미지식 성경 교육을 했음을 엿볼 수가 있었다.

사실상 일일이 찾아가 목회하는 당시의 형편 때문에 요한은 시청각적인 광야 복음 매뉴얼을 만들 여유가 없었다. 지금처럼 교회당 건물이 있어 사람들이 찾아오는 것도 아니고 휴대폰도 자동차도 없던 시절 아닌가! 그러는 중에 지중해의 외딴 섬 밧모에 귀양 가게 되었고 그곳에서 간수장의 특혜를 받아 별실(동굴)에 오랜 시간 거하면서 여유롭게 이 책을 완성할 수가 있었다. 어찌 보면 요한이 밧모 섬에 귀양 간 것이나 여러 가지 환상을 받은 것들은 오랜 기도의 응답이었을 것이다.

사실상 초대교회의 모든 성경 기록자들이 '예수 천당, 불신 지옥'의 초보적인 복음을 전하려고 성경을 기록한 것이 아니고, 광야에 부름 받아 나온 성도들(에클레시아=교회)의 영적 성장을 위한 광야의 도를 증거하려고 성경을 기록한 것이다.

요한계시록은 표면적으로는 종말론적 예언만을 담은 책으로 보인다. 하지만 이미 언급했듯이 이면의 영적 의미인 광야의 도를 아는 것이 중요하다. 히브리식 교육의 특징은 이미지를 통한 원리를 아는 교육이다. 이 교육방식이 계시록에 적용되어야만 한다. 다양한 종말론적 환상들은 도구일 뿐이다. 주님께서는 그것들을 통하여 광야 연단의 이치를 증거하고 계신다. 계시록은 시대를 초월하여 구원받아 광야에 나온 모든 성도들에게 다 적용되는 속죄의 원리들이다. 속죄를 위한 계획과 재료들과 그 과정과 결과가 세세하게 기록되었다.

요한계시록은 이스라엘 백성들의 광야 여정기인 모세오경을 원리적으로 시각화한 책이다. 성경에서는 광야에 나온 하나님의 백성들을 '여호와의 군대'라고 칭한다(출 12:41). 광야는 '하나님의 빛의 군대와 사탄의 어둠의 군대가 격돌하는 전쟁터' 라는 것이다. 요한계시록은 어떻게 사탄의 군대를 물리치는가를 기록한 최고의 병법서라고도 할 수 있다.

요한계시록의 전체적인 내용을 요약하면 다음과 같다.

1장은 서론이다. 2장과 3장에서는 하나님의 군대인 이긴 자들이 소개된다. 4장은 광야 전쟁을 집행할 총사령부인 3층천 하나님의 보좌가 등장한다. 5장에는 총사령관인 어린 양 예수님이 일곱 인으로 봉한 두루마리 권한을 위임받는다. 6장에는 주님께서 쉬어서 사용하실 각 인에 담겨진 전쟁용 무기들이 소개된다. 7장은 보충계시로서 집행 유예 기간인 교회시대에 만들어진 빛의 사자 144,000명과 대환란을 통과하여 흰옷 입고 빛의 사자가 된, 셀 수 없이 많은 알곡 성도들이 소개된다. 8장에는 총사령관의 지휘 하에 천사들에 의해 각 인에 담겨진 무기들을 사용한 실제적인 공격 내용이 소개된다. 첫째부터 넷째 나팔이 동시에 불어지면서 전 지구상에 기근, 가뭄, 재앙이 덮친다.

9장엔 다섯째 천사가 나팔을 불면서 지옥의 모든 악령이 올라와 역사함으로써 다섯 달 동안 악성 피부병이 전 세계에 창궐한다. 이것이 첫 번째 번제 과정이다. 여섯째 나팔 소리가 나고 3차 세계대전이 일어날 것으로 예상된다. 이것이 두 번째 번제 과정이다. 10장에는 어떻게 이스라엘연합군이 강력한 상대연합군을 격퇴시켰는지 그 비밀을 소개하고 그 후에 승전국의 총 지도자가 적그리스도가 될 것을 예고한다. 11장에는 대환란 전 삼 년 반에 이스라엘 백성들에게 예수님께서 여호와 되심과 속죄주 되심을 증거할 두 증인이 소개되며, 그들이 3차 세계대전에서 승리하여 적그리스도가 될 사람에 의하여 살해당함을 증거한다.

12장은 7장과 마찬가지로 보충계시이며, 탄생하신 예수님을 죽이려는 루시퍼의 전략과 실패 그리고 예수님의 백성들이 미카엘 천사장의 보호 아래 대환란의 광야에서 안전하게 양육 받음을 소개한다. 13장은 어둠의 총사령관인 열 뿔 짐승과 그의 아내 격인 두 뿔 짐승과 비서들인 666명의 거짓 선지자들이 소개된다. 14장은 후 삼 년 반 시 첫 번째로 익어져 휴거된 성도들이 있는 3층천과 두 번째로 익어져 순교로써 추수되는 양들과 악으로 익어져 심판받는 염소들이 소개된다.

15장은 대환란 후 삼 년 반 시기에 두 번째로 익어져 순교한 사람들이 3층천 근접한 지역에 올라감을 소개한다. 16장은 일곱 대접으로 어둠의 군대들을 초토화시키는 장면이 나온다. 17장은 열 뿔 짐승인 적그리스도와 두 뿔 짐승의 비밀이 폭로되고, 그 둘이 결국 갈라져 서로 싸우게 됨을 증거한다. 18장은 세계 단일 정부인 신 바벨론 제국이 소개되고, 돈으로 하나님을 대적하는 정부를 만들어 사탄을 신으로 숭배한 상인들인 자칭 유대인 행세를 하는 프리메이슨들이 심판받는 것이 증거된다. 19장은 총사령관인 예수님께서 빛의 사자들인 144,000의 휴거 성도들과 재림하여, 철장권세로 어둠의 군대를 심판함을 증거한다. 20장은 모든 악령들을 지옥에 가두고, 지상에서 천 년 동안 이루어질 메시아 왕국을 소개하고 천 년이 끝난 후 있게 될 인류 최후의 영적 전쟁과 백보좌 심판대를 소개한다.

21장은 영적 신부인 이긴 자들과 예수님의 혼인 및 그들이 살 집인 3층천이 소개된다. 22장은 마지막 장으로서 결론이다. 사도 요한은 "아멘 주 예수여 오시옵소서"라고 기원하며 끝을 맺는다. 이 말은 곧 요한계시록에 기록된 대로 대환란을 통한 하나님의 구속적 섭리가 온전히 이루어질 것임을 확신한다는 것이다. 한마디로 요한계시록은 '영적 전쟁 준비, 시행, 끝, 평화의 나라' 라는 구조로 이루어진 것이다.

4. 요한계시록을 해석하는 신학 이론은 무엇인가?

요한계시록을 해석하는 몇 가지 신학 이론이 있다.

대부분의 사람들은 이중 하나를 선택하여 요한계시록을 해석한다. 성경적 관점에서 개략적으로 알아보고자 한다.

1) 전 천년설

이 이론은 실제적으로 지구상에 천년 메시아 왕국이 도래하고 그 전에 예수님이 재림하신다는 이론이다. 전 천년설은 성경의 역사를 구약시대, 교회시대, 7년 환난시대, 천년왕국시대로 구분한다. 상당히 성경적이다. 그래서인지 한국과 미국 교회에서 많이 따르는 학설이다. 그런데 전 천년설은 다음과 같이 세분화된다.

역사적 전 천년설과 세대주의적 전 천년설이다.

역사적 전 천년설은 미국 교회가 신뢰하는 학설로서 대환란 직전에 휴거 사건은 없고 모든 교회가 대환란에 들어간다는 것이다. 그래서 이 학설을 맹종하는 어떤 사람들은 요르단의 페트라에 7년 보호처를 만들어 온갖 생필품을 구비하고 대환란을 대비한다고 한다. 어찌하든 대환란 중에도 잘 피신하여 견뎌내면 재림하신 예수님과 함께 천년왕국에 들어간다는 것이다.

하지만 성경 요한계시록 14장을 보면 대환란 중에 분명히 휴거되어 천국에 있는 사람들이 나온다. 게다가 19장에도 예수님이 재림할 때 따르는 흰옷 입은 무리가 나오는데 이들이 바로 휴거된 '이긴 자들' 이라는 것이다. 극소수이지만 분명히 휴거되는 사람들도 존재한다는 것이 성경의 진리다. 이들은 영적 성장과 속죄의 관점에서 대환란을 바라보지 않는다. 그러므로 이 학설은 외형적으로는 옳은 듯하나 성경의 진리에 적합지 않다.

그 다음에 한국 교인들이 가장 좋아하는 세대주의적 전 천년설이다.

이 학설은 평안하고 풍요로운 삶을 복음이라고 믿는 번영신학을 추종하는 사람들이나 시한부 종말론주의자들이 특별히 좋아하는 이론이다. 대환란 직전에 모든 교회가 다 휴거된다는 이론이다. 모든 그리스도인들이 대환란에 들어가 고통 받는 것은 사랑이신 하나님의 뜻이 아니라는 것이다. 휴거된 교인들은 대환란 중에 공중에서 혼인잔치를 하고 재림하신 예수님과 함께 내려와 천년왕국에 들어간다는 것이다. 대단히 달콤한 학설이다. 하지만 이것도 성경에 적합하지 않다. 왜 적합하지 않은지는 이 책에서 전반적으로 설명될 것이다.

2) 무 천년설

이 학설은 어거스틴과 오리겐, 종교 개혁자 칼빈이 주장한 것으로 기독교가 이데올로기화된 유럽 교회에서 신뢰하는 학설이다.

실제적인 천년왕국은 없고 상징적인 것이라는 주장이다. 복음시대인 예수님의 초림부터 재림까지의 기간이 상징적 천년왕국이라는 이론이다. 이 이론은 그리스도인들에게 현실에 충실하게 만드는 효과도 냈지만 재림 대망 신앙을 잃어버리게 만들었다. 이것은 다니엘서 9장의 '70이레 예언' 에 맞지 않는 비성경적인 학설일 뿐이다.

이들이 천년왕국이라고 주장하는 교회시대는 사실상 대환란 유예 기간으로 이방에 복음이 증거되어 예정된 이방인을 채우는 기간이다(롬 11:25-26). 예정된 이방인이 채워지면 이방에서의 구원의 역사가 끝나고 대환란이 시작되어 두 증인에 의하여 복음이 유대인들에게 전파되어 다 구원받게 된다는 것이 성경의 진리이다. 천년왕국의 조건은 마귀가 없고 전쟁이 없으며, 질병이 없고 하나님의 뜻에 따라 세상이 운영되는 것이다. 죄와 불행과 마귀가 충만한 교회시대는 결코 천년왕국이 될 수 없다.

3) 후 천년설

이것은 세상이 점점 좋아져서 자연스럽게 천년왕국이 만들어진다는 진보적이고 낙관적인 학설이다. 하지만 세상은 점점 혼란스럽고 악하게 변하고 있기 때문에 대부분 이 이론을 따르지 않는다. 이 역시 성경과는 거리가 멀다.

5. 대환란의 성경적 의미는 무엇인가?

요한계시록은 대환란에 대한 기록이다. 하지만 각종 환난의 표면적 현상보다 그 이면에 있는 성경적 의미를 아는 것이 대단히 중요하다. 성경에서는 그리스도인들이 겪는 모든 환난을 '십자가' 라고 표현한다. 대환란의 도를 아는 것은 곧 '십자가의 도를 아는 것' 과 같다. 그 어떤 형태의 환난이든 천국 순례자인 그리스도인들에게 모든 환난은 의미가 있다는 것이 성경의 가르침이다(행 14:22).

한마디로 대환란의 성경적 의미는 구원받은 모든 그리스도인들이 훈련받는 영적 광야라는 것이다. 그러므로 요한계시록은 영적 이스라엘 백성인 그리스도인들이 천국에 가기 위해 훈련받는 영적 광야에 대한 기록인 것이다.

세대주의 전 천년설주의자들은 요한계시록 2장과 3장에 존재하던 교회가 갑자기 4장부터 사라져서는 그 이후 대환란 중에 교회라는 단어가 등장하지 않는 것은 대환란 직전에 다 휴거되었기 때문이라고 주장한다. 요점은 대환란엔 그리스도인들이 전혀 없다는 말이다. 대환란 중에 모든 그리스도인들은 휴거되어 공중에서 주님과 혼인잔치를 하고 있다는 것이다. 진짜 그런지 성경 말씀을 따라 알아보자.

'교회' 는 헬라어로 '에클레시아' (*ἐκκλησία*)라고 한다. 이 말의 의미는 '광야로 불려나온 사람들' 즉 '광야에 존재하는 그리스도인 공동체' 란 뜻이다. 그래서 성경에서 교회를 광야 교회라 칭한다(행 7:38). 교회는 가나안 땅도 애굽도 아닌 오직 광야에만 존재한다는 것이다. 대환란은 영적인 광야와도 같다. 그곳에 그리스도인들이 없다는 것은 성경 전체의 맥을 바꾸는 어불성설이다. 대환란에 그리스도인들이 들어가지 않는다는 것은 출애굽한 이스라엘 백성들이 광야를 거치지 않고 점프하여 가나안 땅으로 직행했다는 황당한 결론이 나오는 것이다.

혹자는 요한계시록은 대환란 중에 이삭줍기 일꾼들에 의하여 이스라엘 백성들만이 복음을 받아 구원받는 내용의 책이라고 주장한다. 과연 그럴까? 요한계시록이 그리스도인들과는 관계가 없는 유대인만을 위한 복음의 책일까?

물론 요한계시록을 해석할 때는 우선적으로 육적인 이스라엘 민족과 예루살렘 성을 중심으로 해야 한다. 하지만 그것이 요한계시록이 유대인에게만 한정되는 말씀은 아니라는 것이다. 성경은 결코 그렇게 증거하지 않는다.

대환란의 장은 육적 이스라엘 백성들만이 두 증인에 의하여 전도받아 양육되고 불신자들이 심판받는 특별 공간이 아니다. 그곳은 구원받아 광야에 나온 모든 그리스도인을 위한 보편적인 훈련장이다. 구원받은 모든 그리스도인들에게 광야(환난)에서의 훈련은 절대적이다(슥 13:8-9). 대환란 속에서는 이방인과 유대인이 구별되지 않는다. 오직 그리스도인만이 존재한다. 이 구분은 교회시대에만 한정되는 표현일 뿐이다. 성경 66권 전체는 구원받아 광야에 나온 영적 이스라엘 백성인 그리스도인들에게 절대적으로 필요한 말씀이다. 그 어떤 책도 빠져서는 안 되는 것이다.

왜 우리는 성경 전체를 유대인을 모형으로 인류 전체로 확대 해석하다가 유독 요한계시록만 유대인들만을 위한 책이라고 축소 해석을 할까? 아마도 요한계시록에 성경적 권위를 부여하지 않기 때문일 것이다. 분명한 것은 요한계시록은 성경이다.

그 어떤 논리적인 말도 요한계시록의 성경 됨을 무시한다면 이단 사설일 뿐이다. 우리는 성경 66권이 가장 보편적인 진리라고 하면서 가장 상식적인 논리마저 부정한다는 것은 참으로 아이러니하다. 이것만은 분명하다. 요한계시록은 특정 민족의 구원만을 다룬 율법 책이 아니라 구원받은 하나님의 백성 전부를 다룬 구원의 복음이다.

대환란의 장은 구원받은 영적 이스라엘 백성인 그리스도인들이 빛 가운데 강하게 훈련받은 영성 훈련장이다. 그래서 광야 교회는 절대적으로 존재할 수밖에 없다. 구약시대에 이스라엘 백성들이 들어간 광야는 앞으로 그리스도인들이 들어갈 대환란의 모형이다. 광야에 성막이 존재하듯이 영적 광야인 대환란에 교회가 존재하는 것은 당연지사이다. 광야의 성막이 이스라엘 백성들에게 상번제의 장이 되어 속죄 은총을 적용시켰듯이 대환란의 교회도 마찬가지 역할을 하는 것이다. 교회는 성도들의 산 제사로 속죄 은총이 적용되는 그리스도의 모태이다(롬 12:1).

십자가의 고난과 신앙생활은 뗄 수 없는 절대적인 관계이다. 대환란은 구속을 위한 십자가의 집하장이라 할 수 있기 때문이다. 단언하지만 대환란은 속죄 은총을 적용받아 거룩해지는 데 최적의 환경이라 할 수 있다.

강조하지만, 대환란은 성막과 하나님의 백성이 있는 영적인 광야와도 같다. 구약의 육적 이스라엘 백성들이 광야의 성막에서 동물로 번제를 드렸듯이, 영적 이스라엘 백성인 그리스도인들이 시련의 불가운데 자신을 산 제물로 드리는 곳이다(벧전 4:12-13). 요한계시록에 등장하는 교회는 건물이 아닌 무형 교회이며 일상의 생활 교회이다. 우리는 성경적 교회의 의미를 알아야 한다. 성경에서는 건물과 조직 자체를 교회라 하지 않는다. 예배당이나 교회당일 수는 있겠으나 교회 자체는 아니다. 건물과 특정인 중심의 권위적 조직체를 교회라 하는 것은 타락한 중세 종교인들이 만들어낸 왜곡된 개념이라 할 수 있다. 그래서 대환란에서는 형통하고 평화로웠던 교회시대의 종교적이고 형식적인 제사가 약화되고, 일상에서의 실질적인 산 제사가 강화될 것이다. 교회의 본질이 회복되는 것이다. 육적 예배보다도 영적 예배가 신앙의 초점이 된다.

대환란의 거칠고 지속적인 고난이 그리스도인의 영적 체질을 바꾸어 놓을 것이다. 더 이상 요한계시록에 등장하는 교회를 건물과 교리와 인본적 조직으로 구성된 유형 교회로 보면 안 된다. 대환란의 시기는 유형 교회가 강조되어 번성하던 교회시대가 아니기 때문이다.

계시록 2장, 3장에 나오는 소아시아 일곱 교회 또한 건물이 아니다. 로마 제국의 심한 박해 때문에 합법적인 교회당을 가질 수가 없었기 때문이다. 합법적인 교회당 건축은 주후 4세기 초 콘스탄티누스 황제에 의하여 기독교가 공인되면서 가능해졌다. 그 후 기독교가 세상 정부의 보호 하에 흥왕하여 권력을 얻으면서 자연스럽게 교회는 그리스도인들이 사는 일상이 아닌 특정한 건물이라는 인식이 강해졌다. 여기에서 중세의 암흑기가 시작된 것이다. '교회는 특정한 장소의 건물이 아니라 그리스도인들의 일상 전체' 라는 성경적 개념은 요한계시록을 해석하는 중요한 기초가 된다. 대환란은 영적 광야이고 광야는 구원받은 자들이 산 제사로 영적 예배를 드리며 거룩해지는 영적 교회와 같기 때문이다.

초대교회와 마찬가지로 대환란에도 일상의 교회가 강조될 것이며 합법적인 교회당(건물, 조직 등)은 후 삼 년 반 시기에 적그리스도에 의하여 철저히 무너질 것이다. 그러므로 계시록에 등장하는 교회는 광야와 같은 일상 중심의 무형 교회라 함이 합당할 것이다. 강조하지만 성경에서 강조하는 성령으로 충만한 교회는 특정 건물이 아닌 광야 교회, 즉 일상적 생활 교회이다.

요한계시록을 제대로 해석하려면 광야 교회 즉, 일상 교회의 성경적 의미와 광야에서의 십자가(생활 고난)를 통한 성령의 파쇄 훈련인 일상의 산 제사의 원리를 이해해야만 가능하다. 왜냐하면 요한계시록은 단순히 미래의 재앙만을 예언하는 것이 아니라 일상의 모든 고난을 활용한 구속의 도를 핵심적으로 증거하기 때문이다.

제2부

요한계시록을 풀기 위한 대환란의 10가지 성경적 원리

1. 광야 교회의 원리

[대환란은 하나님의 임재가 충만한 광야 교회다]

대환란의 여정은 그리스도인이 피해야 할 곳이 아니라, 반드시 거쳐야 할 곳이다. 부정의 용어가 아닌 절대 긍정의 용어이다. 대환란은 광야 여정과 같기에 우리에겐 금지 코스도 아니요 선택 코스도 아닌 절대적 의무 코스다(슥 13:8-9).

우선 이스라엘 민족을 중심으로 한 성경 전체의 흐름을 파악해 보도록 하자. 구약성경는 유대인만을 위한 구원자이신 여호와 하나님을 집중적으로 증거한다. 마태복음부터 유다서까지의 신약성경는, 구약성경를 근거로 하여 나사렛 예수님이 구약의 여호와 하나님과 속죄주 되심과 성령을 통한 속죄 사역인 광야의 도를 집중적으로 증거한다. 그러면 성경의 마지막 책인 요한계시록은 무엇을 강조하고 있을까? 구원자이신 예수님을 영접하여 광야 교회에 들어온 그리스도인들이 광야 여정을 통하여 어떻게 영적으로 성장하고 가나안 땅인 천국(계시록에서는 천년왕국과 신천신지로 나눔)에 입성하는지를 증거하고 있다. 한마디로 요한계시록은 신약판 광야의 책인 모세오경과 같다.

성경 66권에서 구원받은 성도들의 영적 성장 과정에 대하여 집약적이고 원리적으로 증거한 책은 요한계시록이 유일하다.

요한계시록은 구원 받지 못한 불신자의 관점에서 보면 심판과 저주의 책이라 할 수도 있다. 하지만 구원받은 그리스도인의 관점에서는 '부름 받아 광야에 나온 사람들의 공동체'(에클레시아)가 영적 번제를 드리는, 인내의 삶을 살면서 성숙하게 되는 축복의 책이다.

중요한 것은 성경의 마지막 책인 요한계시록은 불신자가 아닌 구원받은 성도들을 위한 영적 성장 매뉴얼이라는 사실이다. 냉정하게 말해서 성경은 불신자들에게는 관심이 없다. 그래서 성경이 만인을 위한 풍요의 책이 아니라 은혜로 선택받은 사람들만을 위한 구원의 책이라고 하는 것이다. 교회사를 보면 모든 이들이 하나님의 은총과는 상관없이 자유의지로 구원받을 수 있다고 주장한 알미니안주의가 이단으로 정죄 받았다. 구원은 모든 이들이 원한다고 가질 수 있는 것이 아니라는 의미다(눅 13:24). 교회시대에 주어진 수많은 기적과 물질적 풍요는 원리적으로 요셉의 보호 하에 애굽의 이스라엘 백성들에게 주어진 잠깐의 축복과도 같다.

그러나 풍요로운 애굽은 탈출해야 하는 장망성이지 영원히 거주할 곳은 아니다. 신앙의 목적은 풍요가 아니라 거룩이다. 진정한 구원의 시작과 완성은 풍요로운 애굽이 아닌 척박한 광야에서 이루어진다. 광야의 고난은 결단코 저주가 아니라 선민들에게 주어진 최고의 권리이자 은혜 중에 참된 은혜이다(벧전 5:12).

우리는 교회시대 2000년의 풍성함을 대단한 축복이라 생각하지만, 사실상 성경적 관점으로 볼 때는 출애굽 직전의 애굽 상황과 출애굽 직후의 화려한 장관을 다룬 것에 불과하다. 모세오경에서는 산발적으로 광야의 진리를 다루고 있다. 그런데 요한계시록에서는 광야의 원리적인 엑기스만 뽑아서 증거하고 있다.

이렇게 성경의 핵심이자 성도들의 영적 성장 과정을 다룬 노른자 같은 요한계시록을 시기하고 질투하며 못 읽고, 못 듣게 하는 유일한 세력이 있으니 최고의 원수 사탄이다. 사탄은 교회사 2000년 동안 교회 안에 풍요와 물질, 건강의 기복 사상을 심어놓아 십자가의 고난을 싫어하게 만들었다. 지금 대부분의 교인들은 복음이란 십자가를 지고, 세상에서 죽는 삶이 아니라 십자가 없이 풍요롭게 살면서 세상에서 칭찬받으며 자아를 실현하는 것이라 생각한다.

소위 번영신학, 풍요신학, 형통신학이 요한계시록을 무가치한 책이요 위험한 책으로 전락시킨 것이다. 사탄은 그의 치밀한 농간에 보기 좋게 넘어간 교회들을 보면서 호탕하게 웃고 있을 것이다. 요한계시록은 하나님께서 친히 만드신 최고의 병법서다. 이것을 배우고 익혀야만 사탄과의 전쟁에서 승리할 수 있다.

하지만 세상 정욕에 취하여 깨어 있지 못하고, 시련의 광야를 이겨낼 믿음의 기름을 준비하지 못한 사람들이, 미련한 다섯 처녀같이 버림받을 것을 생각하면 가슴이 메어온다(마 25:1-13).

요한계시록에 나오는 일곱 나팔이나 일곱 대접의 시련들은 재앙이 아니라 훈련의 환경이다. 대환란은 구원받은 이들을 연단하기 위해 철저하게 은혜로 준비된 영적 광야라는 안목은 대단히 중요한 것이다. 요한계시록을 가득 채운 환난의 십자가들은 불신자들에게는 저주일 것이지만 구원을 받은 우리에게는 '구원의 십자가요 하나님의 능력' 이 된다(고전 1:18).

올바른 성경적 세계관을 갖는 것이 너무나 절실한 시점에 우리는 살고 있다. 요한계시록의 증거를 기피하고 대환란을 무서워하고 터부시하는 것은, 마치 홍해 앞에서 불평하면서 애굽으로 되돌아가려는 모습과 같이 완악한 불신앙이다. 구원의 내비게이션인 요한계시록을 폄하하는 이 시대 교회를 생각하면 가슴이 답답하여 견딜 수가 없다(렘 20:9).

재차 강조하지만, 대환란은 광야 교회이기에 구원받아 천국에 가려는 사람들이 반드시 통과해야만 하는 필수 순례 코스다. 행복과 평안은 시간과 장소를 초월하여 의미를 찾는 사람의 것이다. 소유가 많다고, 육신이 강건하다고 주어지는 물질적인 것이 아니다. 지금 당신은 고난의 십자가에서 얼마만큼의 의미를 찾고 있는가? 일상의 고난을 대하는 믿음의 정도는, 대환란 시 승리와 상급의 정도와 비례할 것임이 자명하다.

지금 다양한 형태의 고난을 통하여, 예수 믿음을 키우는 사람들은 즐거워하고 감사해야 한다. 그리스도인에게는 정욕적인 형통보다 고난이 더 큰 복이기 때문이다(고후 12:10). 일상에서 경험하는 작은 고난들은, 더 큰 환난인 지옥의 불구덩이를 피하기 위한 예방주사와 같다(롬 5:3; 고후 12:9). 지금 감당할 수 있는 작은 고난을 피하려다가 나중에 감당할 수 없는 거대한 고난을 당하겠는가!

요한계시록은 대환란의 광야에 있는 광야 교회를 돕기 위하여 기록되었다. 그래서 저자인 사도 요한은 처음과 끝 부분에서 '이 책을 읽고 듣고 지키는 자들에게 복이 있다' 고 재차 강조하는 것이다(계 1:3, 22:7).

2. 필연의 원리

[대환란은 예수님의 속죄 은총으로 완벽하게 준비된 필연이다]

황량하고 무료한 땅 광야에서 40년간 양을 치며 늙어가던 모세에게 어느 날, 하나님께서는 '이곳은 거룩한 곳이니 신을 벗으라' 고 명령하신다(출 3:5).

척박한 광야가 성스러운 땅이라니…….

참으로 황당한 말씀이었지만 놀랍게도 모세는 전적으로 동감한다. 모세가 경험해 보니 광야가 거룩한 땅이 맞다는 것이다. 모세는 40년간의 세심한 관찰과 경험, 연단 과정을 통하여 광야의 모든 것이 우연이 아닌 필연임을 깨달았다.

광야의 모든 것이 '완벽하게 세팅된 거대 훈련장' 이었다. 모세는 결코 무의미한 삶 속에서 하나님을 만난 것이 아니다. 의미를 찾는 연장선에서 의미의 실체이신 하나님을 만났다. 모세는 하루아침에 하나님을 만남으로 이스라엘 영도자가 된 것이 아니다. 40년간 하나님의 치밀한 섭리 가운데 광야 훈련을 거쳐 준비된 지도자였다. 이스라엘 영도자가 된 모세는 이스라엘 백성들을 광야로 이끌고 와서 광야 사역을 한다. 모세의 광야 사역은 거침이 없었다.

모세는 40년간의 파란만장한 사역 동안 '광야가 이스라엘 백성들의 영적 성장을 위한 최적지'라는 믿음에 변함이 없었다. 그는 사역 내내 일사각오로 광야의 도를 증거했다. 모세야말로 말씀으로 양육하는 진정한 광야 사역자였다.

모세가 80세가 되어 광야 말씀 사역을 시작할 때 이미 광야 훈련장에서 그의 교만, 아집, 자아가 다 깨어진 상태였다. 그렇기 때문에 40년간의 사역 동안 인간적 사상과 지혜를 드러내려 하지 않았으며, 온유와 겸손을 유지하였던 것이다(민 12:3). 그는 오직 성령의 나타남으로 광야를 통한 하나님의 놀라우신 섭리와 역사만을 증거하려 하였다. 모세는 율법의 수호자라기보다 광야를 통하여 역사하시는 하나님의 증인이었다. 모세야말로 율법의 사람이 아니라, 참된 은혜의 사람이었다. 이것은 바울의 사역과 일맥상통한다.

또한 성령의 나타남을 통하여 하나님의 의를 드러내는 것은 연단받아 자아가 깨어진 사역자들의 일관된 사역 형태이기도 하다.

하나님께서는 광야가 의미 없고 불필요하다며, 불평하고 대적하는 고라당 같은 옛사람들을 광야에서 죽이셨다. 그리고 광야에서 의미를 찾으려 애쓰며 인내의 말씀을 지켰던 여호수아나 갈렙 같은 사람들을 가나안 땅에 입성시키셨다.

모세는 광야 여정이 다 끝날 때 '광야의 모든 것은 이스라엘 백성들의 영적 훈련과 성장을 위한 절대적인 하나님의 섭리요 은총임을 기억하라' 고 설교하면서 광야야말로 가나안 땅 입성의 절대적 조건임을 강조했다(신 8:2).

사실상 광야는 육적으로 풍요로운 애굽이나, 영적으로 젖과 꿀이 흐르는 가나안 땅과 비교되는 척박하고 살기 힘든 고난의 땅임에는 틀림이 없다.

우리는 광야 여정에서 의미를 찾아야 한다. 그것이 그리스도인들의 사명이다. 왜냐하면 '광야에서의 의미 찾기' 는 가나안 땅 입성과 직결되는 대단히 중요한 생존 문제이기 때문이다. 지금 우리의 현주소는 애굽이나 가나안 땅이 아닌 광야다. 의미를 찾으며 가는 순례자가 될 것인가, 아니면 의미를 상실한 채 불평하며 가는 게으르고 악한 종이 될 것인가는 스스로가 결정해야 할 것이다. 지금 우리는 '쭉정이가 되느냐 알곡이 되느냐' 의 기로에 서 있다. 선택해야만 한다. 광야 여정에서 어떻게 살든 당신의 자유의지이지만 그 결정에 따른 엄중한 책임을 피할 수는 없다(전 11:9).

만약에 대환란에 구속적 의미가 없다면, 환난으로 가득한 요한계시록은 성경이 될 수가 없다. 더불어 인류의 구속적 섭리가 요한계시록 직전인 유다서에서 완성되었다면 요한계시록은 성경 포장지에 불과할 것이다. 하지만 요한계시록은 가감될 수 없는 성경 중에 성경이다(계 22:18-19).

만약에, 지금 당신이 요한계시록이 성경 말씀이라고 믿는다면, 요한계시록을 가득 채운 대환란에서 분명한 구속적 의미를 찾아야만 한다. 요한계시록이 절대적인 하나님의 말씀이라는 믿음이 있는가? 그렇다면 대환란에도 하나님의 말씀이 실존한다는 믿음을 가지라.

히브리 원어로 하나님의 말씀을 '미드바르' 라고 한다. 이것은 '광야로부터 온다' 라고 해석되는데 '거친 환난과 시련으로부터 하나님의 말씀이 계시된다' 는 의미다.

종합한다면 하나님의 말씀은, 환난이 산재한 광야에서만 계시된다는 것이다. 당연히 대환란 속에는 살아 있고 운동력 넘치는 하나님의 말씀이 풍성할 것이다(히 4:12). 하지만 이것은 영적으로 깨어 있는 자만이 느낄 것이다. 영적으로 죽은 자들은 말씀을 듣지 못해 기갈 속에 유리방황할 것이다(암 8:11-12).

요한계시록을 살펴보면 4장에서 천상낙원 본부가 나오는데, 그곳에 하나님의 보좌가 있고, 5장에서 어린 양 예수님이 대환란 프로젝트가 담긴 두루마리를 받은 다음에 8장부터 본격적으로 환난이 온 세상에 쏟아짐을 볼 수 있다.

이것은 하나님께서 모든 환난을 계획하셨고, 예수님을 통하여 모든 환난이 활용되어 하나님의 의가 실현될 것이라는 의미다. 즉, 대환란의 모든 것은, 예수 그리스도의 십자가 희생을 통한 하나님의 섭리요 은혜라는 뜻이다.

예수 그리스도를 긍정한다면 대환란의 십자가를 긍정해야만 한다. 대환란을 부정한다는 것은 결국 예수 그리스도를 부정하는 것이다. 왜냐하면 대환란은 예수님의 전적인 희생과 하나님의 온전하신 뜻에 의하여 기획되고 실행되기 때문이다. 대환란은 구원을 위한 절대적인 과정이라는 말이다.

많은 교회 지도자들과 신학자들이 대환란을 부정하는 것이 사실이다. 그들은 모든 교회가 대환란 직전에 휴거될 것이라고 주장한다. 재수 없이 대환란에 들어간 쭉정이 같은 신자들이나 유대인들은 회개하여 페트라 같은 안전지대로 피난하여 있다가, 재림하시는 예수님을 만나 천년지상낙원에 입성할 것이라고 가르친다. 대환란에 들어가지 않을 것을 믿는 것이 믿음이고 참신앙이라는 것이다. 하지만 이것은 발람의 교훈이요, 니골라 당의 교훈일 뿐이다(계 2:14-15). 십자가의 도를 증거하는 성경적 진리가 아니다.

성경은 결단코 광야의 고난을 통한 연단 과정 없는 구원을 증거하지 않기 때문이다. 광야의 시련과 희생을 거부하는 값싼 번영신학이 이 시대 교인들의 귀와 눈을 막고 교회를 병들게 하고 있다. 이들에게서 돌아서야 참된 삶을 살 수 있다(딤후 3:5).

지금 당신은 주님께서 주시는 십자가의 멍에를 거부하고 이 세대를 본받아 살면서 감히 천국에 갈 수 있다고 생각하지는 않는가(마 11:29)?

영적 광야인 대환란은 구원받은 그리스도인들이 거쳐야만 하는 필수 과정이다. 이 과정을 성공적으로 이수해야만 익은 열매가 되어 생명과를 먹고 천국에 입성하는 것이다. 지금 우리가 고민해야 할 문제는 어떻게 대환란을 피할까가 아니다. 어떻게 하면 대환란을 잘 활용하여, 영적으로 익은 열매가 될까를 고민해야 한다.

대환란에 들어가느냐 마느냐는 우리가 선택할 문제가 아니다. 그 어떤 신학 이론도, 유명한 부흥사의 외침도 하나님의 섭리를 바꿀 수는 없다. 반드시 들어가야 할 영계의 심판대와도 같은 과정이다(히 9:27). 단지 우리는 대환란을 무시하느냐 활용하느냐의 선택만 있을 뿐이다.

구원의 필수 코스인 대환란을 긍정하여, 영적 성장의 도약대로 삼고자 하는 이들에게 요한계시록은 가장 기쁜 소식이 될 것이다(계 22:7).

3. 생명과의 원리

[대환란의 목적은 복락원 하여 생명과를 먹게 하기 위함이다]

하나님께서 말씀으로 천지 만물을 창조하셨다(창 1:1). 그런데 유독 다른 것들과 구별되게 창조된 피조물이 있다. 바로 인간이다.

모든 피조물은 하나님의 말씀 즉 창조적 에너지로 창조되어 하나님의 뜻대로만 움직인다. 하지만 인간만큼은 하나님의 생기(성령)가 주어져서 인격적인 생령이 되었다(창 2:7). 순종 여부를 통제할 수 있는 자유의지가 주어졌다는 것이다.

모든 피조물은 본능에 충실한 단순한 생명체다. 하지만 인간만큼은 신적 속성을 가진 자유의지적인 생명체다. 하나님의 성령이 내재한 인간은, 단순히 타 피조물과 비교되는 이성적 존재, 그 이상의 의미가 있다.

모든 피조물은, 소멸하면 질량보존의 법칙에 의하여 태초의 에너지 형태로 하나님께 복속되지만(벧후 3:10) 인간만큼은 그렇지 않다. 인간의 근원은 단순한 에너지가 아니라 인격적 생명체이기 때문이다.

물론 인간의 육신은 흙으로 만들어졌기에 죽으면 분해되어 에너지로 복속된다. 하지만 영혼만큼은 죽어도 에너지 형태로 되돌아가는 것이 아니다. 도리어 우리 인간은 영적 존재로 더 선명하게 실체화되어, 영계에서 불멸의 존재로 생존하게 된다. 영원히 사는데 천국에서 사느냐, 아니면 지옥에서 사느냐의 차이만 있을 뿐이다(요 5:29).

왜 하나님께서는 인간을 신적 속성을 가진 불멸의 존재로 구별되게 창조하셨을까? 이것은 우리에게 대환란이 필요한 이유를 설명하는 데 있어서 중요한 문제다. 이 문제는 유사 이래로 모든 구도자들이 알고 싶어 하는 것이다. 그런데 그 해답은 바로 에덴동산 중앙에 있는 생명과에 있다.

성경에서는 하나님께서 영적 존재로 창조된 인간만을 분리하여 에덴동산이라는 특별한 공간에 살게 하셨다고 증거한다.

에덴동산은 인간의 정과 욕심을 만족시키기에 충분할 만큼 풍요로운 곳이었고 만사가 형통하는 유토피아였다. 특이한 점은 그 동산 중앙에는 다른 곳에는 없는 생명 과일과 선악 과일을 맺는 나무가 있었다(창 2:9).

생명과와 선악과는 단순한 과일이 아니다. 깊은 영적 의미가 있다. 에덴동산의 생명과는 인간의 창조 목적과 에덴 낙원의 존재 이유를 밝히는 데 있어서 중요한 실마리다.

지구의 모든 자연 만물이 다 아름답고 풍요롭게 창조되었을 텐데 왜 굳이 에덴동산이라는 특별한 공간이 필요했을까? 단순히 인간의 행복만을 위해서였을까? 아니다.

분명히 알아야 할 것은 에덴동산은 인간의 정욕적인 뜻을 실현하는 공간이 아니라 하나님의 거룩하신 뜻을 성취하기 위한 공간이다. 에덴 낙원과 생명과는 인간의 창조 목적과 긴밀한 관계가 있다.

인간을 영적 존재로 창조하신 하나님의 뜻은, 인간과 영원히 하나되어 사랑으로 통치하는 것이다(출 25:8). 이런 신인일치의 관점에서 에덴 낙원을 바라보아야 한다. 에덴동산은 단순히 향유하고 즐기는 놀이터가 아니었다. 자유의지를 가진 인간을 시험하고 훈련하기 위한 영성 훈련장이었다. 하나님께서는 인간이 가진 자유의지를 하나님 중심으로 단련하여 선악과를 거부하고 생명과를 선택하여 먹고 천국에서 영생하기를 원하셨다.

생명과의 본질은 예수 그리스도의 천국적 생명을 의미하고, 선악과의 본질은 사탄의 지옥적 사망을 의미한다. 생명과를 먹음은, 하나님과 영적으로 일치하여 영원히 동행함을 의미한다. 선악과를 먹음은, 하나님과 분리되어 영원히 독립함을 의미한다. 하나님과 영원히 일치하느냐, 분리하느냐의 선택권은 오직 인간만이 가졌다. 사랑의 하나님께서는 인간과의 인격적인 일치를 소망하셨다.

생명과는 '겸손의 결정체' 요, 선악과는 '교만의 결정체' 다. 그럼에도 불구하고, 하나님의 갈망과는 정반대로 인간은 독립을 선택하여 생명과로부터 등을 돌렸다. 게다가 인간의 능력으로 하나님과 대등해지기 위하여 선악과를 먹었다. 물론 배후에서 사탄이 거짓말로 부추겼으나, 인간의 자유의지로 결정한 것이다. 결코 인간은 그 선택의 책임을 회피할 수는 없었다.

창조주 하나님의 간섭을 벗어나 독립적 자유를 선포한 사건을, 신학적 용어로 '인류의 타락' 이라고 칭한다. 성경적인 타락은 도덕적인 죄를 범함이 아니라 하나님으로부터 독립하는 것을 의미한다. 이후에도 인류 역사에는 독립적인 인간을 위한 왕국을 만드는 죄악들이 자행되는데 그중 하나가 바벨탑 사건이다(창 11:3-9).

또 다른 하나는 바로 대환란 후 삼 년 반 때 만들어질 적그리스도의 세계 단일 정부 수립이다. 사탄 루시퍼는 독립한 인간을 이용하여, 자신을 신으로 숭배하는 인본적인 나라를 만들고자 한다.

선악과를 먹고 독립을 선언한 인간은, 영생을 얻을 기회가 원천적으로 박탈되었고 영원한 사망으로 치닫게 되었다(창 2:17, 3:23-24).

생명과가 있는 에덴동산에서 쫓겨난 인간들은, 지옥에 갈 수밖에 없는 사망의 존재임을 깨닫지 못했다(롬 7:24). 그래서 인본주의적 철학과 종교와 과학 등을 의지하며 이상향을 꿈꾸며, 자력으로 생명과를 먹어보려고 몸부림쳐 왔다. 그러면 그럴수록 인간들의 소망과는 정반대로 더욱더 깊은 사망의 수렁 속으로 빠져들 뿐이었다.

타락 이후로 인간의 과학과 종교와 철학은 더욱더 발전해 왔다. 그러나 세상은 전쟁과 죄악으로 점점 더 암울하고 어두워져 갔다(렘 4:23; 롬 3:11-12). 하나님의 통치를 벗어나 독립한 인간의 실상에 대하여 사도 바울은 로마서 7장 24절에서 이렇게 표현했다.

> "오호라 나는(우리 인간은) 곤고한 사람이로다 이 사망의 몸에서 누가 나를 건져내랴."

우리 인간은 하나님의 통치를 받고 순종할 때만이 행복해지도록 창조되었다.

그러면 단 한 번의 원초적 타락으로 하나님과 인간의 관계가 영원히 단절되는 것일까? 생명과를 먹을 수 있는 기회가 영원히 금지되는 것일까?

성경은 그렇지 않다고 증거한다(창 3:21). 하나님은 사랑이시다(요일 4:8). 집을 나간 탕자를 포기하지 않는 따스한 아버지시다. 하나님께서는 독생 성자이신 예수님의 희생을 통하여 인간에게 다시 한 번 기회를 주셨다. 아담과 하와의 타락을 지켜보신 하나님께서는 인간의 노력으론 결단코 생명과를 먹을 수 없음을 뼈저리게 느끼셨기 때문이다. 그래서 하나님 자신이 직접 해결책을 만드신다. 속죄 제사를 통해서 말이다(레 16:34).

하나님께서는 인간의 노력이 아닌 하나님 자신의 노력으로 인간에게 생명과를 먹을 수 있는 길을 열어 주신다.

성경에서 그리스도인의 삶이란, 철저히 율법을 지키는 것이 아니라 성령의 나타남으로 증인이 되라고 한 이유가 바로 이 때문이다(행 1:8; 고전 2:4). 생명과를 먹음은 능동적이 아니라 피동적이라는 것이다. 이렇듯 십자가의 복음에는 하나님의 은총만이 충만하기에, 오직 의인은 믿음으로 말미암아 살아야 한다고 강조한다(롬 1:17).

고난을 통한 하나님의 일방적 역사로 구원받는 것을 신학적 용어로 '구속(대속, 속죄)의 은총'이요, '십자가의 도'라고 한다. 재창조의 구원 계획을 가지신 하나님께서는 이번에는 에덴동산의 평화와 풍요가 아니라 광야의 혼란과 궁핍의 방법을 선택하신다. 타락한 인간을 위한 최선의 방법이었다(고전 1:18).

요한계시록에서 집중적으로 증거하는 대환란의 거친 환경은, 인간의 구속(재창조)을 위하여 하나님께서 준비하신 특별한 선물임에는 두말할 나위가 없다. 대환란은 그리스도인들을 위해 준비된 신 에덴동산과 같다. 이곳에서 금지되었던 생명과를 다시 먹을 수 있도록 영적 훈련이 이루어진다.

에덴동산에서는 뱀을 통한 사탄의 역사가 있었다. 마찬가지로 신 에덴동산인 대환란에서도 시험과 훈련의 도구로 적그리스도를 통한 사탄의 역사가 있을 것이다. 사탄은 고난으로 성도들을 연단하여, 생명과를 먹게 하려는 예수님의 구속 사역을 적극적으로 방해할 것이다. 하지만 결국 주님이 승리하실 것이다.

에덴동산은 창조된 인간을 위한 최고의 영성 훈련장이었다. 같은 원리로 대환란 역시 타락한 인간을 위한 영성 훈련장으로서 최적지다. 고난은 우리를 겸손케 하고, 그 겸손한 마음은 성령의 파쇄 사역(모든 환경을 통한 성령의 내적 역사로 자아가 깨지는 현상)을 가능케 한다.

에덴동산과 대환란의 공통점은, 우리의 자유의지로 생명과를 선택할 수 있다는 것이다. 에덴동산에서는 선악과가 금지되었고 대환란에서는 짐승의 표가 금지되어 있다. 이 금지 조항을 어기면 반드시 죽을 것이다(창 2:17; 계 14:11). 죽는다는 것은, 영적으로 사망하여 지옥 불에 떨어질 것이라는 의미이다.

에덴동산의 핵심은 사탄이 아니라 생명과다. 마찬가지로 대환란의 핵심도 적그리스도가 아니라, 믿음과 인내로 승리하여 얻는 예수님의 영원한 생명(생명과)이다(계 14:12).

대환란에서 적그리스도는 하나님의 간섭을 벗어난 인간의 자유(신세계 질서)를 강조하면서 선악과를 먹도록(666표를 받도록) 강권할 것이다.

하지만 우리 삶의 그리스도(Real Jesus)이신 성령님은, 고난의 불 속에서 적극적으로 산 제사를 드리면서 자아를 파쇄하고, 성화되어서 생명과(익은 열매가 됨)를 먹도록 강권하실 것이다. 대환란은 선과 악의 싸움이요, 육체의 소욕과 성령의 소욕이 한 치의 양보도 없이 팽팽하게 대립하는 영적 전쟁의 시기이기 때문이다(갈 5:17).

적그리스도는 선악과를 먹게 하려고 세상적 안락과 물질적 풍요를 사용할 것이고, 예수님은 생명과를 먹게 하시려고 일곱 나팔과 일곱 대접을 통하여 주어지는 모든 고난들을 사용하실 것이다.

세속적 세계관을 버리고, 성경적 세계관으로 무장하여 마음을 철저히 낮추고, 소유를 다 버리지 않는 이상 대환란의 선악과인 666표를 피할 길이 없을 것이다(계 13:16).

대환란에서 적그리스도에게 미혹되어 선악과를 먹지 않고(짐승의 표를 이마에나 오른손에 받지 않음) 끝까지 예수 믿음과 하나님의 말씀을 지켜 승리한 사람들이 있을 것이다. 이들만이 재림하시는 예수님으로부터 영적 할례를 받아 생명과를 먹고, 천년 메시아 왕국에 들어갈 것이다.

우리는 생명과의 원리를 명심해야 한다.

대환란은 구원받아 광야에 나온 그리스도인들(에클레시아)이 광야교회에서 일상의 산 제사를 드림으로써 성화되는 신 에덴동산이요, 생명과를 다시 먹을 수 있는 영성 훈련장이다. 대환란! 아마도 이보다 더 좋은 은총의 장은 없을 것이다(고후 12:9).

4. 연단의 원리

[대환란의 여정은 총 4단계의 연단 과정을 거쳐 완성된다]

7년 동안 진행되는 대환란(계 11:2-3)은 이스라엘 백성들이 40년간 연단 받으면서 가나안 땅 입성을 준비하던 광야 여정과 원리적으로 일맥상통한다.

성경 전체의 진리는 넓은 의미로는 인류 전체의 구원을 다루고 있지만 좁은 의미로는 이스라엘 백성들의 민족적 구원을 다루고 있다. 그래서 성경을 해석할 때는 우선적으로 육적 이스라엘 백성과 예루살렘 성 중심으로 해석하고, 그 다음에 이스라엘 백성을 모형으로 한 영적인 의미를 찾아서 전 인류에게 확대 적용해야 구원의 종합적인 원리를 알 수가 있다.

이스라엘 역사에서 가장 중요한 것은, 모세오경의 대부분을 할애하여 증거하고 있는 광야 여정이다. 이렇듯 성경에서 광야 여정을 중요시하는 이유는, '출애굽한 이스라엘 백성들이 가나안 땅에 들어가기 위해서 절대적으로 거쳐야 하는 연단 과정'이기 때문이다.

그들은 광야에서 하나님의 집인 성막을 지었고 하나님의 말씀인 율법을 받았으며, 시내 산에 강림하신 하나님의 실체를 경험했다. 광야 여정은 이스라엘 민족에게 있어서 절대적이었다. 그래서 지금까지도 그들은 초막절 절기를 지키며 광야의 축복을 상기한다. 그들에게 광야의 과정 없는 가나안 땅은 있을 수가 없기 때문이다.

이와 같은 원리로 요한계시록의 대환란 여정이 그리스도인들에게 중요하다고 강조하는 이유다. 대환란은 구원받은 영적 이스라엘 백성인 그리스도인들이, 영적인 가나안 땅인 천년 메시아 왕국에 들어가기 위해 절대적으로 거쳐야만 하는 광야의 여정이다. 광야 없이 가나안 땅이 없듯이, 대환란 없이는 천년왕국도 없는 이치다.

마지막 한 이레인 7년 동안 쏟아지는 일곱 나팔 재앙이나 일곱 대접 재앙 등 모든 환난 풍파들은 구속의 섭리에 따라 철저히 준비된 것이기에 규칙적이고 질서 정연하다. 그 누가 창세기 1장의 첫째부터 여섯째 날에 이루어지는 하나님의 창조사를 혼돈과 공허의 역사라 하겠는가? 예수님의 영적 재창조사인 대환란이 혼돈과 공허의 역사가 아님은 당연하다. 대환란의 그 어떤 사건도 돌발적이거나 무의미하거나 우연한 것은 결코 없다.

대환란을 부정함은 요한계시록이 성경임을 부정함이요, 모세 오경의 광야 연단 과정을 부정하는 것이요, 그리스도의 몸 된 광야 교회를 거부하는 것이기에 이단(異端)이다.

하나님의 사람들은 결코 십자가의 좁은 길인 광야 여정을 부정하지 않는다. 부정한다면 애굽 같은 세상을 사랑하는 삯꾼 목자와도 같다.

하나님께서는 분명히 광야의 영도자인 모세에게 광야가 거룩한 땅임을 선포하셨다(출 3:5). 광야의 여정이 하나님의 뜻이고, 구속적 의미로 충만하다는 것이다. 광야 전체는 예수님의 품과 같고 그 안에서 이루어지는 모든 것은 거룩하다. 이것을 흔히 '광야 신학' 이라고 부른다.

같은 원리로 대환란 또한 분명한 목적과 의미를 가지고 있는 거룩한 순례의 여정이다. 대환란이 임박한 이 시대에 교회 지도자들은 예레미야 선지자처럼 눈물로써 외쳐야 할 것이다.

"여러분! 대환란에 들어가는 것은 하나님의 뜻입니다. 하나님의 때가 차서 주님께서 지상 재림하실 때까지 그곳에서 평안한 마음으로 믿음과 인내의 삶을 사십시오."

교회 지도자들은 대환란의 성경적 의미를 제대로 가르쳐야 한다. 믿음과 인내로 온전히 승리할 수 있도록 대환란 사용 매뉴얼인 요한계시록을 가르쳐야 한다. 요한계시록은 성경에 덧붙은 혹 덩이가 결코 아니다. 성경의 심장이다. 요한계시록이 살아야만 성경 전체가 생기를 띠게 된다.

안타깝게도 많은 교회 지도자들이 번영신학 같은 달콤한 감언이설로 교인들을 현혹하는 것을 볼 때 답답할 뿐이다. 애굽의 바로 사상인 형통과 풍요의 도는 영을 죽이고 육을 살린다. 반면에 광야의 예수 사상인 고난의 진리는 육을 죽이고 영을 살려서 생명과를 먹게 해준다.

당신은 예수를 왜 믿는가? 육을 살리기 위함인가? 아니면 영을 살리기 위함인가? 육이 살기 위함이라면 예수를 버려야만 할 것이다. 예수를 믿는다면 당신은 풍요로운 소돔 땅 같은 애굽에서 쫓겨나 척박한 땅 광야로 들어갈 수밖에 없기 때문이다. 이 말은 예수 믿음 때문에 가난해지고 실패하고 멸시받고 질병으로 고통당하며 혼돈 속에 고민할 것이라는 의미다. 곧 많은 환난을 겪는 것이다(행 14:22).

아이러니하게도 예수님은 우리에게 평화가 아니라 분쟁을 주러 오셨다(눅 12:51). 애굽의 풍요가 아닌 광야의 고난을 말이다. 이것이 성경의 역설이다.

예수의 도는 십자가의 도다. 결단코 세상적인 평안과 풍요의 도가 아니다. 십자가의 도는 광야의 진리이기에, 당연히 지옥 갈 사람들에게는 불행과 좌절을 가져다주기에 미련하고 헛된 것이다. 그러나 구원받은 우리에게는 애굽의 죄악적 습성을 없애고, 하나님의 형상을 회복하게 해주는 능력과 은혜의 도이다(고전 1:18).

성경적 세계관을 가진 그리스도인은 대환란에 대한 견해가 불신자와 같아서는 안 된다. 마음을 새롭게 하여 대환란을 통하여 이루고자 하시는 하나님의 선하시고 온전하신 뜻을 분별해야 한다(롬 12:2).

성경은 대환란의 여정이 형통하고 풍요롭다고 증거하지 않는다. 광야 같은 대환란은 분명히 힘들고 어려운 과정이다. 이 고난의 가시밭길을 피하고 싶은 것은 우리 모두의 인지상정이다. 하지만 대환란은 광야에서처럼 하나님의 구름기둥인 임재가 충만하고 하나님의 율법인 미드바르가 주어지는 곳이다. 게다가 상번제를 드릴 수 있는 성막인 광야 교회가 존재하는, 연단받기 위한 필요충분조건이다.

그리스도인들조차도 대환란의 광야가 저주와 재앙이 충만한 심판이라고만 알지, 주 예수님의 십자가 희생으로 준비된 최상의 구속적 축복임을 아는 이는 그리 많지 않다. 이 때문에 교리나 신비주의, 인본적인 신학 이론 중심이 아닌 성경 중심의 신앙생활을 해야만 한다. 21세기는 '오직 성경으로!' 라는 종교개혁 표어를 더욱 강조해야 하는 시기다. 광야의 십자가 말씀으로 우리의 삶과 품성이 개혁되어야만 할 것이다.

이방인인 우리는 물질적으로 정치 조직적으로 흥왕했던 교회시대를 가나안 땅에 비유한다. 그러나 이스라엘 백성의 입장에서 보면 교회시대는 속박과 수난의 애굽과도 같을 것이다. 여기에서 성경의 구속사는 이스라엘 민족 중심임을 명심해야 한다. 모든 것을 이스라엘의 관점에서 해석해야 한다는 것이다.

유대인들은 주후 70년에 로마에게 멸망당해 나라를 잃은 뒤 전 세계에 흩어져 살게 된다. 그들은 어디를 가든지 회당을 지었고, 회당 중심으로 뭉쳤으며, 민족 특유의 근성과 지혜로 금융계를 사로잡아 물질적으론 풍요롭게 살았다.

하지만 늘 종교적 압박을 받았고, 급기야는 20세기에 들어 모세 시대의 바로와 같은 히틀러가 등장하여, 유대인 말살 정책으로 핍박당하면서 600만 이상 되는 유대인들이 살해당했다. 하지만 이런 혼란한 와중에서 하나님의 은밀하신 역사로 1948년에 이스라엘은 영국과 미국의 강력한 지원하에 독립을 선포했다. 그때부터 구소련과 동부 유럽, 아랍에 억류되었던 수많은 유대인들이 탈출하여 옛 고토인 가나안 땅으로 돌아왔다.

이때부터 신학자들은 무화과나무의 비유를 통하여 이스라엘 백성들이 예수님을 구주로 영접하는 시기인 대환란이 임박했다고 생각하여 요한계시록을 연구하고 증거하기 시작했다(막 13:28).

유대인들은 예수님께서 여호와 하나님이시요 메시아이심을 부인하며 2천 년간 힘겹게 살아왔다. 하지만 대환란이 시작되면서 계시록 11장에 나오는 두 증인을 통하여 자신들이 2천 년 전에 신성 모독자로 죽였던 예수님이야말로 애타게 갈망하던 바로 그 메시아요, 자신들을 선민으로 축복하신 구약의 여호와 하나님이심을 깨닫게 될 것이다.

결국 그들은 예수님을 구주로 영접하고, 성령을 선물로 받을 것이다. 그리고 모세와 아론 같은 두 증인의 영적 지도와 구름기둥 같은 요한계시록의 말씀을 의지하여 광야 영성훈련을 받을 것이다(계

12:14). 이것이 성경적인 유대인 구원의 청사진이다.

사실상, 대환란에 일어나는 굵직굵직한 사건들 모두는 이스라엘 백성들의 광야 연단 과정을 위하여 세심하게 준비된 것들이다. 물론 이 같은 연단의 원리가 모든 그리스도인들의 일상에 동일하게 적용됨은 당연하다.

요한계시록은 그리 어려운 책이 아니다. 이론적인 박사 학위 논문이 아니라 실질적인 영성생활을 위한 삶의 지침서이기 때문이다.

요한계시록은 광야 중심의 성경적 세계관만 가지면 그 누구나 알 수 있는 쉬운 책이다. 형이상학적 고등 지식이 아니라 영혼의 만나이기 때문이다.

광야를 통한 연단의 이치를 알기 위해서는 모세오경에 기록된 출애굽 여정을 알아야만 한다. 이스라엘 백성들의 가나안 땅 입국 여정을 보면 총 4단계의 광야 훈련 과정을 거쳐 완성되었다. 놀랍게도 이 4단계의 모형적인 연단 과정은 대환란에서도 똑같은 원리로 적용된다.

모세오경에 나오는 첫 번째 모형은, 애굽에서의 바로의 탄압과 10대 재앙 사건이다. 요한계시록의 원리적 실제는 구원의 준비 과정으로 첫 번째부터 네 번째 나팔 재앙이다.

이스라엘 백성들은 바로의 탄압과 10대 재앙을 통하여 심령이 가난해지고 하나님의 백성이라는 정체성을 찾게 되어, 가나안 땅을 향하여 출애굽을 서두른다. 풍요롭던 애굽에서의 바로 탄압과 10대 재앙은 그곳을 떠나도록 이스라엘 백성들의 마음을 굳히는 데 결정적인 역할을 한 셈이다. 그런 고난이 없었다면 그들은 그냥 애굽에 안주했을 것이다. 고난은 영적 각성을 위한 특효약인 셈이다.

구원의 원리를 집약적으로 다룬 요한계시록에서 이스라엘 백성들의 구원을 향한 준비 과정은 계시록 8장에 나오는 **첫 번째부터 네 번째 나팔** 재앙이다. 이것은 온 세상의 땅과 바다와 강과 하늘에 동시적으로 임하는 가뭄 재앙이다.

요한계시록 11장에 나오는 두 증인은 강력한 영권과 정치력으로 이스라엘 백성들에게 예수님이 여호와 하나님이고, 참 메시아라는 성경 진리를 증거할 것이다. 하지만 사람들은 동요만 할 뿐 그렇게 쉽게 받아들이지는 않을 것이다.

모세와 아론 같은 두 증인은 요한계시록 8장에 나오는 전 세계적인 기근 재앙을 성경에 있는 그대로 예언할 것이고, 그대로 실현될 것이다. 두 증인의 말씀 사역은 곧 요한계시록을 집중적으로 증거하는 것이기 때문이다.

두 증인의 증거대로 전 세계는 아비규환이 될 것이지만 구약의 10대 재앙 때 이스라엘 백성들이 보호받은 것처럼 현 이스라엘 땅은 미가엘 천사장의 은밀한 보호 하에 아무런 피해도 받지 않고 안전할 것이다(단 12:1; 계 12:14). 비로소 이스라엘 백성들은 두 증인을 신뢰할 것이고 그들의 증거를 전적으로 믿고, 예수님을 구주로 영접하여, 성령이 내주하는 체험을 할 것이다.

결국, 이스라엘 백성들은 이 재앙을 통하여 심령이 가난해져 영적인 것을 사모하게 될 것이다. 또한 사그라졌던 천년왕국 입성에 대한 열정을 회복하여 어린 양 되신 예수님의 속죄의 피로 구원받을 것이다. 그들은 곧장 구름 기둥 같은 성령님과 모세와 아론 같은 두 증인을 따라서 영적 교회인 대환란의 광야로 나가게 될 것이다. 광야로 나온 그들을 성경에서는 '여호와의 군대'(출 12:41)라고 증거한다. 광야는 하나님의 군대를 위한 최고의 훈련장이다.

광야 훈련장에는 이스라엘 백성들을 세 차례 연단하기 위한 철저히 검증된 훈련 도구들이 기다리고 있다. 그 훈련 도구들을 공개한 장이 바로 요한계시록 6장의 일곱 인이다. 백마, 홍마, 흑마, 청황마, 순교, 천재지변의 바람 등이 연단을 위한 도구들이다. 자세한 것은 각장을 설명할 때 다루도록 하겠다.

두 번째 모형은 바로 군대의 추격 사건이다.
요한계시록의 원리적 실제는 1차 연단 과정으로 다섯 번째 나팔 재앙이다.

이스라엘 백성들은 애굽을 떠나 광야에 들어서자마자 바로 군대의 거센 추격을 받았다. 이것을 통하여 첫 번째 연단 과정을 통과했다.

여기에서 바로의 군대는 그리스도인들의 배후에서 역사하는 악령을 의미한다. '그냥 가나안 땅에 곧장 들어가 잘 살면 되지 왜 악령들의 역사 속에서 힘들게 광야 연단을 받아야 하는가!' 라고 생각하는 이들도 있을 것이다.

하지만 한번 생각해보자. 하나님만을 섬겨야 하는 이스라엘 백성들은 자그마치 430년 동안 애굽에 정착하여 바로를 왕으로 섬기며, 정욕적인 문화에 젖어 살았다. 그들은 외형만 하나님의 선민이었지, 뼛속까지 바로를 섬기는 금송아지 습성으로 빨갛게 물들어, 살았다는 이름을 가졌으나 그 마음과 행실이 완전히 죽은 자들이었다(계 3:1).

이것을 애굽의 노예근성이라고 한다(수 5:9). 원리적으로는 타락하면서 우리 심령 안에 뿌리박힌 죄악성을 의미한다(잠 26:25). 이 애굽적 습성을 그대로 가지고 가나안 땅에 정착한다면 그곳 역시 하나님의 법과는 상관없이 바로의 법이 다스리는 또 다른 애굽이 될 것은 자명하다. 거지가 왕궁에 들어간다고 거저 왕자가 되는 것은 아니다. 품성이 바뀌어야만 한다. 이 때문에 애굽의 노예근성을 뿌리 뽑아야 한다.

우리는 성경이 증거하는 구원은 장소적 이동을 말하는 것이 아니라, 전 인격적 품성이 변화되어 거룩해지는 것임을 명심해야 한다. 많은 그리스도인들이 죽는 즉시 천국에만 들어가면 모든 것이 변하리라고 생각한다. 하지만 그것은 세속적 세계관에 기반을 둔 착각일 뿐이다. 장소 이동은 단번에도 가능하지만 우리의 인격적 습성은 단번에 변화되는 것이 아니다. 거친 환경에서 철저한 반복 훈련을 통해서만 가능하다. 성경은 성품이 변화될 수 있는 곳이 광야임을 지속적으로 강조한다.

하나님께서는 '바로 군대 추격' 이라는 시련의 방망이로 이스라엘 백성들의 애굽적 자아를 첫 번째로 내려치신다. 이스라엘 백성들은 죽겠다고 난리였지만, 가나안 땅에 들어가기 위해서는 결단코 피할 수 없는 과정이다. 또한 하나님께서 주시는 시련은 충분히 감당할 수 있는 것들이었다(고전 10:13).

첫 번째 연단 과정에서 이스라엘 백성들은 100전 100패 했지만, 시련을 통하여 그들을 정결케 하고자 하시는 십자가의 도를 깨닫게 되었고, 단단한 자아에 커다란 금이 가는 기적이 일어난다. 타락한 인간의 자아는 그 어떤 종교나 철학이나 윤리 도덕으로도 깨어질 수 없기 때문이다(롬 7:24).

요한계시록에서 원리적으로 1차 연단 과정에 해당되는 것은, 9장 상반부의 다섯째 나팔 재앙이다. 다섯째 나팔 재앙은 바로 왕과 같은 사탄의 명령으로 지옥에서 뛰쳐나온 악령 군대의 추격으로 인하여 일어나는 재앙이다.

바로 군대와 같은 악령들은 죄악 세상을 떠나 광야 교회에 들어온 그리스도인들의 배후에서 강력하게 역사한다. 실제적으로 거칠고 사나운 환경이 만들어져 큰 고난을 당하게 된다. 다섯째 나팔이 불리면, 악령들의 역사로 악성 전염병(피부질환)이 지구상에 창궐할 것이다. 신자나 불신자 모두에게 죽고 싶을 정도로 대단히 힘든 시기가 될 것이다(계 9:5-6). 이처럼 악령들이 고난을 만들어내는 이유가 있다. 그들의 양식은 인간들이 고난 중에 자행하는 죄악이기 때문이다.

악령들의 역사는 불신자들에게는 저주가 되어, 극심한 고통 속에서 점점 악으로 무르익어 가게 할 것이다. 하지만 구원받은 그리스도인들에겐 전혀 다른 현상이 일어날 것이다. 그리스도인들에게는 연단을 위한 고통이 된다. 영적 훈련이라는 분명한 구속적 의미를 가지고 주어지기 때문이다.

깨어 있는 그리스도인에게 다섯째 나팔 재앙은 영적 성장을 위한 신재생 에너지로 재활용할 절호의 기회가 될 것이다. 살아 있는 영혼에게는 그 고난이 참된 은혜가 된다. 마치 따가운 햇볕이 살아 있는 식물에게는 광합성을 일으키는 이치와 같다.

결국, 그리스도인들은 이 재앙을 통하여 하나님의 밝은 빛을 받아 회개하게 될 것이다. 더불어 믿음이 굳건해지고 영적으로 성장하는 시너지 효과를 창출할 것이다. '연단을 통한 영적 성장' 이것이 바로 대환란의 각 재앙을 준비하신 하나님의 깊으신 뜻이다. 속히 우리는 기복적인 사상을 버리고, 하나님의 선하시고 온전하시고 기뻐하신 광야의 도를 깨달아야만 한다.

일상의 고난을 통하여 구원받은 성도들의 영혼을 연단하는 것이 십자가의 도이다. 십자가의 도는 성경 전체의 핵심이요 예수 복음의 진수이다. 또한 십자가를 통한 연단의 영적 원리를 가장 집약적으로 증거하는 책이 요한계시록임을 재차 강조해도 지나치지 않다. 성경 전체의 맥인 십자가의 원리를 무시한 채, 꿈이나 직통 계시 같은 각종 신비적인 은사나 신학 이론으로만 계시록을 풀려는 시도는 그 자체가 어불성설이다. 결단코 풀리지 않을 것이다. 요한계시록은 수학적이고 이론적인 책이 아니고, 경험적이고 인격적인 구원의 진리이기 때문이다.

우리는 흔히 '성경으로 성경을 푼다' 는 말을 듣는다. 이것은 억지로 성경 구절을 붙여서 합리화한다는 뜻이 아니다. 성경 전체의 일관된 맥에 따라 해석해야 된다는 의미이다. 성경적 세계관으로 무장되지 않는 한, 성경 전체를 해석하기는 힘들다.

성경책을 가지고 지옥불로 달려가는 이단자들이 이와 같다. 그들은 성경의 흐름에 따라가는 것이 아니라 아전인수로 자신들의 사상을 타당화하기 위해 성경을 인용할 뿐이기 때문이다.

요한계시록이야말로 성경 전체를 종합한 성경 중의 성경이다. 결코 성경 전체의 흐름을 거스르지 않는다. 이 책은 성경으로 성경을 해석해야 한다는 원리가 적용되어야 풀리는, 대단히 중요한 연단의 원리를 담은 복음서다.

요한계시록에서는 1차 연단 과정을 '첫 번째 화' 라고 표현하고 있다(계 9:12). 여기에서 첫 번째 화는 연단을 위한 첫 번째 고난, 혹은 첫 번째 연단 과정이라고 말할 수 있다. 일상적으로 겪는 화(고난, 십자가)들이 불신자들에게는 피하고 싶은 재앙이 되겠지만, 구원받은 이들에게는 영적 회복을 위한 신재생 에너지가 된다는 것이 십자가도의 기본적인 원리다(고전 1:18).

구약의 모든 선지자들이 고난을 통한 하나님의 구속적 섭리를 증거했다. 신약의 사도들도 마찬가지다. 바울 사도가 서신서를 통하여 '예수 안에서의 십자가의 도' 를 목숨 걸고 주창한 것도 바로 이런 이유 때문이었다. 이렇듯 연단의 진리는 목숨까지 바쳐도 될 만큼 충분한 가치가 있다.

세 번째 모형은 아말렉 족속과의 일진일퇴의 싸움이다.
요한계시록의 원리적 실제는 2차 연단 과정인 여섯 번째 나팔 재앙이다.

이스라엘 백성들이 광야 깊숙히 들어왔을 때, 광야 베두인들의 연합세력인 아말렉 족속의 침공을 받게 된다. 이스라엘 백성들은 이 사건을 통하여 큰 어려움을 겪었지만 '영적으로 승리하는 비결' 이 무엇인지 분명하게 깨닫게 되었다.

1차 연단 과정인 바로의 추격과는 달리 이번에는 일방적으로 당하지 않았다. 손을 들어 하나님께 맡기면 이기고, 손을 내려 인본적인 노력으로 싸우려 하면 지는 '맡김의 체험' 을 하게 된다. 거듭되는 시행착오를 통하여 자기를 부인하고 하나님만을 의지하면 승리한다는 '여호와 닛시' 라는 산 제사의 도를 깨닫게 된다.

그들은 2차 연단 과정 이후부터 여호와 닛시의 믿음을 가지고, 하나님의 의를 세우기 위하여 자아를 깨뜨리고 순종하는 생활영성의 삶을 실천하게 된다.

원리적으로 요한계시록에서 2차 연단 과정에 해당되는 사건은 요한계시록 9장 13절부터 나오는 '두 번째 화' 인 여섯 번째 나팔 재앙이다.

대환란에서는 아말렉 족속을 대신하여 러시아 통치자인 곡(겔 38장)이 동유럽과 아랍의 연합군을 이끌고 현재의 이스라엘 지역을 침공하게 될 것이다. 이미 대환란 직전에 이스라엘은 유럽공동체(EU)와 7년 보호조약을 체결한 터라 전쟁은 전 세계 전쟁으로 확대될 것이다. 여섯 번째 나팔 재앙인 제3차 세계 대전은 단순한 정치적 전쟁이 아닌 불신 세력과 기독 세력 간에 최대의 종교전쟁이 될 것이다.

이미 대환란이 시작되면서 이스라엘도 두 증인에 의하여 예수님을 영접하여 기독교 국가가 되어 있기에 전 세계 기독교인들은 일심으로 기도에 전념할 것이다. 이 세계대전은 전 세계 기독교가 신 · 구교나 교단이나 교파를 초월하여 처음으로 하나가 되는 계기가 될 것이다.

모형적인 아말렉 족속과의 전쟁에서처럼 처음에는 소련 연합군의 파상적 공격에 힘도 못 쓰고 궁지로 몰릴 것이다. 이스라엘과 EU 연합국은 전세적 열세에도 불구하고 전 세계 기독교인들의 기도에 힘입어 하나님(예수 그리스도)만을 전적으로 의지(여호와 닛시)할 것이다. 결국 전쟁 막판에 미가엘 천사장이 일곱 우레로 은밀하게 도움으로써 극적인 승리를 얻을 것이다(계 10:3).

사실상, 외적 전쟁 못지않게 그리스도인들의 내면에서도 육적인 소욕과 성령의 소욕 간에 한판 전쟁이 벌어질 것이다. 이때 그리스도인들은 세계대전의 소용돌이 속에서 자신의 나약함과 세상의 헛됨을 절감하고, 주님의 재림을 소망하며, 하나님 중심적인 신앙 인격으로 변화되기 시작할 것이다.

2차적 연단 과정에서 그리스도인들을 힘들게 하는 것은 기근과 세계대전으로 인한 외적 고통보다는, 내면에 하나님의 빛이 들어오면서 깨닫게 되는 죄책감이다. 고난 중에 더욱더 밝게 계시되는 하나님의 빛은 우리의 위선적 행실과 자기 의를 지적하면서 순간적으로 절망과 혼돈에 빠지게 할 것이다. 하지만 배후에 성령의 역사로 그리스도인들의 내면에서는 진리에 대한 갈증과 영적 성장에 대한 열망이 샘솟게 될 것이다. 하나님의 밝은 빛은 영적인 광합성을 하게 하여 우리 영혼을 소성시키는 생명의 말씀이기 때문이다.

2차 연단 과정에 돌입한 그리스도인들은 큰 은혜를 받고, 넘치는 자신감으로 거룩해지려고 몸부림치겠지만 그럴 때마다 실패할 것이다. 그러면서 자기 의로는 결단코 육신의 죄를 이길 수도 없고, 하나님의 뜻을 이룰 수도 없음을 깨닫게 된다. 점진적으로 자기의 모든 것을 포기하고, 전적으로 고난을 통한 예수님의 의를 의지하면서 승리하는 경험을 할 것이다. 그리스도인들은 자아와의 싸움을 통하여 수도적 영성이 아닌, 하나님의 의를 추구하는 생활영성만이 영적 승리의 비결임을 깨닫는다.

2차 연단 과정을 통하여 모든 그리스도인들은 하나님께서 역사하셔야만 승리할 수 있다는 '여호와 닛시'의 영적 원리를 깨닫는다. 결과적으로 제3차 세계대전의 쓴 뿌리는 '믿음의 성숙'이라는 달콤한 열매를 얻는다.

마지막 모형은 아모리와 미디안과 바산 왕 군대와의 싸움이다.

요한계시록의 원리적 실제는 3차 연단 과정인 일곱 번째 나팔 재앙과 부속된 일곱 대접 재앙이다.

광야의 이스라엘 백성들은 아말렉 족속과의 싸움을 통하여 두 번째 연단 과정을 통과하게 된다. 이들은 2차 연단 과정을 통하여 체득한 '여호와 닛시'의 신앙으로 일상 전부에서 하나님의 뜻을 구하고, 순종하는 전적 헌신의 삶을 살게 되었다. 영적 안목을 갖게 된 이스라엘 백성들은 하나님과의 영원한 일치를 소망하게 된다. 하나님과 일치하기 위한 유일한 비결은 성막에서 매일 번제를 드려 준비된 속죄 은총을 적용받는 것이었다. 그들은 성막에 찾아와서 상번제를 드릴수록 애굽적 자아가 깨어지면서 하나님 중심적인 품성으로 거룩해진다. 이것이 번제의 능력이요 신비다. 이 육적 번제가 원리적으로 적용되는 시기가 대환란이다.

육적 자아가 깨어질수록 성령의 나타남과 능력은 강해지는 법이다. 옥합이 많이 깨어질수록 그 속에 있는 향유가 많이 나오는 원리다. 2차 연단 과정 이후에 이스라엘 백성들은 상번제를 드리는 삶을 통하여 본격적으로 자아가 깨어진다. 1차 연단 과정 시 금이 갔던 자아가 자갈처럼 부서졌다.

결국 아모리, 바산, 미디안 왕들과의 싸움을 통한 3차 연단 과정에서는 자아가 가루처럼 완전히 부서져서, 마음과 행실이 정결케 되고, 전적으로 순종하는 자유의지력을 가진 새사람으로 거듭난다. 그들은 하나님의 형상을 회복했다는 증표로 가나안 땅 입구에서 할례 의식을 거행한다(수 5:3, 9). 이 사건은 모형적이지만 신학적으로 '득의' 또는 '성결', '성화됨', '그리스도인의 완전에 도달' 했다고 표현된다.

영적 이스라엘 백성인 그리스도인들이 머물게 될 영적 광야인 대환란에서의 3차 연단 과정은 일곱째 나팔 재앙과 그에 부속된 일곱 대접 재앙 과정이다.

일곱째 나팔이 불리면 역사상 가장 강력한 배도자인 적그리스도가 등장할 것이다(계 13:1). 더불어 적그리스도의 수족이 될 두 뿔 짐승인 큰 거짓 선지자와 666명의 음녀들이 등장할 것이다(계 13:11, 18).

참고로 적그리스도의 모형은 모압 왕 발락이고, 거짓 선지자인 두 뿔 짐승의 모형은 이스라엘 백성을 타락하게 했던 발람 선지자고, 666의 모형은 현장에서 이스라엘 백성들과 음행하며 타락시켰던 모압의 음란한 여자들이다.

후 삼 년 반 때 악령과 합일된 적그리스도 무리들은 극도로 교만해져서 예수님과 십자가의 복음(광야의 도)을 철저히 부정하며 대적할 것이다.

이때 그리스도인들은 여호와 하나님(예수 그리스도) 이외에 다른 신을 섬기지 말고, 우상에게 절하지 말고 예수님의 속죄 복음만을 믿으라는 십계명(출 20:3-4, 7)을 철저히 지키면서 인내하는 삶을 살 것이다. 처음엔 적그리스도 무리들은 그리스도인을 세상 쾌락과 재물로 유혹하다가 안 되면 결국 무자비하게 핍박하고, 죽일 것이다(계 13:15). 좋은 땅을 가진 그리스도인은 오른손에 표 받기를 강력히 거부할 것이다.

결국 이들은 적그리스도의 세상 단일 정부로부터 재산은 물론 모든 생존권을 박탈당하여 철저히 고립될 것이며, 사형 선고를 받아 살 소망까지 끊어질 것이다(고후 1:8-9). 하지만, 자연스럽게 하나님만 의뢰할 수밖에 없는 환경이 만들어져 육적인 자아가 철저히 깨어지고, 분리되어, 예수님의 흔적만 남을 것이다(갈 6:17). 2차 연단 과정과 그 이후의 과정에서 우리의 바윗덩이같이 큰 자아는 일상의 다양한 고난들을 통하여 조약돌처럼 잘게 부서질 것이다. 하지만 다 된 것이 아니다. 우리의 자아는 미풍에도 흩날릴 먼지처럼 부서져야만 하기 때문이다.

그래야만 언제 어디서나 우리가 하나님을 방해하지 않게 되어, 하나님의 뜻이 우리를 통하여 온전히 구현될 수 있기 때문이다. 자아는 결코 사라지는 것이 아니다. 완전히 깨어지는 것이다. 자아가 존재하지만 주님 앞에선 없는 듯이 순명하는 것이다. 사실상 완전히 깨어진 우리가 천국에 들어가는 것이지, 존재가 파괴되어 타인이 된 우리가 천국에 들어가는 것이 아니다. 그 어느 곳에 있든지 영원히 우리의 본질은 변하지 않는다. 그래서 천국에서 행복을 느끼는 것이고, 지옥에서 고통을 느끼는 것이다.

여하튼, 천국에 들어가려면 우리의 육적 자아가 가루같이 분쇄되어야 한다. 이 작업이 광야의 마지막 단계인 3차 연단 과정에서 이루어진다.

이런 영적 성장 원리로 우리의 자아는 일곱 나팔 재앙을 거쳐 잘게 부서지는 것이다. 더 나아가 대환란 막바지에 주어질 일곱 대접 재앙을 통하여 깨알 같은 자아들도 밝은 빛 가운데서 들추어져서 가루처럼 분쇄되는 것이다. 결과적으로 대환란의 억세고 거친 재앙들은 우리의 육적 자아를 고운 가루처럼 파쇄하는 맷돌 역할을 수행하는 은혜의 도구다.

일곱째 나팔 재앙과 일곱 대접 재앙을 통하여 성도들의 이기적인 육적 자아는 철저히 깨어진다. 결국 정욕적인 양식을 먹지 못한 죄악성은 힘을 잃고, 아사 상태에 빠질 것이다. 왜냐하면 심령에 뿌리내린 죄악성은 우리의 정욕적 행실을 양식으로 삼기 때문이다. 우리의 타락한 자아는 거친 재앙 덕에 정욕적인 삶을 살지 못하니 자동적으로 죄악성이 극도로 약해질 수밖에 없다.

이때에 예수님께서 재림하셔서 죄악성을 뿌리 뽑는 영적 할례를 베풀어 주실 것이다. 그리고 심령 중심에 있는 지성소 보좌에 좌정하셔서, 영원토록 통치하는 하나님의 나라가 완성된다. 영의 중심 보좌에 앉아 하나님께서 통치하는 나라를 기독교 최고의 신학자였던 어거스틴은 '하나님의 도성' 이라고 표현했다.

하나님의 도성은 하루아침에 이루어지는 것이 아니라, 이러한 고난의 과정을 거쳐 점진적으로 된다.

심령에 하나님의 나라가 완성되는 영적 경지를 성경에선 '그리스도의 완전' 에 이르렀다(엡 4:13, 15)고 하고, '하나님의 형상을 회복' 했다고 하며, '생명과를 먹었다' (계 2:7)고도 표현한다. 영적인 광야의 연단 과정인 대환란을 믿음과 기다림의 생활영성으로 승리한 성도들은 가나안 땅과 같은 천년 그리스도 왕국에 입성하여 젖과 꿀이 흐르는 땅을 분배받고 지상 최고의 복락을 누리며 살 것이다.

물론 지상의 복락도 천 년이 지나면 끝나 모든 물질계가 사라지고, 영원한 영계만 남을 것이다. 이단들의 주장처럼 천년왕국이 지상에서 영원히 지속되는 것은 아니다(계 20:7).

5. 생활영성의 원리

[대환란 승리의 비결은 긍정과 인내와 순종의 생활영성이다]

생활영성이란 일상에서의 영성 생활로 모든 환경과 사건을 통하여 계시되는 하나님의 뜻을 분별하여 순종하는 전적 헌신의 산 제사다(롬 12:1-2). 우리 일상의 모든 것들은 하나님의 뜻을 성취하기 위하여 철저히 준비된 것들이다. 성령님은 모든 환경을 통하여 끊임없이 역사하여 우리의 자아를 깨뜨려 거룩하게 하고자 하신다.

생활영성은 이러한 성령의 역사에 순응하여 성령님께 온전히 양보하는 내려놓음의 삶인 것이다. 생활영성의 반대말은 '수도적 영성' 으로 주님께 전적으로 맡기는 피동적 영성 생활이다. 생활영성에 관하여는 필자의 책인 《평범한 일상으로 특별한 기적을 만든다》에 자세히 기록되어 있으니 참고하기 바란다.

대환란은 혼돈되고 공허한 환경이다. 대부분의 사람들은 막연한 신에 대한 종교성이 강해질 것이다. 왜냐하면 사람들은 인본적인 정치와 경제 그리고 과학에 큰 실망을 느꼈기 때문이다. 기성 종교들은 세력이 강해져서 반짝 호황을 누릴 것이고, 수많은 신흥 종교들이 우후죽순 생겨나 말 그대로 이 지구상은 종교 박람회장이 될 것이다(계 9:20).

종교성이 강해진다는 것은 무엇을 의미할까? 좋은 현상 같지만 결코 그렇지 않다. 믿음 중심의 생활영성보다 종교적 계율과 특정 사람 그리고 신령한 장소 중심의 수도적 영성이 호황을 이룰 것이라는 의미다. 은혜 영성을 추구하는 기독교가 설 자리가 좁아진다.

말세지말인 21세기, 기독교 국가인 미국과 서유럽에서 믿음 중심의 기독교는 쇠퇴하고 있다. 대신에 철저한 율법과 경건한 의식을 강조하는 이슬람교와 요가, 선, 묵상, 마인드컨트롤 등을 통하여 심리적 안정과 평안이나 성공을 추구하는 힌두교나 불교 추종자들이 폭발적으로 증가하고 있다.

지금 전 세계의 기독교는 이미 오래전부터 불교나 힌두교, 이슬람을 모방한 수도적 종교로 변질되어 가고 있다. 기독교 지도자들은 고개를 숙이고 겸손하게(?) 타종교의 영성을 배우고 있다. 구원자의 자리를 양보할 뜻이 있듯이 말이다.

지금 세상은 기독교와 세상 종교가 영적 자유무역 협정(FTA)을 체결하여 장벽 없이 쌍방 영성이 활발하게 교류되는 실정이다. 점점 기독교가 타 종교의 영성적 노예가 되는 것 같아 씁쓸할 따름이다.

이 시대의 기독교는 일상에 대한 가치를 상실한 채 수도적이고 종교적인 삶을 추구하고 있다. 기독교는 더 이상 삶의 종교가 아니다. 산마다 거대한 수양관이 지어지고 수천 억 원짜리 초호화 교회당들이 앞 다투어 건축되고 있다. 사람들은 물질의 축복, 마음의 평안, 육신의 건강을 얻는 것을 복음이라고 생각한다. 그 누구도 광야에서의 연단을 사모하지 않는다.

하지만 화려한 버섯에 독이 있듯이 긍정의 힘과 교회 성장과 치유를 강조하며, 이기적인 삶을 추구하는 미국식 복음주의를 경계해야 한다. 성경 신학자들이나 기독교 지도자들까지도 마치 수도적 기독교가 초대교회의 원형인 것처럼 주장하고 있다. 하지만 초대교회는 그 어떤 건물도 조직도 명예나 권력도 없는 삶 자체가 전부였던 시대임을 명심하라. 수도적 기독교가 불가능했던 상황이다.

대환란에 들어간 사람들은 수도적 종교를 방편으로 재앙들을 모면해보고 극단적으로 불안해진 마음을 안정시키려고 노력할 것이다. 이것은 마치 광야에 들어왔지만 시내 산에 올라간 모세의 부재로 공허해진 이스라엘 백성들이 금은 패물을 바쳐서 금송아지(애굽의 핫토르 신)를 만들어 하나님이라고 외치면서 평안과 소망을 얻고 기뻐 뛰논 것과 무엇이 다르겠는가!

모든 종교는 궁극적으로 하나이며 어떤 종교를 통하든 결국 하나님께서 영광 받으실 것이라고 주장하는 이도 있는데, 이것은 종교다

원주의요 종교통합주의로서 반 성경적 이단 사상이다. 기독교의 영향력이 약해진 틈을 타고 루시퍼는 금송아지를 만들어 숭배 받으려는 것이다.

반드시 짚고 넘어가야 하는 것은 대환란이라는 영적 광야 과정은 인간들이 수도적 영성을 앞세워 인간의 의로써 승리하라고 주어진 환경이 아니라는 사실이다.

대환란은 하나님께서 하나님의 의로써 승리하기 위하여 만든 피동적인 환경이다. 이런 하나님의 섭리를 믿고 전적으로 믿고 맡기는 여호와 닛시의 신앙이야말로 가장 지혜로운 삶이다. 이렇듯 신앙생활이란 내가 나아가는 것이 아니라 주님께서 나아가시도록 양보하는 내려놓음의 삶이다. 이것이 곧 생활영성이다.

대환란은 인간의 종교적이고 이성적 의라는 바벨탑이 무너지고, 예수님의 속죄 은총으로 주어진 하나님의 의가 실현되고 세워지는 은총의 때이다. 대환란은 인간이 하나님을 위하여 무엇을 하라고 주어진 율법의 시기가 아니다. 하나님께서 인간의 구원을 위하여 무엇을 하겠다고 준비하신 은혜와 인내의 시기다.

이 놀라운 환난의 도를 믿고 하나님께서 전적으로 역사하시도록 모든 것을 내어 맡기고 인내하는 생활영성의 삶이 대환란 승리의 궁극적 비밀이다.

대환란에서 주어지는 일곱 나팔과 일곱 대접 재앙들은 우리와는 상관없다. 이것들은 하나님의 필요에 의하여 준비되었고, 그 선하신 뜻에 따라 사용하실 도구들이다. 그래서 대환란의 의미는 우리에게서 찾을 것이 아니라 하나님에게서 찾아야 한다. 우리 입장에서는 의미가 없을 수도 있지만 그것은 중요하지 않다. 모든 의미는 하나님께서 부여하시기 때문이다. 대환란의 모든 환경은 우리가 어떻게 평가하든지 간에 하나님께서 기뻐하시는 도구들이요 영적 성장을 위하여 절대적인 은혜의 선물임이 확실하다.

평범한 일상의 모든 것 속에서 특히, 거친 고난 속에서 마음을 낮추어 하나님의 음성을 듣고, 영적 성장의 신재생 에너지로 만들기 위하여 참고 기다리는 생활영성이야말로 성경적인 참 영성이다. 생활영성의 삶은, 일상의 산 제사를 드리는 영적 예배이며, 광야의 구속적 목적을 실현하는 유일한 방편이기도 하다.

중요한 것은 이 생활영성의 삶을 독려하기 위하여 사도 요한이 요한계시록을 기록했지 단순히 그리스도인들에게 공포심을 조장하고 수도적인 자기 의만을 세우라고 기록한 것이 아니다.

생활영성은 사도 바울이 주창한 신약의 대표적인 영성(롬 12:1-2)이며, 고난이 극심했던 초대교회를 지탱하는 원동력이 되었던 예수 영성이다. 생활영성은 내가 하고자 하는 인본적인 영성이 아니라, 하나님께서 하시도록 적극적으로 양보하는 하나님 중심적인 영성이다. 다시 말해서 나는 십자가 뒤로 숨고, 오직 주님만 앞세우는 여호와 닛시의 신앙생활이다.

거친 광야에서 의미를 찾지 못하고 방황하는 이스라엘 백성들에게 모세가 40년간 꾸준하게 외쳤던 진리가 바로 이것이다. 광야의 거친 환경은 하나님께서 친히 예비하신 것이며, 분명한 의미가 있기 때문에 적극적으로 긍정하고, 하나님의 때까지 포기하지 말고 기다리며 인내하자는 생활영성이었다(신 8:2, 16).

생활영성의 첫 번째 핵심은 일상의 긍정인 '받아들임' 이다.

대환란의 모든 것은 절대적인 의미가 있다. 전 세계적인 대환란의 모든 환경과 사건 하나하나가 구원받아 영적 광야에 들어온 성도들의 영적 성장을 위한 하나님의 완벽하신 섭리다.

우리의 지성으로는 이해할 수 없다고, 우리의 느낌이 부정한다고 대환란의 모든 환경과 사건들이 결코 무의미한 것이 아니다. 성경적 세계관으로 보면 분명한 의미가 있다. 만물의 의미는 피조물에게서 찾는 것이 아니라, 그것을 창조하신 창조주에게서 찾아야 하기 때문이다. 대환란의 광야는 모든 성도들이 져야 할 십자가들이 보관되어 있는 영신적 보물창고이다. 당연히 불신자들에게는 쓸모없는 것들이겠지만 예수님을 믿는 성도들에게는 진리가 되고, 하나님의 능력이 된다.

영적 광야인 대환란이 의미가 있다는 것을 증거하고자 쓰인 책이 바로 요한계시록이다. 요한계시록은 앞에서 언급했듯이 단순한 종교적 판타지 소설이 아니다. 그렇다고 그리스도인이 대환란에 들어가는 것은 무의미하니 피하라고 가르치는 피신 안내서도 아니다. 요한계시록은 온전히 현실화될 하나님의 계시적 말씀이고, 거친 환난을 긍정하여 인내로 재활용하자는 최고의 영적 성장 매뉴얼이다.

21세기는 과학 문명과 물질적 풍요가 그 어떤 시대보다도 승한 시대다. 그런데 전 세계가 거대한 정신병원이라는 말이 나올 정도로 정신 질환자(특히 우울증 환자)들이 급증하고 있다. 경제적 선진국가일수록 그 정도는 심각한 수준이다. 현재 선진국가(OECD)에 진입한 한국의 2011년도 통계만 보아도 30분에 한 명, 하루에 50여 명이 자살할 정도로 사회적 문제가 되고 있다. 더욱이 심각한 것은 이러한 자살 신드롬이 전 세계의 보편적인 현상이 되어가고 있다는 사실이다.

이 시대 사람들은 물질적으로는 차고 넘치게 풍요로우나 심령은 점점 비어가고 있다(암 8:11). 왜 살아야 하는지, 어떻게 살아야 하는지 삶의 목적과 방향감각을 잃어가고 있다. 사람들은 그 어디를 가도 그 무엇을 해도 더 이상 의미를 발견하지 못한다. 이런 이유로 21세기를 진리의 등불이 꺼진 '영적 암흑시대' 라 한다.

요한계시록 9장에서도 지옥에서 나온 악령들의 역사로 지독한 전염병에 걸려 고통을 당하자 대부분의 사람들이 자살하려고 한다(계 9:6). 자살이나 정신질환은 여러 가지 요인이 있겠지만, 핵심적인 문제는 일상을 부정하면서 생기는 정신분열 현상이다. 즉, 일상의 의미를 발견하지 못하기 때문이다.

세계적인 신경정신과 의사인 빅터 프랭클은 자신의 아우슈비츠

수용생활 경험을 토대로 "그 어떤 환경과 사건에서든지 의미를 찾는 자는 반드시 살아남는다"고 주장하며 로그 테라피라는 '의미 치료법' 을 창시했다. 무엇이든 의미를 찾기만 한다면 치료될 수 있다는 것이다. 한마디로 인생의 성패는 의미를 찾는 여부에 달려 있다는 것이다. 결국 인생 문제는 돈도, 결혼도, 명예도, 건강도 아닌 의미의 문제다. 생로병사의 모든 것은 결국 인생의 의미를 찾아주는 이정표다.

특히나 대환란에서 일상의 삶을 유지해야 하는 사람들에게 환난의 의미를 찾는 것은 대단히 중요하다. 대환란은 우리의 이기적이고, 아집적인 자아가 철저히 부정되고 멸시되는 환경이기 때문이다. 아마 정욕이 만족되고 자아가 실현되는 좋은 환경에서 우울해지고 자살하려는 바보는 없을 것이다.

우리는 자아실현이 삶의 최고 목적이라는 인본적 교육을 받아왔다. 그리고 정욕이 만족되면서 오는 평안이 행복이라는 선입견을 가지고 있다. 그래서 그리스도인으로 살더라도 가나안 땅은 좋지만 광야의 여정은 싫고, 부활은 좋지만 십자가의 죽음은 싫어한다.

한술 더 떠서 대중 영합(포퓰리즘)의 선봉에 있는 번영신학자들은 신앙의 목적을 형통과 성공에 두기까지 한다. 그들에게 신앙 척도이자 삶의 의미는 이 땅에서의 형통과 물질적 소유를 통한 자아실현일 뿐이다. 그러다 보니 꿈을 이루지 못한 것을 실패했다고 생각하여 자살을 감행한 사람들 가운데 기독교인들도 한 몫 하는 것이다.

만약에 극심한 고난이 있는 대환란에 성경적인 일상의 의미를 부여하는 요한계시록이 없다면 어찌될까? 대환란에 들어간 그리스도인들은 낙천적인 불신자들보다 더 큰 혼란에 빠질 것이다. 의미를 못 찾은 그리스도인은 불신자만도 못한 삶을 살 것이다.

하나님께서는 무작정 일하시지 않고 사랑하는 자녀들에게 미리 알리고 행하신다(암 3:7). 먼저 의미를 부여해 주신다. 그래서 하나님께서는 사도 요한을 통하여 광야 훈련 시 필요한 도구인 모든 환경과 사건 사고 등을 빠짐없이 계시해 주셨다.

대환란이 의미가 없다면 왜 저자인 사도 요한이 요한계시록 앞부분과 뒷부분에 중복하여 '이 책을 읽는 자는 복되다' 라고 강조한 것일까(계 1:3, 22:7)?

분명한 의미가 있기 때문이다. 이렇듯이 분명한 의미가 있음을 믿고, 긍정하는 생활영성의 삶이 대단히 중요하다.

대환란은 그리스도인들을 위한 영적 훈련소다. 그래서 훈련에 적합한 모든 훈련 도구들이 배치되어 있다. 이때 요한계시록과 같은 훈련 교본을 가진 자와 그렇지 못한 자의 차이는 엄청날 것이다.

생활영성의 두 번째 핵심은 기다림(인내)이다.

일상의 고난을 받아들이고, 하나님의 의가 드러나는 때까지 기다리는 것을 사도 바울은 '산 제사를 드림' 이라고 증거한다(롬 12:1). 일상의 산 제사는 영적 예배요 영적 번제이다. 속죄 은총이 인격적으로 작용되는 유일한 방편이다. 그런데 산 제사를 드림에 있어서 가장 중요한 것이 인내하는 삶이다.

이스라엘 백성들이 가나안 땅에 들어갈 자격을 얻기 위하여 40년간 매일 빠짐없이 반복한 유일한 신앙 행위가 무엇이었을까?

과연 그들이 광야에서 독경하고, 기도하며, 금식하고, 극기 고행하는 수도정진의 삶을 추구했을까? 아니다. 성경에는 그렇게 살았다는 내용이 전혀 없다.

아이러니하게도, 그들은 40년간 평범한 일상을 보내며 살았다. 그렇게 무료한 일상을 살다가 가나안 땅에 입성한 것이다. 이스라엘 백성들의 광야 생활은 결코 영웅적이지 않았다. 그렇다고 수시로 엄청난 기적과 은사들을 체험한 것도 아니다. 놀랍게도 그들의 평범한 일상 속에 놀라운 영적 성장의 비밀이 숨겨져 있다.

단지 그들이 유일하게 일상에서 역점을 두었던 신앙생활은 일상 번제를 드리는 것이었다. 이것은 7월 10일, 대속죄일에 대제사장을 통하여 준비된 속죄 은총(레 16:5-34. 자범죄를 사하는 사죄 은총과 원죄성을 사하는 영적 할례 은총을 다 포함)을 실제적으로 자신에게 적용하는 의식이다. 날마다 자기 자신을 대체할 번제물(소, 염소, 양, 비둘기)을 가지고 성막 뜰에 찾아가 제사장의 도움으로 번제를 드리는 것이다. 번제는 뜰에서 번제물을 죽여 통째로 각을 뜬 다음에 번제단에 올려놓는 것이다. 그렇게 하면 번제단 밑에서 하나님의 불이 올라와 전소시키는 제사다. 번제 드리는 사람은 제사장을 믿고 끝까지 인내하며 기다려야만 한다. 번제물을 제사장에게 갖다 주는 것 외에 특별히 할 일이 없기 때문이다.

매일 드리는 번제를 상번제라 하는데, 이런 신앙생활은 이스라엘 백성들이 자기 힘과 노력으로 거룩해지기 위하여 하는 수도적이며 율법적인 행위가 결코 아니었다. 대제사장(예수 그리스도)을 통하여 준비된 하나님의 의인 속죄 은총이 자기 자신에게 실질적으로 적용되도록 헌신하는 은혜의 삶이었다.

광야의 상번제야말로 하나님의 사랑을 받아들이는 최상의 특권이다. 구약에서는 제사장이 양이나 염소 같은 번제물을 죽여서 번제단에 불태우는 의식이었다.

하지만, 신약에서의 영적 번제는 일상의 제사장이신 성령님께 나를 산 제물로 드리는 자기 부인(내려놓음)의 삶이다. 일상의 고난 앞에서 자신의 육적 자아인 교만과 음란과 태만, 아집, 질투, 포학, 거짓과 정욕들을 죽여서 시련의 불 속에서 다 타 버릴 때까지 마음을 낮추고 인내하는 생활영성의 삶이다.

산 제사의 삶을 성경에서는 적은 능력으로 인내의 말씀을 지킨다고 표현한다(계 3:10). 일상 속에서 하나님의 의가 실현되도록 참고, 기다리는 인내의 삶을 성경에서는 대단히 중요하게 다룬다. 왜냐하면 성령님께 나를 전적으로 드려서 살아있는 자아를 죽여 고난의 불 위에 태워 바치는 최상의 번제이기 때문이다.

이러한 영적 번제 없이는 결단코 하나님의 구속적 사역은 이루어지지 않는다. 인내의 말씀을 지키는 삶은, 영적 성장과 하나님의 형상 회복을 위하여 절대적이다(계 3:10). 대환란은 영적 번제 제사를 드리는 광야 교회(구약의 성막)다. 광야의 모든 재앙은 하나님께서 직접 준비하신 번제단의 불(벧 4:12)이다. 광야의 성도들은 매일 매순간 자기의 육적인 자아를 산 제물로 드리는 산 제사의 삶을 사는 것이기에, 불같은 시련 속에서 끝까지 포기하지 않고 인내하는 생활영성의 삶은 아무리 강조해도 지나치지 않을 것이다.

생활영성의 세 번째 핵심은 따름(순종)이다.

대환란의 광야에서는 하나님의 뜻에 순종하는 생활영성의 삶을 살아야 한다.

성막의 성소에는 세 개의 중요한 기구들이 있었다. 등대와 떡상과 분향단이다. 등대는 마음의 양심을 상징하고, 떡상은 지성을 상징하고, 분향단은 의지적 순종을 상징한다. 아무리 양심의 등불이 밝고 지성의 지식이 순수하더라도 순종하지 않으면 분향단의 향연이 올라가지 않아 영적 성장이 불가능하다. 우리의 신앙에 있어 순종의 삶이 그만큼 중요하다.

참회 기도도 중요하고, 성경연구도 중요하지만 순종하는 생활영성은 가장 중요하다. 하나님께서 주시는 모든 십자가들은 순종하라고 주시는 것이지 연구하고 분석하라고 주시는 것이 아니다. 실천해야만 삶에 변화가 따른다. 그래서 십자가를 상징으로 하는 기독교를

'삶의 종교' 라고 한다. 하나님께서는 우리가 순종하기를 원하신다. 순종의 열매가 생명과요 불순종의 열매가 선악과이기 때문이다.

하나님께서 이스라엘 백성들을 광야로 부르신 이유도 순종 여부를 시험하기 위함이었다(신 8:2). 같은 원리로 영적 광야인 대환란도 우리의 순종 의지를 강화하고 순종 여부를 테스트하기 위하여 주어진다.

모든 고난 속에는 하나님의 빛이 있다(엡 5:13). 빛은 우리를 향한 하나님의 거룩한 명령이다. 삶의 율법이다. 요한계시록에는 '예수님의 증거와 하나님의 말씀' 이란 단어가 12번이나 나온다. 대환란 때 그만큼 하나님의 말씀이 중요하다. '예수님의 증거' 란 예수님만이 여호와 하나님이요 유일한 속죄주라는 믿음을 지키라는 것이요, '하나님의 말씀' 이란 고난 중에 계시되는 하나님의 뜻인 일상의 율법(레마)을 찾아 순종하라는 것이다. 구약의 광야에서는 하나님의 화염이 친히 돌판에 십계명을 새겨 주었지만, 대환란 때는 일곱 나팔 재앙을 통한 고난의 불을 사용하여 우리의 심비에 새겨주신다.

우리는 풍요 속에서 세상에 취해 있을 때는 하나님의 음성을 듣지 못한다(눅 21:34). 하나님의 음성을 감지하는 것은 우리의 속사람인데 우리의 겉사람이 너무 비대해지고 둔감해져서 막고 있기 때문이다. 겉사람이 깨어져야 속사람이 신령한 영음을 감지할 수 있다. 고난은 겉사람을 깨뜨려서 속사람의 통로를 만드는 것이다. 속사람이 흘러나와야만 하나님의 뜻을 분별할 수가 있다. 어둠이 짙어질수록 하늘의 별들이 더욱더 선명히 보이듯이 대환란의 고난들은 하나님의 뜻을 선명하게 계시하는 역할을 할 것이다.

하나님의 뜻만이 우리의 영혼을 거룩하게 할 수가 있다. 그 어떤 인본적 지식이나 수도적 방법도 타락한 우리의 영혼을 정결케 할 수는 없다. 오직 하나님의 말씀을 통한 말씀 사역으로만 하나님의 나라를 회복할 수가 있다.

순종은 단회적으로 이루어지는 것이 아니다. 점진적인 연단 과정을 통하여 순종하고자 하는 자유의지가 단련된다. 영적인 어린아이 때는 지극히 작은 것에만 순종할 정도이지만 장성한 자가 되면 생명을 내어놓는 무거운 것도 순종하게 된다(히 5:13-14). 1차적 연단 과정(다섯째 나팔 재앙) 때는 아무것도 순종하지 못하지만 2차적 연단 과정(여섯째 나팔 재앙)을 거치면서 50% 순종하게 되고, 3차적 연단 과정(일곱째 나팔 재앙)을 마치면 100% 순종하는 자유 의지력을 가지게 된다.

광야의 이스라엘 백성들은 구름기둥이 움직이는 대로만 따라 살았다. 그 따름의 삶이 그들을 가나안 땅 백성이 될 자격을 갖게 해준다. 결코 순종은 힘든 것이 아니다(요일 5:3). 주님은 우리가 감당할 명에만을 주시기 때문이다(마 11:30).

이렇듯 요한계시록은 단순한 예언서가 아니라 삶의 온전한 순종을 요구하여 하나님의 형상을 회복하게 하는 광야의 살아 있는 말씀이다(계 1:3; 행 7:38).

6. 담금질의 원리

[대환란은 고난과 유혹을 병행하여 자유의지를 강화시킨다]

훌륭한 리더는 채찍과 당근을 적절히 사용하여 훈련시키는 사람이다. 인격적 자유의지를 가졌으나 타락한 인간은 이 두 가지가 병행될 때 효과적인 훈련이 가능하다. 채찍은 씁쓸함이고, 당근은 달콤함이다. 우리의 영혼은 대환란의 광야에서 씁쓸함과 달콤함이 반복되면서 담금질된다.

철공소에서 강한 쇠를 만들기 위하여 시원한 물과 뜨거운 불을 번갈아 사용하며 망치질을 하는 원리다. 이런 관점에서 볼 때 씁쓸함도 은혜고 달콤함도 은혜다. 종말의 그리스도인들은 달콤함만이 은혜라는 세속적 세계관을 버려야만 살 수 있다.

대부분 요한계시록을 대하면서 극심한 좌절과 회의에 빠진다. 왜 구원받아 하나님의 자녀 된 우리에게 대환란의 극심한 고난과 적그리스도의 달콤하면서도 치명적인 유혹이 주어지느냐고 말이다.

하나님은 사랑이시기에 그럴 수 없다고 생각한 일부 신학자들은 대환란은 상징적인 의미이지 실제로 존재하지 않을 것이라는 '대환란 부재론' 을 주장하기도 한다.

과연, 구원받은 성도들에게 고난과 유혹이 전혀 필요 없는 것일까? 성경에 등장하는 신앙의 선진들이 아무런 시련과 유혹 없이 하나님의 과잉 사랑에 무병장수하며 형통하다가 잠자듯 죽어서 천국에 입성했을까?

이것에 대한 해답은 분명히 있다. 그 해답을 사람들의 추측과 감정이 아니라 성경 말씀에서 찾아야 한다. 우리는 성경만이 만고불변의 진리라고 믿기 때문이다.

결론부터 말하자면 성경은 구원받아 경건하게 살고자 하는 하나님의 백성들에게 고난과 유혹이 반드시 필요하다고 증거한다(딤후 3:12). 게다가 모든 신앙의 선진들은 고난과 유혹을 통하여 연단 받은 사람들이라는 것이다. 성경에서 시련 중에 연단 받은 사람을 '예수의 흔적' 을 가진 사람이라고 부른다(갈 6:17).

사도행전 14장 22절을 보면 "그리스도인들이 천국에 들어가려면 많은 환난을 겪어야 할 것이다"라고 증거한다. 게다가 스가랴 13장 8, 9절도 "구원받은 모든 사람들은 단 한 사람도 예외 없이 불 가운데 던져 은같이 연단하며 금같이 시험할 것"이라고 증거한다. 이와 비슷한 성경 구절은 헤아릴 수 없이 많다. 왜냐하면 성경 전체의 흐름이 고난과 유혹을 통한 담금질의 원리를 기록하고 있기 때문이다.

우리는 구원받은 그리스도인들에게 대환란을 통한 담금질이 절대적임을 알아야 한다. 그러기 위해선 모형적으로 구약의 출애굽한 이스라엘 백성에게 광야 과정이 꼭 필요한가를 알아보면 된다. 대표적인 성경이라고 할 수 있는 모세오경은 대부분 애굽의 풍요함이나 가나안 땅의 평안에 대하여 다루질 않고 광야의 척박한 여정만을 다루고 있다. 그만큼 출애굽한 이스라엘 백성들에게 광야 여정은 절대적으로 중요하다.

왜 선민으로 축복받은 이스라엘 백성들에게 광야 여정이 필수적일까? 430년간 애굽에 정착하여 살았던 이스라엘 백성들은 자연스럽게 우상을 섬기는 습성으로 빨갛게 물들어 있었기 때문이다. 얼마만큼 이스라엘 백성들이 애굽의 습성으로 물들어 있던가는 그들이 출애굽하자마자 금송아지를 만들어 하나님이라고 확신하며 섬긴 것을 보면 알 수가 있다. 하나부터 열까지 그들의 심령을 지배하는 능력은 바로의 법이었다. 사실상 그들은 하나님을 알 수 있는 지각력도, 알려는 의지도 없을 만큼 전 인격적으로 변질되었고, 겉모양만 하나님의 백성이지 뼛속까지 바로의 백성이었다(계 3:1).

과연 이런 사람들을 가나안 땅에 입성시킨다면 어찌되겠는가? 가나안 땅은 말만 하나님의 나라이지 실질적으로는 바로의 나라가 될 것이다. 새로운 하나님의 나라가 만들어지는 것이 아니라 바로의 나라가 확장될 뿐이다. 문제는 장소의 이동이 아니라 심령의 근본적 개혁이었다.

하나님의 나라는 허울 좋은 명분만 있는 이론적인 나라가 아니라 능력으로 충만한 실질적인 나라다(고전 4:20). 그러므로 하나님의 백성으로 선택된(칭의, 稱義) 이스라엘 백성들이 하나님의 품성을 가진 거룩한 사람으로 거듭나야만(득의, 得義) 하는 것이다. 천국은 빛으로 충만한 나라다. 어찌 죄의 어둠덩어리를 가진 채로 천국에 가려 하는가!

구원받은 그리스도인은 반드시 바로를 섬기는 세속적인 노예근성을 버리고 하나님만을 섬기는 성경적인 세계관을 가진 이긴 자가 되어야 한다(롬 12:2). 영적인 이긴 자가 되어야 생명과를 먹을 수 있는 자격이 주어짐은 성경이 증거하는 진리다(계 2:7). 이긴다는 것은 마귀와 세상과 역경과 싸워서 이긴다는 의미다. 싸워서 이긴다는 뜻을 가진 말이 바로 '이스라엘' 이다(창 32:28). 이러한 섭리를 구현하기 위해 준비된 은총의 장소가 바로 광야다.

하나님께서는 40년간 광야의 고난과 유혹을 통하여 이스라엘 백성들을 훈련하여 애굽적인 자아를 분쇄하고, 하나님 말씀에 순종하는 자유의지로 강화하셨다(신 8:2).

광야의 담금질 과정을 통하여 우상을 섬기는 자유의지가 하나님만을 섬기는 자유의지로 완전히 변화되었다는 징표로 가나안 땅 입구에서 할례의식을 거행한다(수 5:3). 할례 받은 장소를 길갈이라 하는데, 이는 '애굽의 수치가 굴러 떨어졌다' 는 의미다(수 5:9). 애굽의 수치는 바로를 섬기는 노예근성으로 영적으로는 사탄을 섬기는 죄악성을 의미한다.

이렇듯 고난과 유혹이 병행하는 광야를 거치면서, 담금질된 이스라엘 백성들은 바로를 섬기는 애굽의 노예근성에서 완전히 해방되었다.

성경에서 광야를 '교회' 라 증거한다(행 7:38). 이 광야 교회에서 '생명의 도' (살아 있는 레마의 말씀)를 받게 된다. '생명의 도' 는 책상 앞에서 얻게 되는 이론적인 것이 아니다. 생명의 도는, 광야 같은 대환란의 고난 중에서 듣는 살아 있고 운동력 있는 레마의 말씀을 의미한다. 이 레마의 말씀이 바로 재창조의 빛이다(창 1:3).

우리는 대환란 직전에 모든 교회(교적부에 있는 교인들)가 다 휴거되어 사라지고, 대환란에는 오직 불신자들과 육적 이스라엘 백성들만이 남아 이삭줍기 일꾼에 의하여 예수를 영접하든지 아니면 심판받을 것이라고 막연하게 생각한다. 하지만 이러한 안일한 생각은 성경 전체의 맥과 전혀 상반된 세속적이고 안일한 망상일 뿐이다. 단언하지만 그것은 성경적 진실이 아니다.

대환란 직전에 교회 전체가 휴거되든, 대환란에 교회 일부가 들어가든 논쟁할 필요가 없다. 광야는 그리스도인들에게 의미가 없다는 오판에서 비롯된 것이기 때문이다. 하지만 광야 같은 대환란 자체가, 생명의 도가 역동하는 예수 그리스도의 몸 된 교회라는 것을 알아야 한다. 즉 원리적으로 볼 때 영의 양식과 음료가 되는 예수님의 살과 피는 바로 대환란 중에 주어지는 각종 고난이다(요 6:54-56).

현대의 그리스도인들은 중세 암흑기의 세속적인 교회관을 그대로 답습한 듯하다. 사람들은 교회를 경건하고, 화려한 건물이라고만 이해하지 고난의 구름기둥으로 임재하는 일상(영적인 광야)이라고 이해하지 않는다. 이렇듯 건물 중심의 잘못된 교회관이 교회의 타락을 가속화하고, 일상 속에 거하는 성도들의 영적 성장을 막게 된 것이다.

성경적인 교회는 축복과 영광의 표상이 아니라 고난과 인내와 훈련의 표상이다. 교회의 심벌은 화려한 보석 십자가가 아니라 초라한 나무 십자가다. 나무 십자가는 고난과 죽음의 상징이지, 결코 장수와 풍요의 상징이 아니다. 이 단순한 상징적 의미를 우리는 망각하고 산다. 혹자는 교회를 지구상에 존재하는 소천국이라고 주장한다. 이런 사상을 가진 사람들은 교회당에 모이면 어찌하든지 천국의 신비적인 체험을 하고 평안을 얻으려고 애쓴다. 하지만 잘못된 생각이다. 교회의 실체는 풍요로운 가나안 땅이 아니라, 거친 고난의 광야다. 교회는 정욕을 살리는 곳이 아니라 정욕을 십자가에 못 박아 죽이는 골고다 언덕과 같은 곳이다.

그래서 교회에서 경건한 교인은 자기 뜻대로 잘나가는 사람이 아니고 궁핍과 곤고 속에서 자기를 잘 부인하는 사람이라 할 수 있다(계 2:9). 교회는 육을 죽이고 영을 살리는 곳이지, 영을 죽이고 육을 살려 세상을 소유하는 곳이 아니다. 육을 추구하는 삶은 곧 우상숭배이다(골 3:5).

구원받은 우리가 교회의 존재를 부인할 수 없듯이 영적 교회인 대환란의 실재를 부인할 수 없다. 대환란의 모든 재앙들이 우리의 구속을 위하여 하나님께서 치밀하게 준비하셨다는 진실은 아무리 강조해도 지나치지 않다. 성도들을 유혹하고 핍박할 적그리스도의 출현과 그의 강력한 권력도 하나님께서 구속적 섭리를 성취하시기 위하여 허락하셨다는 것이다(계 13:5).

첫 번째부터 여섯 번째 나팔이 불어지면 전대미문의 가뭄이 일어나고, 악성 전염병이 창궐하며, 뒤이어 제3차 세계대전이 발발하여 전 세계가 쑥대밭이 될 것이다. 온 세상 사람들은(그리스도인도 포함) 혼돈과 공허 속에서 극심한 고통을 겪을 것이다. 설상가상으로 일곱 번째 나팔이 불어지면 역사상 최고의 카리스마와 지혜와 능력을 갖추어 그리스도와 견줄 만한 인간의 영웅인 적그리스도가 등장할 것이다. 그는 정치 · 경제 · 종교를 통합하여 세계 단일 정부(New World Order)를 만들고 사람들마다 오른손에 표인 '베리 칩' (RFID 생체칩)을 심어서 자기 뜻대로 통치할 것이다.

적그리스도는 극심한 고난 속에서 신음하는 사람들에게 건강과 풍요와 성공과 행복을 약속할 것이다. 그리고 자신이 통치하는 지상천국의 실현을 위하여 오른손에 표 받기를 강력하게 요구할 것이다.

이 계획을 실행시킬 현장 책임자(분봉 왕)들이 바로 666명의 거짓 선지자들이다. 성경에서는 이들을 '땅을 망하게 하는 자들' 이라고 표현한다(계 11:18). 사람들은 앞 다투어 적그리스도를 재림한 그리스도로 추종할 것이고, 새로운 세계 단일 정부의 백성이라는 징표로 이마나 오른손에 표를 받을 것이다(계 13:16).

이때 성도들(환난 중의 그리스도인)에게 '인내와 믿음' 이 절대적으로 필요하다고 성경은 강조한다(계 13:10, 14:12, 3:10). 인내가 필요하다는 것은 대환란의 고난을 통하여 우리 영혼이 연단되기 때문에 하나님의 의가 성취될 때까지 기다리라는 의미다. 담금질의 과정이 끝날 때까지 포기하면 안 된다.

대환란의 고난은 무한정 주어지는 것이 아니라, 하나님의 뜻이 성취될 때까지만 주어지는 한정적 고난이다. 또한 믿음이 필요하다는 것은, 승천하신 예수님이 반드시 재림하시기에 그것을 믿고, 그 어떤 유혹이 와도 순교할 각오로 적그리스도의 우상에게 경배하지 말고, 표도 받지 말고, 예수님만이 전능하신 하나님이요, 유일하신 구원자라는 믿음을 지키라는 것이다.

7. 밝은 빛의 원리

[대환란은 위선적인 자아가 밝은 빛 가운데 드러나는 과정이다]

아담과 하와가 선악과를 먹고, 먼저 한 일은 자신의 부끄러움을 가리고 나무 뒤에 숨은 것이다. "열 길 물속은 알아도 한 길 사람 속은 모른다"는 속담처럼, 인간의 위선적인 자아는 깊숙이 가려져 알 수가 없다. 그러다보니 어느 정도의 수도 생활만 해도 자신을 의인이라고 착각하며 산다. 우리는 자신에게조차 위선자로 산다.

특히나 이 시대 사람들이 이기주의로 치닫는 것도, 그만큼 자신을 신뢰하기 때문이다. 가끔 자신의 위선적인 자아를 보는 이들도 있는데, 이들은 크게 낙심하여 자살하거나 허무를 느껴 세상을 등지고, 수도 정진하는 구도자가 되기도 한다.

위선적인 자아가 백일하에 드러난 사람을 이중인격자요, 사악한 사람이라 한다. 그에 반하여 위선적인 자아를 철저히 숨긴 사람을 인격자요, 선한 사람이라고 부른다. 곰곰이 생각해 보라. 이보다 더 황당한 평가가 어디 있는가?

어찌 보면 세상에서 의인과 영웅이라고 존경받는 이들은 가장 위선적인 사람이라고 할 수 있다. 이들은 그 누구보다 자아가 드러나지 않도록 회칠을 더 많이 한 사람들이기 때문이다. 그들의 실체가 밝은 빛 가운데 낱낱이 공개되었을 때 과연 얼마나 많은 사람들이 추종하게 될까?

모든 율법을 철저히 지켜 스스로 의인이라고 확신했던 유대인의 영웅이었던 바울조차도 밝은 빛 가운데 자신의 위선을 깨닫고 자신은 '가장 비천한 사람' 이라고 탄식하며, 지옥에 갈 수밖에 없는 '사망의 몸' 이라고 고백하지 않았는가!(롬 7:24)

실존주의 철학자인 키에르케고르는 이렇게 말했다.

"인간의 가장 큰 오류는 자신을 지나치게 신뢰하는 것이다. 이런 착각을 치료하는 유일한 치료제는 고난을 통하여 절망을 느끼는 것뿐이다. 사람은 극도로 비참한 절망 상태에 빠져 있을 때에야 비로소 자기의 참된 모습을 볼 수가 있기 때문이다."

키에르케고르는 고난을 통해서만 인간의 위선적인 자아가 드러난다고 주장했다. 자신의 내면 깊이 숨겨진 위선적인 자아는, 오직 고난을 통해서만 드러난다. 키에르케고르의 주장은 성경 진리와도 일치한다(엡 5:13; 시 119:71).

놀라운 것은 고난을 통하여 숨겨진 자아가 드러난 만큼 거룩함에 이를 수 있다. 진정한 회개는 지식도 감정도 아닌, 고난 중에 비추어지는 밝은 빛을 통해서만 가능하다. 내 자아가 드러난 만큼 회개할 수 있다. 하나님의 빛은 만물을 벌거벗은 것같이 드러나게 하는, 살았고 운동력 있는 말씀이기 때문이다(히 4:12-13).

사실상 대환란의 고난은 감당하기 힘들 정도로 어렵다. 하지만 그 어느 때보다 하나님의 빛은 밝게 우리 심령을 비출 것이다. 그제야 우리는 전적으로 타락하고 완전 부패한 자아의 실체를 볼 것이며, '오직 하나님' 으로만, '오직 하나님의 은혜' 로만 구원받을 수 있음을 깨달을 것이다(고전 15:10).

우리의 위선적 자아를 볼 때만이 '주여 나를 떠나소서. 나는 죄인이로소이다' 하며 주님 앞에 부복할 것이다. 상하고 통회하는 마음이 된 우리는 산 제사를 드림으로 준비된 속죄 은총을 인격적으로 받는다(눅 5:8; 시 34:18).

사실상, 인간의 타락한 자아는 인본적인 힘과 노력으로 깨지는 것이 아니다. 전적으로 주님의 속죄 은총을 통해서만, 오직 성령의 나타남으로만 깨어진다(고전 2:4). 그런데 문제는 우리의 힘과 열정으로 자아를 깨뜨릴 수 있다는 허황된 교만에 주님을 의지하지 않는 것이다. 우리의 자아를 깨뜨릴 수 있도록 전권을 주님께 양보하는 전적 헌신의 생활영성이 있어야 하는데, 그럴 필요성을 못 느낀다. 우리의 자아를 지나치게 신뢰하기 때문이다. 바로 이러한 교만이 영적 성장을 가로막는 최대의 적이다.

하지만 시련과 역경을 통하여 숨겨진 자아의 실체가 수면 위로 드러나면, 자신의 죄악 됨과 무능력을 알고, 속죄 은총이 절대적으로 필요함을 깨닫고 주님만을 의지하게 될 것이다. 이것이 바로 연단받은 믿음이고, 이 순화된 믿음을 하나님께서 의롭다 하신다(창 15:6).

성경에서 강조하는 믿음은 피상적이고 이론적인 믿음이 아니라, 고난을 통해 연단된 믿음이다. 이 믿음으로만 우리의 영혼이 성장할 수 있다(롬 1:17). 결코 긍정적인 생각이나 마인드 컨트롤 같은 것은 성경적인 믿음이 아니다. 이것들은 인간의 의를 강조하여 신성에 도달하자는 뉴에이지 사상에 불과하다. 긍정의 믿음이 인생을 변하게 할 수는 있지만 영혼까지 바꿀 수는 없다. 우리의 영혼은 오직 광야에서 고난으로 연단된 믿음을 통해서만 변화 가능하기 때문이다.

하나님께서 이스라엘 백성들을 광야로 인도하여 40년간 머물게 하신 이유는 이스라엘 백성들을 율법에 도통한 현자로 만들려 하심이 결코 아니었다. 만약에 그렇다면 믿음을 강조하는 기독교나 윤리도덕적 삶을 강조하는 타 종교나 다를 바가 없을 것이다.

하나님께서는 대환란의 거친 고난을 통하여, 우리의 위선된 죄악들이 다 드러나 대역죄인임을 자각하여 하나님의 의로만 구원하고자 하신다. 그래서 대환란의 일곱 나팔과 일곱 대접을 통하여 비추어지는 밝은 빛이 우리 영혼을 위하여 얼마나 소중한지를 알 수가 있다.

8. 자아파쇄의 원리

[대환란은 드러난 자아가 철저히 깨어지는 과정이다]

우리의 타락한 자아는 소멸되어야 천국에 입성하는 것이 아니라, 깨어져야만 입성한다. 이스라엘 백성들에게 광야 훈련이 필요함은 바로 이 때문이었다. 사도 요한은 대환란을 통하여 자아가 깨어져야 함을 증거하기 위하여 요한계시록을 기록한다. 대환란은 전 세계에 동시다발적으로 쏟아지는 재앙의 성격이 강하지만, 영적으로는 성도들을 연단할 훈련의 재료들이다.

세상에서는 고난이 삶에 전혀 무익할 뿐더러, 인생을 파멸시켜 불행하게 하는 주범이라 하겠지만, 주 예수님 안에 있는 성도들에게는 결코 그렇지 않다(고전 1:18). 구원받은 성도들이 겪는 일상의 모든 고난은, 육적 자아를 깨뜨려서 영적으로 성장케 하여 하나님의 형상을 회복하는 최적의 방편이다.

일상의 고난들을 경시하고서는 성경의 핵심과 예수님의 정체성과 구원의 도를 알 수 없다. 기독교의 십자가는 논리적인 교리도 아니요, 심오한 이데올로기도 아니다. 그렇다고 귀신을 쫓아내는 신비한 도구나 달콤한 은사도 아니다.

십자가는 영적 이스라엘 백성인 그리스도인이 하나님의 섭리로 준비된 일상에서 경험하는 쌉쌀한 환난과 시련이다. 십자가로 상징되는 기독교는 일상의 고난을 긍정하는 가장 실제적인 종교라고 할 수 있다. 십자가의 고난은 분명히 우리 인생에 불편과 불행을 주는 가시덤불이다. 하지만 구원의 자물쇠를 열 수 있는 유일한 열쇠라는 것이 성경이 전하는 최고의 역설이다.

고난이 가지는 성경의 상식적인 의미를 알지 못하고는 결코 고난의 책인 요한계시록을 알 수 없다. 요한계시록은 그리스도인의 참회록이요 광야 훈련 교본서다. 거친 광야 속에 묻힌 보화와도 같은 책이다. 그 누가 이 책의 가치를 알고 캐내어 사용하랴!

고난의 도에 대해 무지한 채로 요한계시록까지도 형통의 복음이라 착각하며 해석해 보겠다고 달려들었다가는 도리어 그 험난한 환난의 파도에 휩쓸려 낭패를 볼 수 있다. 오직 요한계시록은 십자가 중심의 성경적 세계관을 가진 사람에게만 원리적으로 보이는 숲속을 관통하는 좁은 길이다.

대부분의 요한계시록 해설서들은, 구원받은 성도들에게 대환란의 고난은 필요치 않다는 전제로 접근한다. 그래서 고난을 지혜롭게 피하는 법(자신들의 그룹에 속하면 구원 받는다 함)이라던가, 도피처로의 인도법(페트라 같은 안전한 곳에 7년간 사용할 음식물을 저장하라고 함) 등 기복적이고 피상적인 해석을 한다.

이런 주장들은 시한부 종말론을 강조하며, 현실 도피적인 삶으로 인도한다. 이러한 인본적인 사상에 영향을 받은 그리스도인들은, 대환란 같은 고난은 천국 입성 전에 결코 찾아오지 않을 것이라고 믿는다. 설사 찾아온다 하더라도 하나님의 백성들만큼은 반드시 안전지대로 피신하게 될 것이라고 막연하게 생각한다.

대환란과 상관없이 천국으로 직행한다는 축복 이론은, 참으로 달콤하고, 안심이 되어 무료한 일상을 사는 우리에겐 시원한 청량음료 같은 메시지임에는 틀림이 없다. 특히, 번영신학자들은 성경 전체를 형통과 축복의 관점에서 보기에 모든 성경 구절을 달콤하게 해석한다. 예수님, 십자가, 천국, 고난도 증거하지만 결론은 이 땅에서의 형통한 삶이다. 당연히 이들에게 가장 껄끄러운 책은 요한계시록이다. 성경의 마지막 책인 요한계시록만큼은 아무리 좋게 해석해 보려고 해도 안 되는 것이다.

그래서 꼼수를 쓴다는 것이 대환란 직전에 모든 교회가 휴거된다는 황당한 주장을 한다. 휴거 성도가 되기 위하여 더욱더 많은 헌금생활을 강조한다. 사실상 이들이 요한계시록을 무가치한 것으로 치부하는 것은 당연한 처사다. 번영신학자들이 권위를 인정하는 성경은 요한계시록을 뺀 65권뿐일 것이다. 그러므로 요한계시록은 애물단지 같은 성경에 덧붙은 혹 덩어리라 생각할 것이다.

하지만 아무리 논리적이고, 달콤한 이론이라 하더라도 이것이 성경적 세계관과 대치된다면 어찌되겠는가? 중요한 것은, 인간들의 말이 아무리 그럴듯해도, 그것을 믿어서는 안 된다(잠 26:25). 성경의 음성을 들어야만 한다.

왜냐하면 성경만이 참 진리이기 때문이다. 기독교에서 성경의 권위는 절대적이다. 마땅히 모든 신학자, 교회 지도자들, 그리스도인들은 성경을 기록하도록 영감을 준 성령님의 음성을 들어야만 한다(벧후 1:21; 계 2:7上). 진리의 영인 성령님의 마음을 읽지 못하면 아무런 소용이 없다. 문자의 표면만 연구하지 말고, 그 이면의 정신을 파악해야 한다.

안타깝게도 이 시대의 교회는 성경을 진리라 하면서도 고난 중에 계시되는 성령의 음성보다는 인본적 지식이 가득한 학자들의 말에 더 귀를 기울인다. 이 시대에 성경책은 너무나 흔하다. 더 이상 성도들의 삶을 변화시키는 일상의 규범이 되지 못하고 주일에 들고 다니는 액세서리나 의식용 도구에 불과한 실정이다.

그러나 성경은 단호하다. 하나님의 백성들에게 큰 고난이 찾아오지 않으리라고 예언하며, 고난을 강력하게 부정하고 달콤한 희망만을 주려는 이들을 거짓 선지자로 단정 짓고 저주한다(렘 14:15). 성경은 고난을 부정하는 선지자들에게, 다음과 같이 경고하면서 십자가의 진리에 바로 설 것을 권면한다.

> "화 있을진저 여호와의 날을 사모하는 자여 너희가 어찌하여 여호와의 날을 사모하느냐 그날은 어둠이요 빛이 아니라…오직 정의를 물같이, 공의를 마르지 않는 강같이 흐르게 할지어다…대접으로 포도주를 마시며 귀한 기름을 몸에 바르면서 요셉의 환난에 대하여는 근심하지 아니하는 자로다"(암 5:18, 24, 6:6).

반면에 예수님의 수제자요, 초대교회의 대표적 지도자였던 베드로는 그리스도인들이 당하는 일상의 거친 고난이야말로 참된 은혜이니 긍정하면서 인내해야 한다고 강조한다(벧전 5:12). 일상의 모든 고난은 교회의 징표이며, 성경 66권의 핵심이고, 영적 성장의 최적의 방편이다. 우리는 왜 이 상식적인 진리를 수긍하기를 버거워하는 것일까! 무엇이 문제란 말인가?

이스라엘 백성들이 가나안 땅에 입성하기 위해 40년간 걸었던 광야의 길은 무의미한 여정이 아닌 구원의 길이요 십자가의 길이요 연단의 길이요 사랑의 길이었다. 대표적인 신앙 모델인 아브라함도 야곱도 요셉도 모세도 이사야도 다윗도 바울도 베드로도 사도 요한도 다양한 형태의 삶을 살았지만, 공통적으로 일상의 고난을 긍정하며 그 영적 효과를 경험하고 장성한 경지에까지 성장했으며 그 경험적 진리를 성경에 당당하게 기록하고 있다(롬 8:17).

십자가의 고난이 진리가 아니라면 결코 성경으로 기록하지 않았을 것이다. 그들이 3년간 예수님에게서 배우고 체험한 것이 고난을 통한 구속의 도였기에 부인할 수 없었다. 그들은 주님이 주시는 십자가인 일상의 고난을 빛의 진리요, 속죄의 은혜요, 영적 성장을 촉진하는 강력한 에너지라고 증거하기를 주저하지 않았다(시 119:67, 71).

대환란 시기에 나타나는 모든 고난들은 일상의 십자가들이다. 이것들은 우리의 숨겨진 자아를 드러나게도 하지만 그 드러난 자아를 파쇄하는 일거양득의 효과를 창출한다. 대환란의 고난은 겉사람과 속사람을 분리하는 밝은 빛과 겉 사람인 자아를 파쇄하는 망치의 역할을 동시에 수행한다.

율법의 인위적인 빛으로 우리의 천 길 깊이 숨어 있는 자아를 확인하는 데는 한계가 있다. 율법의 빛은 매우 희미하다. 그래서 우리의 혼적 자아까지만 분별할 수 있을 뿐이다. 아무리 프로이드 학문에 정통한 상담 심리학자라도 인간의 혼적인 자아 그 이상을 감지하는 것은 불가능하다. 이것이 타락한 인간의 한계이기 때문이다. 인본적인 철학과 종교로 해결 가능한 영역은, 인간의 혼적 자아뿐이다.

아이러니하게도 드러난 혼적 자아가 거대한 빙산의 일각일 뿐이라는 사실을 아는 이가 많지 않다. 사실상 드러나지 않은 해수면 깊은 곳에 자리 잡은 것은 인간의 99%를 차지하는 영적 자아다. 이것은 오직 인간의 영을 지으신 하나님만이 드러내실 수 있는 창조주의 영역이다. 피조물의 접근이 불허된 지성소와도 같다.

우리의 영 깊은 곳에서 똬리를 틀고, 우리의 삶 전부를 지배하는 육적 자아인 죄악성(잠 26:25)을 보기 위해서는 태양빛보다 더 밝고 강렬한 빛이 필요하다. 오직 하나님으로부터만 나오는 신령한 말씀의 빛 말이다(히 4:12-13; 요일 1:5).

말씀의 밝은 빛은 인간의 이성과 노력을 통하여 가능한 수도적인 빛이 아니다. 예수님의 속죄 은총으로 준비된, 일상의 고난을 통하여 우리 내면에 비추어지는 신령한 빛이다(엡 5:13).

하나님의 빛은 인간의 노력과는 상관없이 일방적으로 계시되는 은총의 빛이다. 하나님의 빛은 능동적으로 찾아가는 것이 아니라 수동적으로 찾아오는 것이다. 그러므로 그 빛을 받으려면 그 빛의 전달 도구인 일상의 고난을 적극적으로 받아들여야만 한다.

말씀은 일상의 고난을 통하여 계시되는 하나님의 뜻이고, 하나님의 본질(요 1:1)이며, 빛 되신 예수 그리스도(요 1:9)다. 성경 말씀은 단순한 문자가 아니다. 세상 사람들은 성경을 단순한 문자로 보지만, 최소한의 믿음을 가진 그리스도인은 그렇게 보지 않는다. 문자 그 이상이다.

말씀을 히브리어로 '미드바르' 라고 한다. '미드바르' 라는 히브리어는 형식적인 말(로고스)이 아닌 생명력 있는 말씀(레마)이다. 이 뜻은 일상의 광야로부터 레마가 주어진다는 명백한 진리를 담고 있다.

고난 중에 하나님의 말씀이 있고, 고난의 불이 세어질수록 그 말씀 또한 강해진다(엡 5:13). 역경과 환난은 죽을 우리의 겉사람인 자아에게는 저주가 될 것이지만 새롭게 부활할 우리의 속사람인 영에게는 축복이 된다.

이 모든 것을 종합해 볼 때, 요한계시록의 대부분을 차지하는 고난과 환난, 풍파는 그리스도인들에게 절대적인 의미가 있다. 만약에 의미가 없다면, 대환란만을 집중적으로 증거하는 요한계시록은 불편한 휴지 조각일 뿐이다. 성경이라 버릴 수도 없고 그렇다고 끔찍한 고난으로 가득 찬 그것을 취할 수도 없는 애물단지가 될 것이다.

만약에 당신이 요한계시록을 휴지조각이 아니라 거룩한 하나님의 말씀이라고 믿는다면 대환란에 대한 잘못된 고정관념을 버려야 한다. 성경 속으로 들어가려면 나를 버려야지 성경의 정신을 제거하고 내 안으로 끌어들여서는 안 된다. 속히 '환난은 저주요 불행'이라는 세속적인 선입견부터 버려야 할 것이다.

때때로 요한계시록을 하나님의 말씀이라고 주장하면서, 핵심인 대환란을 부정하는 기독교인들을 보면 모순의 극치다. 요한계시록을 가만히 보면 대환란의 끝에 예수님의 지상 재림이 있고(계 19:11), 그 후에 주님께서 직접 다스리시는 지상낙원인 천년 메시아 왕국이 있다(계 20:6).

이 천년 메시아 왕국이 무엇인가? 바로 밀턴이 쓴 작품의 제목이

기도 한 '복락원' 을 의미한다. 우리는 흔히 창세기의 에덴낙원을 선악과를 먹음으로 잃어버린 낙원이라 하여 '실낙원' 이라 부른다. 성경의 첫 책인 창세기에서 첫 사람 아담이 마귀에게 져 에덴 낙원을 잃어버리고, 아담뿐 아니라 그의 모든 후손들이 생명과를 먹을 수 없게 되었다. 하지만 그 실낙원을 마지막 책인 요한계시록에서 마지막 아담 되신 예수님과 그의 후손들이 마귀를 이김으로 되찾아 생명과를 먹는데, 이 되찾은 '복락원' 을 천년 메시아 왕국이라 생각하면 쉽게 이해될 것이다.

성경 66권에 나오는 타락한 인간의 재창조를 위한 구속사적 전개 과정을 정리해 보자. 하나님께서 인간을 창조하셨다. 성경에선 그 하나님을 예수 그리스도라 증거한다(요 1:1-3). 창조된 인간은 자유의지를 가졌으며 4정 5욕의 본능은 있었으나 죄악성은 없었고 성령님께서 내주해 계셨다(창 2:7).

하나님께서는 자유의지를 가진 인간이 자발적으로 생명과를 먹고 영생하기를 갈망하셔서 에덴동산에 살게 하셨다. 에덴동산의 존재 목적은 인간의 자유의지를 하나님 중심으로 단련시키기 위함이었다. 인간의 자유의지가 하나님 중심으로 온전히 단련되면 비로소 생명과를 먹을 수 있기 때문이다.

하지만 인간은 하나님의 뜻보다도 자기의 뜻을 추구하다가, 결국 사탄의 유혹에 넘어가 선악과를 따먹고 타락하여 사망에 이르게 되었다. 인간은 영원한 영적 일치를 이루고자 하시는 하나님의 뜻과는 정반대로 분리 독립을 택한 것이다. 이는 하나님의 은총과는 상관없이 인간의 자체적 노력과 힘으로 생명과를 먹고, 하나님처럼 되겠다는 교만의 극치이다. 인간만의 힘과 노력으로 하나님처럼 된다는 사상이 바로 21세기를 오염시키는 사탄의 독가스인 뉴에이지다.

결국 영적 일치를 위해 내주하셨던 성령님은, 인간들의 교만과 거부로 떠나가시게 된다(창 6:3). 하나님께서는 타락한 이들을 에덴동산에서 추방시키시고 생명과를 먹지 못하도록 그룹 천사와 두루 도는 화염검을 통하여 입구를 지키게 하셨다(창 3:24). 그러나 이것이 끝이 아니다. 타락 이후 구속 이야기가 바로 성경이다.

하나님은 사랑이시다(요일 4:8). 그러기에 하나님께서는 명품 피조물인 인간이 단 한 번의 잘못된 선택으로 영원한 사망에 이르도록 방치하지 않으셨다. 하나님께서는 구약성경에서 이사야나 예레미야, 에스겔, 다니엘 같은 수많은 선지자들의 입을 빌려서 모세와 같은 거룩한 한 사람을 통하여 성령을 다시 받고, 성령의 통제로 자유의지가 연단되어 생명과를 먹을 수 있도록 재창조의 길을 여시겠다고 선포하셨다(신 18:15).

애굽을 탈출하여 이스라엘 백성들을 광야로 이끌고 나와서, 연단시켜 가나안 땅까지 인도했던 모세와 같은 한 사람이 누구일까? 바로 영적 이스라엘 백성인 그리스도인의 영도자이신 나사렛 예수 그리스도시다.

하나님의 때가 차매, 마지막 아담 되신 예수님께서는(고전 15:45) 성령으로 잉태되어 이 땅에 태어나셨다. 그런데 예수님께서는 아담의 첫 창조 때와 똑같은 상태셨다. 성령님이 내주했고, 죄악성도 없고, 인간과 똑같은 4정 5욕의 성정을 가지셨다. 온전한 하나님이시지만 온전한 인간이기도 하셨다.

베들레헴 마구간에서 태어나신 예수님은 천지만물을 창조하신 여호와 하나님 자신이셨다(요 1:1-3). 타락한 인간을 추방하여 생명과를 금하였던 하나님 자신이 다시 생명과를 먹을 길을 여시고자 인간으로 성육신하신 것이다.

예수님은 30년간 나사렛에서 가난과 질병과 고독의 일상적 고통을 이겨내시면서 평범하게 사셨다. 그 어떤 고난 속에서도 좌절하고 낙심하지 않는 믿음으로 하나님의 뜻을 찾았고, 그 하나님의 뜻에 철저히 순종하고자 자신을 낮추며 인내의 말씀을 지키는 생활영성의 삶을 사셨다(계 3:10). 곧 예수님께서 자기 자신을 산 제물로 하나님께 드리는, 산 제사의 전적 헌신의 삶을 사셨다.

예수님께서는 생활영성의 기초를 닦으신 선구자셨다. 예수님에게 광야 같은 성막 뜰은 무료하고 메마른 일상이었고, 번제단의 타오르는 불은 시시때때로 찾아오는 고난과 역경의 환경들이었다(벧전 4:12). 예수님께서는 적극적으로 일상의 고난 속에 계시되는 하나님의 뜻을 찾으셨다. 주님은 자아를 십자가에 못 박고 일심전력으로 하나님의 뜻에만 순종하는 삶을 사셨다(눅 22:42; 빌 2:6-8).

성경에서는 예수님의 사생애가 감추어져 있지만, 그 은밀한 30년에 대단히 중요한 의미가 있다. 첫 사람 아담에게는 살기 좋은 에덴동산이 주어졌지만, 마지막 아담 되신 예수님에게는 거친 광야인 나사렛 촌 동네가 주어졌다. 다람쥐 쳇바퀴 돌듯 무미건조한 일상이 반복되는 그곳에서 주님께서는 철저히 자기의 뜻을 부인하고, 하나님의 뜻에 순종하는 생활영성의 삶을 사셨다. 그래서 주님의 자아를 파쇄하여 그 자유의지를 철저히 하나님 중심으로 연단하신 것이다.

예수님께서는 나사렛 촌 동네에서 성령의 파쇄 과정을 성공적으로 마치시어 온전히 단련되셨을 때 세례 요한으로부터 물세례(침례)를 받으시게 된다.

그때 생명과를 먹는 성령 세례도 같이 받으시며, 인류 최초의 '이긴 자'(성화된 자, 완전에 이른 자)가 되시어 생명과를 먹을 수 있는 길을 활짝 열어 놓으셨다. 우리가 흔히 예수님을 본받으라고 하는 것은, 공생애 시 수많은 기적과 이사를 행하고 민중들의 슈퍼스타가 되신 것을 본받으라는 의미가 아니다. 예수님께서는 마태복음 20장 28절에서 "인자가 온 것은 섬김을 받으려 함이 아니라 도리어 섬기려 하고 자기 목숨을 많은 사람의 대속물로 주려 함이니라"고 증거하신다.

이 말씀의 의미는 철저히 자기를 부인하며 하나님의 뜻에 순종하고자 고난을 긍정하고, 인내하신 생활영성의 삶을 본받으라는 것이다.

첫 사람 아담이 우리에게 육신의 생명을 주는 시작이 되었다면, 마지막 아담이셨던 예수님은 우리에게 영혼의 생명인 영생을 주는 시작이 되셨다.

성육신하신 예수님은 인류의 재창조 사역(생명과를 먹음)을 위해, 하나님께서 제시하신 유일한 방법인 속죄 제사(레위기 16장에 나옴)의 모형에 따라서 실질적 대속제물과 대제사장의 사명을 감당하셨다. 그것이 바로 십자가에서의 고난과 죽으심, 그리고 부활, 승천 사건이다. 속죄 제사의 실제적인 완성의 징표가 오순절 성령 강림 사건이다.

이것들에 대해서는 필자가 쓴《평범한 일상으로 특별한 기적을 만든다》라는 책에 자세히 기술되어 있다.

오순절 날 성령 세례 받은 제자들에 의하여, 온 세상에 생명과를 먹을 수 있는 길이 열렸다는, 예수 복음이 증거되었다. 그리고 자유의지가 연단되어, 생명과를 먹을 수 있는 훈련소인 에덴동산과 똑같은 기능의 교회가 설립된다.

그 교회가 바로 요한계시록에서 증거하는 광야 같은 대환란이다.

이런 내용을 골자로 기록된 책이, 성경 65권인 창세기부터 유다서까지다.

더 요약해 보면, 성경 전체는 하나님의 영광을 위하여 인간이 창조되었는데 창조된 인간이 하나님을 등지고 타락했으나, 타락한 인간들을 위하여 속죄제사가 기획되어, 그것을 실행시킬 예수님이 약속되었고(구약), 약속된 예수님이 이 땅에 오셔서(신약) 실제적 속죄제사를 완수하심으로, 생명과를 다시 먹을 수 있는 길을 활짝 열어놓으셨고, 예수님을 구주로 영접한 사람들이 생명과를 먹기 위하여 광야 교회인 대환란에 들어온다는 내용이다.

하나님께서는 창조된 아담과 하와에게 생명과를 먹게 하시려고 살기 좋은 에덴동산에 두셨다. 그러나 하나님의 지나친 배려와 은혜와는 달리 그곳의 물질적인 풍요가 도리어 그들을 타락하게 만들었다. 풍요가 그들의 자아를 파쇄하기는커녕 오히려 교만하게 만들었다. 하나님께서는 풍요한 환경 속에서 인간의 치명적인 허점이 드러남을 파악하셨다. 그래서 재창조시엔 모든 그리스도인들을 환난의 광야로 이끌어 내어 은같이 연단하고 금같이 시험할 계획을 세우셨다(슥 13:8-9).

다시는 자유의지를 가진 인간을 위한 재창조 사역에서 실패하지 않으시려는 하나님의 특단의 대책이었다. 성공적인 재창조 사역을 위하여 준비된 최상의 훈련소가 바로 대환란(광야 교회)이다(행 7:38). 이미 언급했듯이 성경적 교회는 환난으로 가득한 광야와도 같다. 광야 교회는 하나님의 깊고 오묘한 사랑의 결정체다. 대부분의 교인들은 광야인 교회의 상징이 풍요와 안락과 성공이라는 금송아지로 알고 있다. 하지만 그것은 죄악 세상의 모형인 애굽의 상징이지 결코 교회의 상징이 아니다. 교회의 상징은 그런 것이 아니라 가난과 질병과 고독과 실패인 고난의 십자가다. 십자가가 교회의 상징인 것은 세상 사람도 다 아는 사실이다. 그런데 왜 교회 안에 깊이 있다는 교인들이 이러한 사실을 모르는 것일까?

육적 이스라엘 백성들의 출애굽사를 모형으로, 그리스도인들의 영적 출애굽사를 성경 전체의 흐름을 따라 도식화 해보겠다.

구약성경은 애굽에서 영적 자유를 갈망하며 자신들을 약속의 땅으로 인도할 구원자를 기다리는 영적 이스라엘 백성에 대한 기록이다.

4복음서는 영적 모세이자 어린 양이신 예수님의 출현과 열 가지 재앙과 같은 각종 기적과 이사로 영적 권위를 드러내며, 어린 양의 보혈로 이스라엘 백성들의 출애굽을 준비시키는 예수님의 공적 사역에 대한 기록이다.

사도행전은 광야의 불기둥 같은 오순절 성령님의 인도로 출애굽하여 예수님을 영접한 사람들이 기뻐하고 즐거워한다는 것으로 초기 구원에 대한 기록이다(행 2:3, 47).

로마서부터 유다서까지는 영적 광야인 교회에 막 발을 들여놓아 순례자가 된 광야 성도들에 대한 기록이다. 광야에 나온 성도들을 헬라어로 '에클레시아'(교회)라고 한다.

그렇다면 성경의 마지막 권인 요한계시록은 무엇에 대한 기록일까? 요한계시록은 환난으로 가득 차 있어 구원받은 그리스도인과는 전혀 상관없는 책이라고 주장하는 이들도 있는데, 과연 요한계시록이 신약성경의 혹 덩어리일 정도로 별반 의미가 없는 책일까? 결단코 아니다. 요한계시록은 구속사적으로 절대적인 의미가 있는 책이다. 요한계시록이 성경의 마지막 책이라고 가볍게 보아선 안 된다.

성경은 결코 중요도에 따라 배치되지 않았다.

요한계시록은 영적 광야에 들어선 그리스도인들이 생명과를 다시 먹기 위해서 광야에서 이수할 훈련 내용들이 빠짐없이 기록되어 있기 때문이다. 만약에 요한계시록이 증거하는 광야의 도를 무시하고 천국에 간다면 어찌될까? 마치 이스라엘 백성들이 애굽을 떠나자마자 광야를 건너뛰어 가나안 땅에 들어가는 것과 같다. 이것이 정말 성경적으로 가능한 구원 시나리오일까?

물론 얼마든지 인간의 논리와 이성으로는 가능할지 모른다. 하지만 이성적 논리와 합리에 맞는다고 그것이 성경적 진리라고 보는 바보는 없을 것이다. 세상에는 비논리적이고 비합리적인 진리가 너무나도 많기 때문이다. 중요한 것은 논리에 입각한 인간의 이성이 아니라 성경에 입각한 하나님의 뜻이다(롬 12:2).

광야 여정 없이, 가나안 땅에 입성한다는 주장은 성경적 세계관과 상반된 거짓말이다. 가장 악한 궤변이라 할 수 있다. 그것을 주장하려면, 광야를 집중적으로 증거한 모세오경을 비롯한 성경 전체를 없애 버려야 할 것이다.

만약에 그 누군가 광야를 부정한다면, 결과적으로 교회를 부정하는 중죄를 범하게 된다. 인간이 태어나는 데 있어서 얼마든지 체외 수정도 가능하지만 수정된 그 생명체가 자라는 것은 엄마의 자궁이 아니면 절대 불가능하다. 광야 교회는 바로 영적 생명이 자라는 엄마의 자궁과도 같다. 그래서 교회를 그리스도의 거룩한 몸이라고 하는 것이다.

광야 교회 없이, 천국에 간다는 것은 정자와 난자가 만나서 수정이 되자마자, 어른이 되어 뛰어다닌다는 억지 주장과 같다. 과정이 사라진 것이다.

현대 신학은 서론과 결론은 분명한데 과정이 없다. 과정신학이 없으니, 교회당 안에는 그리스도인들이 차고 넘치는데, 교회당 밖에서는 전혀 찾아볼 수 없다는 말이 나온다.

요한계시록은 대환란을 통하여 구속의 과정을 다루는 말씀이다. 성경에서 계시록이 빠지면 구원의 시작과 끝은 있는데 과정이 사라질 것이다. 얼마만큼 광야가 가나안 땅으로 향하는 이스라엘 백성들에게 중요한 의미가 있었는지 모세오경 중 대부분인 출애굽기, 레위기, 민수기, 신명기가 광야 여정을 기록하고 있음을 명심해야 한다.

거듭하여 강조하지만 요한계시록은 천국도 지옥도 아닌 영적 교회인 광야에 대한 기록이다. 요한계시록이 없으면 광야를 통한 영적 성장에 치명적인 문제가 발생한다. 영적 성장이 불가능하다. 요한계시록은 광야 안내서(훈련 매뉴얼)이기 때문이다.

성경 전체와 교회 역사가 공통으로 광야의 책인 요한계시록을 중요시했다. 그런데 대환란이 임박한 말세지말의 그리스도인만이 광야 안내서를 하찮게 여기는 것은 대단한 안타까운 일이다. 그만큼 21세기 교인들이 물질과 안정 그리고 풍요를 중시하는 세속적 세계관에 철저히 세뇌되었다는 의미다. 이는 곧 그리스도인들의 광야 연단을 막으려는 사탄의 치밀한 작전에 휘말린 것이다.

요한계시록은 외관적으로는 성경의 66번째 책에 해당하는 22장 밖에 안 되는 작은 책이지만, 내실적인 측면에서 보면 출애굽한 그리스도인들의 영적 성장과 재창조의 완성, 그리고 영적 가나안 땅인 천년 메시아 왕국에 입성함을 다룬, 성경의 가운데 토막이라 할 만큼 중요한 책이다.

대환란의 재앙들은 전 세계 모든 지역에 동시 다발적으로 임하는 전무후무한 고난이다(마 24:21). 고난의 강도 역시 인류 역사상 주어졌던 그 어떤 고난보다 강할 것이다. 불길이 강할수록 그 빛도 밝게 빛나듯이, 고난의 강도가 셀수록 하나님의 빛은 밝게 비추어질 것이다. 대환란의 후 삼 년 반 시기에는 모든 교회당이 폐쇄되고 교회 조직들이 파괴될 것이지만, 결코 영적으로 중세와 같은 암흑기는 아니다. 도리어 그 어떤 시대보다 하나님의 빛이 강하게 빛날 것이다.

그 밝은 빛은 그리스도인들의 심령 깊이 숨겨진 어둠의 자아들을 다 드러낼 것이고, 동시에 성령의 강한 파쇄 작업이 시행될 것이다. 자아가 철저히 파쇄되는 것이다. 아무리 종교적인 업적이 많아도, 위선적인 자아가 드러나지 않으면 라오디게아 사자처럼 "나는 부자라 부요하여 부족함이 없다"라는 망발을 서슴지 않게 된다. 사탄은 교묘하게 자아를 숨기도록 유도하여, 마음을 낮추어 속죄 은총을 구하지 못하게 하는 전략을 쓰는데 지금까지 가장 성공적으로 시행되었다.

역사상 모든 배교자들의 공통점이 무엇인가? 풍성한 은사와 물질적 풍요, 성공적 사역으로 교만해져서 내적 자아를 통찰하는 분별력을 상실한 자들이라는 것이다. 사탄은 배교자들 자신이 가장 능력있고, 거룩해져서 예수님과 같아졌다고 착각하게 만들어 예수님을 배반케 했고, 결국에는 자신의 종으로 삼았다.

그리스도인들은 대환란에 비치는 밝은 빛 속에서, 상상치 못했던 육적 자아들을 보게 될 것이다. 그 엄청난 실체 앞에서 자신이 얼마나 연약하고, 비참한 인간인지 깨달으면서 참회의 삶을 살게 되는 것이다. 성도들은 성령님의 적극적인 역사 가운데 하나님의 의를 앞세우는 생활영성의 절실함을 자각하여, 겸허히 고통스런 현실을 받아들이고 인내하게 된다.

사실상 대환란은 인간들의 나약한 부분을 집중적으로 자극하게 될 것이다. 성도들은 이성적 자제심을 쉽게 상실하고, 죄악성에 지배받아 죄를 범하게 될 것이다. 범죄로 잠시 낙심하여 혼란에 빠지겠지만 내주하신 성령님의 도우심을 받아 참회하게 되고, 보혈의 은총에 힘입어 죄 사함의 평강을 경험한다. 이런 경험을 반복하면서 만유인력과 같은 죄의 법에 지배받는 자신의 실상을 깨닫는다(롬 7:21-23). 고난 속에 계시되는 밝은 빛에 의하여 죄의 실체를 보는 것이다. 성도들은 더 이상 자신을 의지하지 않고, 하나님의 구속적 섭리와 십자가의 은혜만을 의지할 것이다.

비로소 성도들은 일상의 모든 고난들이 육적 자아를 깨뜨리고, 자유의지를 단련시키기 위한 하나님의 섭리임을 알 것이다. 그들은 더욱더 헌신하는 삶을 살기 위해 하나님의 선하시고, 온전하시고, 기뻐하신 뜻을 찾게 된다.

대환란의 성도들은 하나님께서는 우리의 일부분이 아니라, 전부를 원하신다는 것을 수많은 시행착오를 통하여 깨닫고, 나의 것이 아닌, 나 자신 전부를 산 제물로 드리는 전적 헌신의 번제인 산 제사를 실천하게 된다. 광야의 산 제사는 예수 복음의 핵심이다. 그 핵심이 대환란을 통하여 구현된다는 것이 놀랍지 않은가?

이것을 '대환란 효과' 라 부르고 싶다.

'대환란 효과' 는 일상의 모든 고난을 받아들여, 재활용함으로 빠르고 철저하게 자아가 깨어져, 하나님의 형상으로 회복되는 영적 효과다.

9. 분리의 원리

[대환란은 쭉정이와 알곡과 가라지를 확실하게 분리한다]

필자는 농촌에서 태어나 자랐기에 늦가을 추수의 풍경을 잘 안다. 농부들은 논 가장자리에 불을 피워 놓고는 우선 가라지를 골라 뽑아내어 통째로 불사른다.

가라지는 아무리 열심히 뽑아도 어느새 또 나는데, 초기에는 벼와 매우 비슷하여 전문가가 아니면 구분하기가 힘들다. 그러므로 급하게 뽑다 보면, 벼를 뽑기 십상이다. 지혜로운 농부들은 벼가 다 자랄 때까지 가라지를 뽑지 않고 그냥 놓아둔다.

왜냐하면, 가을이 되어 햇볕이 강해져 일조량이 풍부해지면, 벼는 빠르게 알곡이 되어 고개를 푹 숙이지만, 가라지는 유난히 키가 큰 채로 고개를 바짝 치켜들기 때문에 실수하지 않고 쉽게 선별할 수가 있기 때문이다. 가라지 열매나 나무는, 인간에게 아무런 유익이 없고, 도리어 독성이 있어 해롭기에 뽑는 즉시 전부를 불에 태우는 것이다.

그렇다고 탈곡한 벼들을 무조건 곳간에 넣는 것은 아니다. 먼저 알곡인지 쭉정이인지 선별 작업을 거쳐야 한다. 바람개비나 키로 하는데 낱알을 공중에 띄워 바람을 불게 하면, 알곡은 바로 밑으로 떨어지고, 쭉정이는 저 멀리 날아가서 자기들끼리 쌓인다. 거센 바람이 알곡과 쭉정이를 확실히 구분해주는 것이다.

농부는 가차 없이 쭉정이들을 볏짚으로 만든 삼태기에 담아, 가라지가 타고 있는 불구덩이에 던져 같이 태운다. 그렇지만 알곡은 햇볕에 잘 말려서, 통풍이 잘되는 토광에 담아 정성스럽게 보관하여, 수시로 탈곡하여 양식을 삼는다. 농부들은 그것으로 추운 겨울을 풍요롭고 안락하게 보내는 것이다.

농부가 원하는 것은, 키가 크고 잎이 무성한 가라지도 아니고, 모양만 번지르르하나 속이 텅 빈 쭉정이도 아닌, 속이 꽉 찬 알곡이다. 농부는 이러한 알곡을 얻기 위해서 인내하고 온갖 희생을 감내하며 농사를 짓는다. 알곡을 얻기 위해 전적으로 헌신하는 것이다. 추수 때에는 알곡과 쭉정이와 가라지가 확연하게 구분되는데, 그 시금석이 바로 가을철의 강한 햇볕과 거친 바람이다.

같은 원리로 대환란은 영적으로 곡식이 익어가는 영적 가을이다. 이 시기엔 강한 햇볕과 거칠고 사나운 바람과 같은 고난이 집중적으로 몰아치게 된다.

강한 햇볕 같은 환난으로 영적으로 빠르게 성장한 교인들은, 쭉정이와 가라지, 그리고 알곡으로 확연하게 분리되는 것이다. 이는 마치 태양 빛이 살아 있는 나무와 죽은 나무를 확연하게 구분시켜 주는 것과 같은 이치다. 건강한 나무가 태양 빛을 받으면, 활발한 광합성 작용으로 탐스러운 열매를 맺지만, 병들어 죽어가는 나무에 태양 빛이 작열하면, 금세 수액이 마르고 뿌리까지 썩어버려 빨리 죽게 된다.

7년간 한시적으로 진행되는 대환란은, 그 어느 때보다 고난의 태양빛이 밝게 비치는 영적 광야 지대와 같다. 영적으로 살아 있는 사람(제자로서의 그리스도인)에게는 거친 고난을 재활용하여, 영적 광합성 작용을 하며, 빠르게 익는 축복의 시기가 될 것이다. 하지만 영적으로 병들어 죽어가는 사람(멤버로서의 그리스도인)에게는 고난을 불평하고 원망하면서 급속도로 타락하여, 성령이 소멸되어, 쭉정이가 되는 재앙의 시기가 될 것이다(단 12:10; 살전 5:19).

마태복음 13장을 보면 씨 뿌리는 비유가 나온다. 이중에서 돌밭에 뿌려진 씨앗은, 싹이 나오나 뿌리가 깊지 않아 해가 돋아 빛을 강하게 받으면, 결국 뿌리째 말라 죽는다고 증거한다(마 13:5-6). 이는 처음엔 뜨겁게 성령 체험을 하여 열심을 내지만, 신앙 때문에 고난이 극심해지면 서서히 믿음을 잃고, 교회와 주님을 저버리고 떠남을 의미한다(딤후 4:10). 이런 사람들을 소위 쭉정이 신자라 부른다. 성령으로 시작하여 육체로 마치는 자들이다(갈 3:3).

이처럼 고난은 신앙의 옥석을 가리는 시금석이다.

그 누가 환난 없이 평탄하게 천국에 갈 수 있다고 했던가? 광야의 시련을 피해 정욕적으로 평안하게 사는 것을 복음이라고 주장하는 사람들은 반드시 심판을 받게 될 것이다(갈 1:8). 이스라엘 백성들에게 바알 신이나 아세라 신 같은 우상을 섬기면 축복받는다고 유혹한 거짓 선지자 발람과 같기 때문이다.

천국 가는 문은 좁고 협착한 문이요, 외면당하는 무료하고 고독한 삶이요, 고통을 참아내야 하는 십자가의 광야 길이다(마 7:14). 천국에 가려면, 많은 환난을 겪어야 한다(행 14:22). 이 땅에서도 형통하고, 천국에서도 복락하는 지복천상은 없다. 이 땅에서 희생한 만큼, 천국에서의 상급을 쌓는 것이다. 예수 복음은 환난을 피하는 법을 알려주지 않고, 환난을 이기는 법을 알려준다. 환난을 이기는 법을 기록한 요한계시록이야말로 참 예수 복음이라 할 수 있다.

천국은 철저히 하나님 중심적인 나라다. 민주주의가 아니라 신본주의의 나라다. 하나님을 위한(for), 하나님에 의한(by), 하나님의(of) 나라다. 오직 하나님의 영광을 위하여 만들어진 신령한 나라다. 인간들의 편의와 풍요를 위하여 만들어진 정욕적인 나라가 결코 아니다(롬 14:17). 그래서 우리가 하나님 중심적인 세계관으로 변화되어야만 하는 것이며, 우리의 심령이 천국에 합당하게 거룩해져야만 하는 것이다. 우리의 심령은 하나님께서 통치하는 나라가 되어야지, 내 뜻대로 되는 나라가 되어서는 안 된다는 사실이다.

죄악성에 지배받고, 세상을 사랑하는 우리의 품성을 가지고는, 당장 천국에 들여보내준다 하더라도, 단 한순간도 버틸 수가 없다. 하나님의 보좌에서 흘러나오는 강렬한 빛은, 오직 정결한 영혼만이 감당할 수 있는데, 죄악성을 가진 인간들에게는 지옥 불과 같이 고통스럽게 느껴질 것이기 때문이다. 거지가 왕자의 옷만 입고 궁궐에 있으면 편할까? 심히 고통스러울 것이다. 천국의 문은, 너무나 좁고 협착하여 세상의 그 어떤 소유를 가지고는, 그 누구도 들어갈 수 없다. 그래서 많은 것을 소유한 부자가 천국에 들어가기가 낙타가 바늘구멍에 들어가는 것보다도 힘들다고 하는 것이다(마 19:23-24).

교회(광야의 원형)는 그리스도인(이스라엘 백성의 원형)이 천국(가나안 땅의 원형)에 들어가기 위하여 애굽적인 모든 소유를 버리고, 그 의지가 단련되는 영성 훈련장이다. 그곳에서는 아사주생(我死主生)해야 한다. 내가 죽어야 주님이 사는 것이다. 내 자아가 온전히 깨어져야 주님의 나라가 완성된다는 의미이다.

분명히 주님의 몸 된 교회는 세상의 모든 소유를 버리는 훈련을 하는 곳인데, 이 시대 교회는 채우고 모으는 데 혈안이 되어 있다. 교회에서조차도 소유가 많은 사람들이 영웅 대접을 받고 있다. 세상과 차별화된 것이 거의 없다. 세상을 자연스럽게 닮아 간다. 마치 이 시대의 교회는 살았다 하는 이름을 가졌으나, 죽은 것 같다(계 3:1).

우리의 육신이 죽지 않는 한, 영혼이 해방될 수 없듯이 우리의 겉사람이 죽지 않는 한 우리의 속사람이 해방될 수 없다. 천국은 겉사람이 아니라 속사람이 들어가는 나라다. 겉사람은 버려야 한다. 우리의 육적 소유를 버리는 데는 시련과 역경만큼 좋은 방법이 없다. 십자가의 고난이 주는 영적 효과에 대해서는, 이 책에서 전반적으로 다루고 있기에 다시 거론하지는 않겠다.

주님에 대한 사랑과 진리에 대한 열정이 강하여 성경적 세계관으로 무장된 사람일수록, 귀하다고 믿었던 세상의 모든 것들을 배설물처럼 여길 것이다(빌 3:8). 매일 쓰레기통을 뒤지며 썩은 음식만을 먹던 거지가 나중에 왕자로 판명되어 자신의 정체성을 깨닫고 궁중의 최고급 음식을 먹게 되면 과연 그때도 과거의 부패한 음식물 쓰레기를 탐낼까?

더 나은 가치를 발견하면, 그 전에 가졌던 최고의 가치는 가볍게 여기는 것이 당연하다. 대환란의 연단 과정을 거쳐 영적인 것이 소중함을 깨닫게 되면서, 세상의 소유를 버리기가 한층 쉬워진다. 대환란이 가장 고통스럽게 느껴지는 것은, 자기애와 집착이 강하여 자기를 버리지 못하기 때문이다. 자기를 잘 버리는 사람에겐 대환란이 신바람 나는 서핑장이 될 것이다. 요한계시록에서는 대환란의 모든 것은, 하나님께서 준비하셨다고 증거한다. 대환란에 최고의 의미가 있다는 것이다. 하나님께서 의미가 있다면 있는 것이다. 그것을 믿는 것이 믿음이기 때문이다.

하나님은 사랑이시다. 대환란은 자녀 된 우리를 죽이려고 준비된 저주의 장이 결코 아니다. 도리어 치유하고 회복하고 성장하게 하려고 준비하신 축복의 장이다(렘 29:11). 이러한 기쁜 소식을 우리에게 알리고자 사도 요한을 통하여 요한계시록을 기록하게 하신 것이다(계 1:1).

아마도 지금 3층 천국에 계신 사도 요한이 자신이 직접 기록한 요한계시록을 오용하여 대환란 무용론을 주장하거나, 남용하여 고난을 효과적으로 피하는 법을 가르치는 현대의 성경 선생들을 보면서 탄식할 것이다.

첫째부터 여섯째 나팔의 바람은 쭉정이를 가려낼 것이고, 일곱째 나팔의 햇볕은 가라지를 가려낼 것이다. 첫째부터 여섯째 나팔이 불리면 극심한 기근과 전쟁으로 인하여 지칠 대로 지친 길가 밭이나, 돌밭 교인들은 믿어도 복을 주지 않는다고 불평하면서 교회와 예수님을 저주하면서 떠날 것이다. 결국 그들은 쭉정이가 된 사람들끼리 모여서 마음껏 세상 정욕을 즐기고, 온갖 죄악을 저지르다가 주님이 재림하실 때 지옥의 불구덩이에 던져지는 것이다.

일곱째 나팔이 불리면, 사탄 루시퍼가 내주 합일된 역사상 최고의 적그리스도가 등장할 것이다(계 13:1). 그가 루시퍼를 새로운 하나님으로 숭배하게 될, 신 바벨론 제국의 왕이 될 것이다. 적그리스도는 온갖 기적과 이사를 행하면서 강력한 카리스마를 발산할 것이고, 성경을 교묘하게 이용하여, 자신이 재림한 메시아라고 할 것이다. 게다가 그는 온 세상 사람들이 평화롭고 행복하게 살 세계 단일 정부를 주창하면서 전 세계인들에게 핑크 빛 소망을 안겨줄 것이다.

이때 두 뿔 짐승의 달콤한 중재로 수많은 기독교 지도자들(번영신학자, 유명 설교자, 부흥사, 선교사, 기독사회 사업가, 유명 기독 정치인이나 경제인 등)이 적그리스도에게 미혹될 것이다. 이들은 결국 하나님과 구원자 되신 예수님과 연단의 진리인 십자가의 도를 버리고, 적그리스도를 재림 메시아로 영접할 것이며, 그들이 충성을 맹약하는 순간, 악령이 내주 합일하여 가라지가 되는 것이다. 이들이 바로 적그리스도의 충복이 될 666명의 거짓 선지자들이다(계 13:18).

대환란의 거칠고 사나운 환경과 유혹자인 적그리스도의 등장은, 좋은 밭의 성도들에겐 연단 받을 절호의 기회가 될 것이다. 대환란은 광야 성도들을 알곡으로 만들어 천국에 들어가게 도와주는 도약대가 되기 때문이다. 하지만 나쁜 밭의 교회 안 쭉정이와 가라지들은 과감하게 분리시켜, 지옥 불구덩이에 버리고자 하는 공의로운 분리의 원리가 숨겨져 있다.

10. 사계절의 원리

[대환란은 영혼이 익어 알곡 되는 영적 가을이다]

대환란은 원리적으로 영적 가을과도 같다. 봄은 기후가 온화하고, 비도 알맞게 내려서 씨앗을 뿌리기 적합한 계절이다. 여름은 비가 많이 오고, 바람도 강하고 날이 덥다. 그래서 뿌려진 씨앗이 잘 자라고, 뿌리가 깊어지고, 줄기가 굵어지며 잎이 무성하여 열매가 맺혀지기 적합한 계절이다.

가을은 비가 없고, 햇볕이 강하고, 낮과 밤의 기온차가 크다. 그래서 영양분이 열매로 집중되도록 청청한 잎들이 다 떨어지면서, 열매가 더욱더 달콤해지며, 소담스레 익기에 적합한 계절이다. 겨울은 익은 열매를 다 추수하여 곳간에 쌓아두고, 운치 있게 함박눈이 내리는 가운데 휴식하기에 적합한 계절이다.

성경에서 하나님은 농부요, 예수님은 나무요, 우리는 열매를 맺는 가지라 증거한다(요 15:1-2). 초대교회의 대표 전도자인 사도 바울은 자신이 로마의 그리스도인들을 찾아가려는 목적이 열매를 맺게 하려 함이라고 증거한다(롬 1:13). 그가 세계만방에 증거하고자 하는 복음이 바로 '열매의 복음' 이었다(롬 15:28). 바울의 세계 전도여행이 단순히 그리스도 도의 초보를 전하려 함은 아니었다(히 6:1).

바울은 세상에서의 형통한 삶과 화려한 천국으로 장소 이동에 대해서는 큰 관심을 두지 않았다. 오로지 그리스도인이 광야에서 성령으로 익은 열매가 되어, 하나님의 형상을 회복하는 것에만 관심을 가졌다(롬 8:23, 16:5). 그의 사상은 '알곡 신학' 이었다.

마가복음에서는 이 땅에서 하나님의 나라가 구현되는 원리를, 씨가 뿌려지고 부지불식간에 싹이 나고, 자라서 열매를 맺고 열매가 익으면, 추수하는 원리로 설명한다(막 4:26-29). 요한계시록에서는 그 추수의 원리가 더욱더 분명하다. 후 삼년 반 적그리스도 통치 때에 하나님의 계명과 예수님에 대한 증거로 인하여 순교하는 이들이 생길 것이다. 이들을 곡식이 다 익어 추수되는 것으로 표현한다(계 14:15-16).

첫 번째로 익은 휴거 성도에 이어서 두 번째로 익은 열매라는 것이다. 이처럼 우리가 구속(출애굽)되어, 광야 연단 과정을 통하여 천국에 입성하는 것은 씨앗이 좋은 밭에 뿌려져서 싹이 나고, 열매가 익어, 추수하는 것과 같은 원리다(마 13:8).

구원의 모형인 이스라엘 백성들의 역사를 통하여 이를 살펴보자. 하나님께서 믿음의 조상으로 아브라함을 택하시고, 그로 인하여 이삭이 나고, 야곱이 났다. 야곱을 통하여 열두 아들이 생산되어 영적인 종자 씨앗이 형성된 것이다. 하나의 모판처럼 70인의 싹이 난 것이 영적인 봄이라 할 수 있다.

하나님의 섭리로 애굽의 총리가 된 요셉에 의하여 70명의 야곱의 가족들이 애굽의 비옥한 땅 고센 지방으로 이주한다. 그들은 애굽에서 바로의 특혜를 받으면서 성장하여, 자그마치 200만 명 이상으로 번창했으니, 이것이 영적 여름이라 할 수 있다. 애굽의 풍요로운 환경이 넓은 옥토와 같은 역할을 한 것이다.

그 후에 요셉을 알지 못하는 바로의 출현으로 박해를 당하다가, 모세의 출현으로 자신들의 정체성을 깨닫고, 바로를 섬기는 애굽을 떠나 하나님만을 섬기는 가나안 땅으로 가고자 한다. 하지만 예상치 못하게 거친 광야에 머물면서 40년간 성막 중심으로 거주하며 상번제를 드리고, 구름기둥을 따라 인내하는 생활영성의 훈련을 받게 된다.

광야는 풍요로운 애굽과는 달리 이스라엘 백성의 정과 욕심을 채워주지 못하여 많은 불편을 주는 환난의 장이었다. 당연히 풍요로운 애굽으로 다시 돌아가자고 당을 지어 반란을 일으키는 무리도 생겼다. 하지만 그들은 순간마다 힘 주시는 하나님의 은혜로, 광야 훈련을 잘 받고, 애굽의 우상적 소유들도 과감하게 버리면서 온전히 순종하는 영혼으로 달콤하게 익어가게 된다.

이렇게 고난의 햇볕 가운데 익는 광야의 시기가 바로 영적 가을이라 할 수 있다. 광야 40년 과정을 다 통과하여, 알곡 된 새로운 60만 명이 가나안 땅 입구에서 할례를 받고, 젖과 꿀이 흐르는 가나안 땅에 입주하여 복락을 누리게 된다. 이것이 바로 영적 쉼의 계절인 겨울과도 같은 원리다.

이것은 성경에 나타난 모형적 원리이고, 실제적 역사인 기독 교회사를 계절별로 구분한다면 다음과 같다.

복음은 생명의 씨앗이고, 교회는 그 씨앗이 뿌려지고 자라나는 밭과도 같다. 오순절 성령 강림으로 은혜의 이른 비가 촉촉이 내린 초대교회는, 복음의 씨앗이 뿌려지는 봄과 같다. 사도 바울 같은 전도자들에 의하여 복음이 전 세계에 증거되고, 결국 기독교가 로마 국교가 되었다. 이때부터 하나님께서는 기독교를 세계의 대표 종교로 만들어 정책적으로 보호하며 복을 주셨다.

중세 교회는 강력한 정치 경제적 지원 하에 복음의 나무가 장성하여 잎들이 청청하고 가지가 무성해졌으니, 여름과 같다고 할 것이다. 물론 십자군 전쟁 같은 역경도 있었지만 왕들의 강력한 후원으로 온실과 같은 효과가 만들어져서 빠른 속도로 성장하고 발전하게 되었다. 불교나 힌두교 등 다른 종교에 비하여 늦게 출발한 기독교지만, 순식간에 세계의 대표 종교가 될 수 있었다. 따스한 환경과 풍성한 성령의 단비로, 교회는 울창한 숲을 이루었다.

15세기 종교개혁을 통하여 형성된 개신교회는 열매가 형성되는 늦여름과도 같다. 풍요와 치유와 성장을 가져다주던 성령의 단비가 조금씩 줄어들고, 고난의 햇볕이 조금씩 증가하면서, 교회의 화려한 권세는 약화되었지만 영적 열매는 조금씩 자라갔다.

그리고 대환란이라는 영적 가을의 시기가 도래하는 것이다.

요한계시록에서 증거하는 대환란의 광야 교회는, 열매가 탐스럽게 커지고 익어가는 가을과도 같다. 가을처럼 대환란의 시기에는 비가 전혀 없고 햇볕이 작열하고, 일교차가 크며 날이 서늘해져서 모든 울창한 잎들이 다 떨어지고, 앙상한 가지에 열매들만이 달려 익어 가게 될 것이다.

다시 말해서 우리를 강건케 하고, 풍요케 하고 범사에 잘 되게 하는 성령의 외적인 역사가 거의 없어지기에 감각적인 성령의 역사에 익숙해 있던 교인들은 무척 당황할 것이다. 상대주의 사상으로 세상에서 교회의 영향력도 급격히 약화될 것이다.

성령의 역사로 인한 방언이나 환상이나 통변이나 기적이나 신유나 능력 같은 은사가 모양만 유지될 뿐 철저히 고갈될 것이다. 대신에 영혼을 연단시키는 성령의 늦은 비인 내적인 역사가 풍성할 것이다. 하지만 그것은 우리의 정욕을 만족시키는 역사가 아니라 하나님의 거룩하신 뜻을 성취하는 역사이기에, 영적으로 무딘 사람들은 전혀 감지할 수가 없을 것이다.

왜냐하면 성령의 늦은 비는, 대환란의 씁쓸한 형태로 우리에게 나타날 것이기 때문이다. 달콤한 은혜에 익숙한 교인들은 처음에는 씁쓸한 은혜를 완강히 거부할 것이다. 그러나 서서히 익숙해질 것이다.

대환란의 영적 가을이 시작되면, 고난이 극심해지고 지옥에 있는 악한 영들이 다 나와서 교인들의 믿음과 생각을 혼잡하게 할 것이다. 교회 안에서는 아무리 기도하고 금식해도 특별한 기적들이 일어나지 않을 것이지만, 적그리스도에게서는 엄청난 기적과 이사가 일어나서, 교회의 권위는 땅바닥에 떨어질 것이다. 예수님은 단순한 종교 지도자로 전락할 것이고 적그리스도는 실제적인 구원자로 대접받을 것이다.

게다가 대환란이 교인들에게 닥치지 않을 것이라고 외쳤던 설교자들은 여러 가지 변명을 늘어놓을 것이며 교인들은 더 이상 교회 지도자들을 신뢰하지 않고 교회를 등지게 될 것이다. 소수의 사람들만이 믿음을 간신히 유지하고 교회를 지키며 신앙생활을 할 것이다.

전 세계의 화려하게 지어진 거대한 교회 건물들은, 텅텅 비게 될 것이고 왕성하게 활동하던 기독 조직들은 와해되어 유명무실하게 될 것이다.

교인들도 세상에서 누리던 직업과 명예와 권력과 건강과 야망도 다 잃고, 망연자실할 것이다. 이때 분별 있는 교인들은 세상의 헛됨과 인생의 허무함을 깨닫고, 영적으로 익어 새로워져야 한다는 신앙의 정체성을 깨달을 것이다.

그리스도인들은 처음에는 귀하다고 믿었던 세상적인 소유들을 다 잃게 되면서, 낙심하며 신앙적 회의에 빠질 것이다. 하지만 곧바로 성령의 강력한 내적 역사로 고난의 도요, 연단의 도요, 광야의 도요, 십자가의 도인 익은 열매 되는 성경적 비밀을 깨닫고 현실을 긍정하고 인내하며 산 제사를 드리는 영적 번제를 추구할 것이다.

지옥과 같이 거친 대환란의 고난과 감미롭고 자극적인 적그리스도의 유혹을 이겨내며 빠르게 성장하여 다 익어 알곡이 된 그리스도인들은 대환란 후 삼 년 반 중반기에 순교하여 추수되거나, 대환란을 통과하여 재림하시는 예수님에 의하여 영적 할례를 받으면서 추수될 것이다.

늦가을인 후 삼 년 반에 알곡이 되어 추수된 그리스도인들은, 곳간과 같은 천년 그리스도 왕국에 들어가서 위로와 쉼을 누릴 것이다. 예수님이 다스리시는 천년 메시아 왕국은 바로 쉼을 갖는 영적 겨울과도 같다.

이렇듯 성경과 교회 역사는 봄, 여름, 가을, 겨울의 사계절 구분이 확실한 것이다. 이러한 원리에 입각하여 고난의 햇볕이 강한 대환란은 영적 가을과 같은 것이다.

제3부

이야기로 쉽게 풀어낸

요한계시록 각장(1-22장) 해설

요한계시록 1장

[서론]

이야기 요한계시록 성경적 세계관으로 쉽게 풀다

1장은 요한계시록의 서론이다. 이 책(서신서)의 필요성과 절대성을 증거한다. 재차 강조하지만 요한계시록을 대하기 전에 꼭 알아야 할 것이 있다.

첫째, 이 책은 사도 요한이 당시 로마 황제의 핍박 가운데, 신앙생활을 하는 그리스도인들에게 소망을 주려고, 상상해서 쓴 묵시적 판타지 소설이 결코 아니라는 것이다. 소설은 픽션이든 논픽션이든 간에 작가의 견해와 상상력이 꼭 들어간다. 문학 자체가 100% 사실을 근거로 쓴 진리가 아니라는 것이다.

단테의 《신곡》이나 존 버니언의 《천로역정》, 존 밀턴의 《실낙원》 같은 작품들은 아무리 뛰어난 성경적 사상을 담은 소설이라고 해도 그 어떤 사람도 그것을 진리라고 말하지는 않는다. 성경이 되기 위해서는 100% 완벽한 사실이어야 하고, 구속적 진리여야 한다. 하지만 그 책들은 2%가 부족하여 진리라 하지 않는다. 그래서 성경이 될 수 없었던 것이다. 만약에 혹자들의 주장처럼 요한계시록이 판타지 문학 작품이라면 결단코 성경이 될 수 없을 것이다.

하지만 요한계시록은 사도 요한에 의하여 기록된 이래로 2천여 년 동안 그 누구의 반대도 없이 성경적 권위를 유지해 오고 있다. 이렇듯 성경이 되었다는 것은, 이 책이 시공을 초월하여 적용되는 진실과 구속의 원리를 담고 있다는 것이다. 요한계시록은 성령의 감동으로 쓰인 온전한 구원의 책이다. 예언적 신앙 소설이 결코 아니다. 성경 66권에서 없어서는 안 될 가장 중요한 구속의 책이요, 성경의 마지막에 기록되었지만 성경 66권의 노른자와도 같은 핵심적인 복음서다.

둘째, 요한계시록은 사도 요한이 몽롱한 취면 상태에서 아무 생각 없이 들은 대로 본 대로만 받아 적은 직통 계시가 아니라는 것이다. 물론 요한계시록은 사도 요한이 받아 적은 환상과 영음으로 이루어진 종말론적 계시 책이다. 그러나 아무런 개념 없이 로봇처럼 환상을 보는 즉시, 음성을 듣는 즉시 책에 기록한 것은 아니다. 1장의 서문과 22장의 맺음말이 있다는 것이 그 증거다.

요한계시록은 다른 성경과 마찬가지로, 저자가 뚜렷한 의식이 있는 상태에서 성령의 감동을 받아 적은 인격적인 기록이다. 알다시피 사도 요한은 예수님과 3년간 동고동락하며 진리의 실체를 듣고 만졌던 총애를 받던 제자요, 오순절에 성령 세례를 받아, 육신을 입은 상태에서 생명과를 먹어 하나님의 형상을 회복한 처음 익은 열매다. 사도 요한은 영적 번제인 생활영성의 삶을 가장 적극적으로 실천하여, 준비된 속죄 은총을 가장 먼저 적용받은 성화의 산 증인이다.

사도 요한은 요한계시록을 기록하기 전에 이미 요한복음과 요한 1, 2, 3서를 기록했다. 그는 이미 유능한 성경 저자였고, 에베소 교회의 대표적 설교자였다. 이 말은 곧 성경 전체의 핵심적 맥락을 이미 깨닫고 있었고, 십자가의 도를 일사각오로 증거하고 있었다는 의미다.

이렇게 완벽하게 훈련되고 준비된 사도 요한이 밧모 섬에서 신비한 환상들을 보고 영음을 들었다고 성급하게 문서화하여 소아시아의 대표적인 일곱 교회에 '이것은 진리요' 라고 하면서 배포했을 리는 만무하다. 당시에 사도들의 서신서는 너무나 공신력이 크기에 신중에 신중을 기하여 기록되었다. 요한계시록도 마찬가지다.

사도 요한은 오랜 시간 밧모 섬에 유배되어 있으면서 여러 차례 종말론적 환상을 보고, 영음을 들었을 것이다. 그는 그것들을 성경적 세계관과 속죄의 도에 입각하여 냉철하게 분석하고, 성경 전체의 맥락에 맞는지 검증 절차를 충분하게 거쳐 조심스럽게 문서로 기록했다. 사도 요한은 의협심이 강하고 냉철하고 차분한 성품으로, 충동적인 베드로와는 다르기 때문이다. 사도 요한은 요한계시록에 기록된 모든 환상과 영음은 자신이 깨닫고 체험한 구원관과 성경 전체의 일관된 흐름에 전혀 위배되지 않는다고 확신했을 것이다.

역사상 수많은 종말론적 예언가들이 등장했었다. 고대 마야 인들의 예언이나 중세 프랑스의 노스트라다무스나, 20세기 미국의 에드가 케이시 같은 예언가들이 그들이다. 이들의 예언은 모든 이들이 공포에 사로잡힐 정도로 세밀했고 정확히 맞아 떨어졌다. 하지만 그들의 예언서를 진리라 하지 않는다. 진리의 책인 요한계시록과 근본적인 차이가 있다. 그 누구도 역사상 최고의 예언 책을 기록한 요한을 사도라 하지 예언가라고 부르지는 않는다. 이들처럼 종말론적 예언가들은 단순히 미래의 재앙을 예언했지만 사도 요한은 그렇지 않았다.

사도 요한이 요한계시록에서 중시한 것은 신비한 환상과 영음이나 끔찍한 재앙 그 자체가 아니다. 그것들을 통한 하나님의 구속적 원리다. 사도 요한은 요한계시록을 통하여 성경을 관통하는 구속의 진리를 요약하여, 시청각적으로 쉽게 증거하고자 했다. 이것이 서문에 내재되어 있는 요한계시록을 기록한 목적이다. 그래서 요한계시록은 종말이나 재앙의 관점보다는, 구속이나 영적 성장의 관점에서 해석해야 더 쉽고 정확하게 풀린다.

요한계시록을 자세히 보면 계획적으로 잘 정돈된 테마형 정원 같다.

요한계시록은 즉흥적 예언서가 아닌, 성령의 감동을 받아 분명한 목적과 설계도를 가지고 인격적으로 기록한 책이란 의미다. 소위 직통계시자라고 하는 이들이 환상의 의미도 잘 모르면서, 두서없이 받아 적어 출판한 책들과는 엄청난 차이가 있다. 그들은 자신들이 적은 계시 책이 직통이기 때문에 자신들의 인본적인 생각은 조금도 첨가되지 않았다고 자부한다. 순도 100% 신의 말씀이라는 것이다. 하지만 그것은 인본적인 망상일 뿐이다.

요한계시록은 다른 성경책처럼 성령의 감동을 받은 저자가, 자신이 연단 받아 정화된 생각을 조리 있게 적었다. 그런데 놀랍게도 이렇게 적은 말씀들이 하나님의 뜻을 전혀 거스르지 않았다는 것이다. 이것이 성경만이 가지고 있는 신비다. 성경은 철저히 성령의 감동을 받은 사람을 통하여 기록된 상식적이고 인격적인 하나님의 말씀임을 기억해야 한다. 그래야 요한계시록이 단순한 종말론적 예언이 아니라 광야를 통한 하나님의 구속의 말씀임을 깨닫게 된다.

사도 요한이 받은 환상과 영음 등의 계시가 얼마나 성경적 세계관에 일치하고, 성도들의 영적 성장에 유익한지 서론에선 "이 예언의 말씀을 읽는 자와 듣는 자와…지키는 자는 복이 있나니 (대환란의) 때가 가까움이라"(계 1:3)고 하며 계시록의 중요성을 역설했고, 결론에선 "절대 이 책의 예언을 더하거나 빼지 말라"고 재차 경고까지 하고 있다(계 22:18-19). 성경 중에 그 어떤 책이 이토록 강한 확신에 찬 표현을 하는가? 요한계시록뿐이다.

종합하면, 요한계시록은 단순히 때의 임박을 강조하고, 불신자들에게 쏟아지는 재앙만을 표현하는 책이 아니라 성경 전체를 종합하는 결론이 되는 구원의 진리이다. 사도 요한은 요한계시록에 기록한 환상과 영음 등의 시청각적 방법을 통하여 성경 전체에 산발적으로 숨겨진 환난을 통한, 구속의 섭리를 얼굴을 맞대고 보듯이 집약적으로 선명하게 증거하고 있다(고전 13:12).

본장에서는 사도 요한에게 현현하신 예수님의 모습을 통하여 재림하실 예수님이야말로 전지전능하신 여호와 하나님 자신이심을 강조하고 있다(계 1:8, 11). 더불어 예수님께서는 광야의 도에 따라 환난 중에 온전히 연단되어 생명과를 먹은 마지막 아담이요 새 생명의 시작을 강조하고 있다(계 1:15).

예수님께서 생명의 첫 시조가 되셨기에, 교회를 의미하는 금촛대 사이에서 생명의 복음을 전하는 종을 의미하는 별을 손에 잡고 사역하시는 것이다. 즉, 영적 교회인 광야에서 고난 중에 잘 연단된 주님의 종들을 통하여 역사하신다는 것이다. 직접 역사하는 것이 아니라, 사람을 통하여 역사하신다는 의미다. 이것은 하나님의 역사 원리에 있어 대단히 중요하다. 교회는 예수님께서 준비하신 속죄 은총을 적용받는, 연단의 장인 대환란을 의미하고, 별은 환난을 통한 연단의 섭리인 '광야의 도' 를 증거하는 계시록 11장의 두 증인과 같은 광야 사역자를 의미한다.

요한계시록 2장과 3장

소아시아 일곱 교회에 보내는 편지와 하나님의 뜻

요한계시록 2장과 3장에는 사도 요한 당시에 소아시아에서 가장 번성했으며 주요 유통 요지에 있던 일곱 교회의 사역자에게 보내는 편지 내용이 기록되어 있다.

혹자는 일곱 교회는 상징으로서, 초대교회는 에베소 시대 그리고 서머나 시대, 종말은 라오디게아 시대라는 식으로 해석하는데, 전혀 성경적 근거도 없고 황당한 억측일 뿐이다. 이처럼 요한계시록은 이성적 논리 법에 적용하면 안 되고, 성경적 세계관에 적용해야만 올바른 해석이 된다.

2장과 3장에 나오는 내용은 시대별로 보내는 상징적 예언이 아니라, 당시에 실재했던 교회 지도자들에게 당시의 형편을 잘 알던 사도 요한이 직접 써서 전달한 편지의 전문이다. 우리는 요한계시록을 해석할 때 이 책을 단순히 노스트라다무스의 예언처럼 종말론적 예언서로만 보아서는 안 된다. 요한은 단순한 종말 예언가가 아니라, 복음을 증거하는 사도다. 말씀 사역자라는 것이다. 사도의 사명은 예수님의 속죄 은총과 광야의 도를 증거하는 것이다. 요한계시록의 핵심은 종말론적 재앙이 아니라 시공을 초월하여 적용되는 하나님의 구속사적 뜻이다.

요한계시록에 환상이 많다고 해서 해석도 무조건 영해를 시도하면 안 된다. 물론 상징적인 해석도 필요하다. 하지만 분명한 근거를 제공하는 상식과 역사적 정황을 무시해선 안 된다. 2장과 3장의 내용은 단순히 당시에 교회 사역자들에게 보낸 개인적인 편지임을 알아야 한다. 우리는 특정한 시점의 이 역사적 편지 속에서 지금 우리에게 말씀하시는 하나님의 보편적이고, 구속적인 원리를 찾아야 한다.

요한계시록은 결단코 판타지 종말 소설이 아니고, 다양한 환상을 통하여 증거되는 구원의 복음인 십자가의 메시지임을 망각해서는 안 된다. 당시에 로마의 정치적 핍박 속에 있었던 그리스도인들은, 이 광야 메시지를 통하여 고난의 참된 의미를 깨닫고 인내와 믿음으로 승리하였다. 광야의 환난을 통한 구원의 원리는, 수천 년이 지난 지금도 동일하게 적용된다. 그래서 계시록이 그때도 살아 있는 말씀이고 지금도 역시 운동력이 있다는 것이다.

요한계시록 2장과 3장에서는 당시에 실제적으로 존재했던 소아시아(현재 터키 지역)의 대표적 일곱 교회를 모델로 한다는 것이 특징적이다. 교회시대가 시작되는 오순절 성령 강림 때부터 휴거 사건이 일어나는 대환란 직전까지 첫 번째로 익은 열매(계 14:4)인 '교회시대의 이긴 자들' 을 만들고자 하시는, 하나님의 분명하신 계획이 일곱 교회에 보낸 편지에 다양한 표현으로 계시되어 있다.

예수님을 믿음으로 영적 선민이 된 교회시대의 그리스도인들에게 이 땅에서의 삶의 목적이 무엇인지 분명하게 제시하고 있다. 그리스도인들의 일상이 구속이 이루어지는 광야 훈련장임을 강조한 것이다. 이방인들도 영적 선민이 되었으니 좀더 건강하게, 좀더 풍요롭게, 좀더 평안하게 살라는 것이 결코 아니다. 하나님의 백성이 되었으니 더 이상 정욕을 추구하는 이 세상을 본받지 말고, 마음을 새롭게 하여 하나님의 선하신 뜻을 찾아, 순종하는 생활영성의 삶을 살라는 것이다.

그렇다면 구원받은 이방인을 향한 하나님의 선하신 뜻이 무엇일까? 거룩함, 즉 하나님과의 연합이다(레 19:2). 하나님과의 연합을 이루기 위하여 영적 예배를 드리라고 권면한다(롬 12:1). 영적 예배는 산 제사, 즉 영적 번제를 의미한다. 번제를 통하여 속죄 은총을 적용받듯이 심령이 거룩해진다.

이것을 요한계시록 2장과 3장에서는 마귀와 세상과 역경과 싸워 '이긴 자' 가 되라고 표현한다. 그 보상으로 '생명과를 먹게 해줌', '대환란 면제해줌 = 휴거됨', '새 이름이 기록된 흰 돌 줌', '철장권세 줌, 새벽별 줌', '흰옷 입혀줌', '이마에 하나님의 이름과 어린 양의 이름을 기록해 줌', '보좌에 앉게 해 줌' 이 있다. 표현은 달라도 동일한 의미로 죄악성의 뿌리가 뽑히고 자유의지가 단련되어 하나님과 일치하여 영생을 소유한다는 것이다. 본서에서는 속죄 은총을 적용받는 영적 번제의 삶을 '생활영성' 이라고 표현한다. 생활영성은 환난 중에 인내하는 믿음의 영성으로 하나님의 형상으로 회복됨을 목적으로 한다.

이처럼 2장, 3장에서는 영적 승리자인 이긴 자들이 받는 신령한 축복이 무엇이며, 이긴 자가 되기 위해서는 어떻게 살아야 할지를 핵심적으로 증거하고 있다. 대환란 직전까지 스스로 연단 받아 익은 열매가 된 사람들이 받는 신령한 축복은, 그 이마에 하나님과 어린 양의 이름이 기록되는 것이다(계 3:12). 놀랍게도 요한계시록 14장 1절을 보면 이마에 하나님과 어린 양의 이름이 기록된 144,000명의 사람들이 나온다(계 14:1). 이들이 바로, 교회시대의 이긴 자들이다.

혹자는 대환란 중에 이삭줍기할 유대인들이라고 주장하는데 전혀 근거가 없다. 이 땅에선 극심하게 대환란이 진행되는데 이긴 자가 된 그들이 어린 양 되신 예수님과 함께 천국의 수도인 시온 산에서 평안히 거하고 있는 것이 아닌가! 이들은 광야 연단 과정 중에 인내의 말씀을 다 지켜 속죄 은총을 적용받아 거룩해졌기 때문에 대환란에 들어갈 필요가 없다 (계 3:10).

144,000명의 영적인 승리자들은 풍요로운 교회시대에서 세상을

본받는 정욕적인 삶을 살지 않고, 하나님의 뜻을 분별하여 자기 몸을 드리는 산 제사의 삶을 성공적으로 살았던 사람들이다. 이미 개인적으로 주어진 대환란의 연단 과정을 다 통과하여 처음 익은 열매로 흰옷을 입은 이들이기에 재차 연단을 받으러 대환란에 들어갈 필요가 없기에 휴거되는 것이다(살전 4:17).

대환란은 영적 광야의 연단 과정으로 민족적으로 들어가는 역사적 환난이 있고, 개인적으로 경험하는 일상의 환난이 있다. 144,000명의 이긴 자들은 일상의 환난 과정을 인격적으로 통과한 것이다.

사실 종말론에 관심 있는 사람들은 모두가 휴거되기를 원한다. 하지만 휴거됨에는 명백한 성경적 기준이 있다. 무작정 믿기만 한다고 흰옷 입고 밤마다 철야 기도한다고 되는 것이 아니다. 휴거는 아무나 되는 것이 아니라, 생활영성의 승리자가 되어 처음으로 익은 열매 된 극소수의 사람들뿐이다. 마치 가을 초입, 본격적인 추수를 하기 전인 추석날에 첫 번째로 익은 곡식을 탈곡하여 햅쌀로 송편을 빚어 먹듯이 말이다.

역사적 대환란이란, 교회시대에 일상의 대환란에서 자발적으로 연단을 받지 못한 사람들을 위한 특별 배려의 시간이다. 강압적으로라도 연단을 받게 하여 익은 열매로 만들어 흰옷을 입혀 곳간인 천국에 입성하게 하려는 하나님의 특별 은총임을 알아야 한다(계 7:13-14). 대부분의 사람들이 교회당만 나오면 휴거되는 것으로 착각한다. 휴거가 익은 열매가 되어 추수되는 것임을 깨달았다면 아직 덜 익은 자신이 휴거될 거라는 망상에서 깨어날 것이다. 단언하지만 휴거 대상자는 영적으로 확실한 자격을 갖춘 생명의 성령의 법에 지배받는 사람들뿐이다(롬 8:2).

종합한다면 요한계시록 2장과 3장은 대환란 직전 예수님의 공중강림 때까지 인내의 말씀을 잘 지켜서 알곡이 되어 휴거될 수 있는 성도의 자격(계 3:10) 및 축복에 대하여 핵심적으로 증거하고 있다. 이 장들은 오순절 강림 때부터 대환란 직전까지의 교회시대 2천년 동안 처음 익은 열매를 만드시려는 하나님의 섭리를 다루고 있다.

각 교회에 보내는 편지 말미마다 '귀 있는 자는 성령이 교회들에게 하시는 말씀을 들을지어다' 라고 증거한다. 이 말의 의미는 무엇일까?

자세한 설명은 이 책에서 전반적으로 다룬다. 성령이 교회들에게 하시려는 말씀은 "인내의 말씀을 지키는 것" 즉, 일상의 산 제사를 드리는 것이다. 예수 그리스도를 통하여 준비된 속죄 은총을 인격적으로 적용하기 위해서 일상에서 생활영성을 잘 하라는 것이다. 성령님의 파쇄 훈련을 적극적으로 받아들이라는 것이다. 그것이 익은 열매의 비결이기 때문이다.

결론적으로 요한계시록 2장과 3장의 편지들은 하나님께서는 교회시대 동안 첫 번째로 익어져 그리스도 예수님의 신부가 되어서 대환란 직전에 들림 받는 축복을 한정적으로 예정하셨는데, 그 놀라운 축복을 인내의 말씀을 지키는 생활영성의 삶을 통하여 모든 교회가 성취하라는 당부의 메시지다.

요한계시록 4장

대환란을 집행할 총사령부인 영계의 3층천 하나님의 보좌

이야기 요한계시록 성경적 세계관으로 쉽게 풀다

우리는 '대환란' 하면 기근, 전쟁, 질병, 죽음, 지진, 공포, 핍박, 저주, 불행이라는 부정적인 단어만 떠올린다. 그러다보니 요한계시록을 판도라의 상자로 생각하여, 접근하는 것조차 꺼리는 것이다. 대환란의 시기는 하나님의 은총과 사랑과 보살핌이 떠난 지상지옥이라는 선입견이 강하다. 이런 지옥에 하나님의 백성들이 들어가는 것이 불합리하다는 판단 하에 대환란 직전에 모든 그리스도인들은 휴거(대환란 직전에 부활체로 변화되어 들림 받음)되고, 저주 받은 세상 사람들만 그곳에 들어가 심판받는다고 생각한다.

그럴듯하지만 이 얼마나 잘못된 생각인가? 철저히 세속적인 세계관에 바탕을 둔 인본적인 생각이다. 성경 전책의 맥에는 맞지 않다.

흔히 성경을 구원의 책이라고 한다. 맞다. 성경은 영원한 구원과 소망의 책이다. 그렇다면 당연히 66번째 성경인 요한계시록도 구원과 소망의 책이다. 그러므로 대환란의 모든 재앙들도 절대 긍정하여, 성도를 위한 구원의 방편으로 해석해야 옳다.

그럼에도 불구하고 대단히 불편한 진실이 하나 있다. 번영신학자들은 이 땅에서의 건강과 형통과 성공을 구원의 표징이라고 생각한다. 그래서 그들의 심기를 대단히 불편하게 하는 성경이 있는데, 그것은 구약의 욥기와 신약의 요한계시록이다. 그들은 의인인 욥이 왜 고난을 당해야 하는지, 구원받은 그리스도인들이 왜 굳이 대환란에 들어가야 하는지 도저히 이해할 수 없을 것이다. 세속적 세계관을 가진 그들이 성경 전체의 맥을 잡을 수 없는 것은 당연한 것이다.

황당하게도, 그들은 탐탁지 않은 고난들이 가득 찬 그런 책들(욥기, 요한계시록)이 성경에 포함되어 있기에 궁여지책으로 이런 변명을 한다. 욥이 고난을 받는 것은 더 많은 물질적인 축복을 받으려는 것이고, 대환란이 오기 전에 모든 교인들은 다 휴거되어, 공중에서 안전하게 보호될 것이라고 주장한다.

이러한 세속적 관점에서 신앙이라는 선한 명분으로 많은 책들이 기록되고, 영화, 연극, 노래 등이 만들어지고, 강단에선 이런 기복적 사상을 담은 메시지가 선포된다. 이런 책들마다 베스트셀러가 되고, 긍정과 소망과 풍요를 외치는 설교자가 있는 교회당마다 사람들이 몰린다. 사람들의 당면한 현실 문제를 해결해 준다는 것인데, 결국 마약성 처방일 뿐이다.

그들의 주장은 한마디로 대환란의 모든 고난들이 축복받은 하나님의 선민들에게는 아무런 의미가 없다는 것이다. 어찌하든지 대환란을 피하는 것이 현명하다는 것이다.

그런데 요한계시록 4장에서 이 모든 것을 뒤집는 장면이 나온다. 만약 대환란의 모든 것이 의미가 없다면, 어찌하여 하나님의 보좌가 제일 먼저 등장하는 것일까? 천사만 나타나도 의미가 있는데, 3층천 보좌의 하나님께서 친히 등장하신다는 것은 대단히 중요하다는 것이다. 하나님께서 의미 없는 일에 관여하실 정도로 그리 한가하신 분이 아니다. 대환란의 모든 고난들이 대단히 중요한 의미가 있기에 하나님께서 친히 주관하신다는 것은 성경의 상식이다.

이처럼 계시록 4장을 보면 천국 3층천 보좌에 좌정하신 하나님께서 친히 대환란을 기획하고 실행하신다는 것을 확인할 수 있다. 성경에는 수많은 사건들이 등장하지만 대환란처럼 하나님께서 직접 주관하신 사건은 거의 없다. 하나님께서는 자기 백성들에게 상관도 없고 성경적 의미도 없는 것에 총력을 기울이실 만큼 어리석은 분이 아니다. 왜냐하면 하나님께서는 결코 후회하실 일을 하지 않으시는, 완전무결하신 전능자시기 때문이다(롬 11:29).

우리는 여기에서 대환란을 향한 하나님의 중요하고도 거룩하신 뜻이 있고 대환란에는 분명한 구속적 의미가 있음을 인정해야 한다. 이스라엘 백성들이 들어갔던 광야가 필연적으로 예비된 거룩한 땅이듯이, 영적 이스라엘 백성들인 그리스도인들이 들어가게 될 대환란도 마찬가지라는 것이 성경의 원리다. 요한계시록은 불신자를 위한 책이 결코 아니다. 성경은 구원받지 못한 불신자에겐 관심이 없다. 성경은 철저히 구원받은 자들을 위한 책이다. 곧 성경인 요한계시록도 구원받아 광야 교회에 들어온 영적 이스라엘 백성들을 위한, 영성 훈련 매뉴얼인 것이다.

그러므로 요한계시록은 풍요와 치유의 관점이 아닌 구속의 관점, 영적 성장의 관점, 연단의 관점에서 보아야만 제대로 된 해석이 나올 수 있다.

하나님의 본질은 사랑이다. 자녀들이 떡을 달라는데 돌을 주고, 생선을 달라는데 뱀을 주는 분이 결코 아니다. 이런 하나님께서 천상낙원 본부에서 친히 대환란을 진두지휘하신다. 하나님의 지휘아래 이루어지는 대환란의 환경과 사건들은 '성령세례'를 선물로 주기 위한 특은임을 알아야 한다. 성령세례는 성경에서 '흰옷 입음'(계 3:5), '그리스도의 할례 받음'(골 2:11), '하나님의 인 받음'(계 7:3), '신의 성품에 참예함'(벧후 1:4)이라고 표현되는데, 광야 연단 과정을 다 통과하여 생명과를 먹는다는 의미다.

본장에서는 푸르고, 붉고, 녹보석 같은 하나님의 형상이 소개되는데 그분을 재림하실 예수님과 동일시한다(계 4:8). 예수님 자신이 구약의 창조주요 여호와 하나님이라는 것은, 요한복음과 요한계시록을 기록한 사도 요한의 대표적인 사상이다. 21세기는 종교다원주의 시대다. 이러한 상대주의 시대에 예수님의 신성을 지킨다는 것은,

순교를 각오할 만큼 중요한 사명이 되어야만 한다.

요한계시록에서는 예수님의 절대적 신성과 속죄성을 강조한다. 모든 광야 성도들은 이것을 믿음으로 승리해야 한다. 대환란은 하나님이시요 속죄자이신 예수님을 믿고 인내하느냐, 배신하고 독립하느냐를 결정짓는 중대한 기로의 시점임을 알아야 한다.

또한 하나님의 보좌를 둘러서 24개의 보좌들이 있는데, 그곳에는 흰옷 입은 24장로들이 금 면류관을 쓰고 앉아 있는 장면이 나온다. 흰옷 입고 면류관을 썼다는 것은, 이긴 자가 되었다는 확실한 증거다. 이들은 개인적 연단 과정을 믿음과 인내로 승리한 구약의 기둥 같은 인물들이다.

예를 들면 믿음의 조상인 아브라함을 필두로 이삭, 야곱, 요셉, 모세, 여호수아, 갈렙, 이사야, 사무엘, 예레미야, 다윗, 에스겔, 다니엘, 세례 요한 등이다. 성경에는 이 땅에 살 때, 생명과를 먹은 세 부류의 사람들을 증거한다. 구약의 24장로와 신약 교회시대의 144,000명과 대환란을 통과한 흰옷 입은 많은 무리들이다.

이들의 공통점은 고난의 광야에서, 하나님의 진두지휘 하에 철저히 연단 받아 거룩해진 사람들이다. 단지 그 환경이 개인적으로 주어진 일상의 대환란이나 민족적으로 주어진 역사적 대환란이라는 차이일 뿐이다.

4장에서는 하나님의 보좌가 있는 3층 천국의 땅을 '수정과 같은 유리바다' 라고 표현한다. 교회시대에 첫 번째로 익은 이긴 자가 되면, 유리바다에 들어가는 것이다. 또한 대환란 시기에 두 번째로 익은 순교자들은 유리 바닷가에 간다(계 15:2). 3층천은 아니지만 그 변두리인 2층천 꼭대기로 가는 상급을 받는다는 의미다.

4장에는 하나님의 보좌를 입체적으로 둘러싼 네 생물이 나오는데 사자와 송아지와 사람과 독수리같이 생겼다. 이 독특한 모양의 생물은 그룹 천사가 아니고, 그냥 살아 있는 신령한 존재다. 이들은 하나님의 보좌관 역할을 수행한다.

게다가 보좌 앞에 일곱 영이 나오는데, 이들은 성령이 아니라 하나님의 비서 역할을 수행하는 일곱 천사장을 의미한다. 혹자는 자신이 일곱 영을 받아 계시록을 완벽하게 안다고 호언장담하는 이도 있는데, 일곱 영을 특별한 성령으로 오해한 데서 기인한 것이다.

요한계시록 13장에서 두 뿔 짐승이 적그리스도를 보좌하듯이, 네 생물이 예수님을 보좌하고, 666명의 거짓 선지자들이 적그리스도의 명령을 수행하듯이 일곱 천사장이 예수님의 명령을 수행하는 이치다.

요한계시록 5장

대환란의 총사령관이신 어린 양 예수님의 등장

계시록 5장에서는 하나님께서 천상낙원 본부에서 성도들의 연단을 위하여 친히 준비하신 대환란의 모든 환경과 사건들을 실제로 실행할 총사령관이 등장한다.

그분이 바로 어린 양 예수 그리스도이다. 예수님의 구약적인 표현은 '여호와' 이고 계시록적인 표현은 '어린 양' 이다. 우리는 성경 전체가 오직 예수님만을 증거함을 명심해야 한다. 그래야만 성경의 거대한 숲이 열리기 때문이다. 요한계시록은 철저히 예수 그리스도 중심적이다(계 1:1). 1장부터 22장 전부가 예수님으로 열어야만 열린다. 통일교나 신천지, 초막절, 하나님의 교회 같은 이단 세력들이 요한계시록으로 자신들의 교주를 증거하는 것을 보면 황당할 따름이다.

요한계시록은 예수님으로 충만한 책이기에 그 어떤 사람도 들어오는 것이 불허됨을 알아야 한다.

컴퓨터는 본체인 하드웨어와 실행 프로그램인 소프트웨어로 나뉜다. 본체가 좋아야 하지만 아무리 좋다 하더라도 그것을 구동시켜줄 실행 프로그램인 윈도우즈 같은 소프트웨어가 없으면 무용지물이 된다.

본장에 등장하는 일곱 인으로 봉한 두루마리 같은 대환란 프로젝트는 하드웨어라 할 수 있다. 출애굽한 모든 그리스도인들의 연단을 위한 완벽한 본체이다. 하지만 이것도 일곱 인을 떼어 실행시킬 구동 소프트웨어인 예수님이 없다면 소용없다. 그래서 사도 요한이 크게 울었던 것이다(계 5:4).

일곱 인을 떼어 실행시킬 수 있는 조건은, 일곱 인 안에 있는 모든 환난의 재료를 직접 사용하여 스스로 연단하여 생명과를 먹은 경험이 있는 사람이어야만 한다. 그런 사람만이 일곱 인 안의 모든 환난 도구들을 사용할 방법을 알기 때문이다.

그런데 자력으로 광야 연단 과정을 통과하여, 생명과를 먹은 인물은 예수 그리스도 한 분뿐이다. 타락한 아담의 후손으로 태어난 인간 중에 자력으로 생명과를 먹은 이는 없었다. 앞으로도 영원히 없을 것이다. 죄성이 뿌리박힌 인간으로서는 그렇게 함이 절대 불가능하기 때문이다(롬 7:24). 하지만 하나님으로서 죄성 없이 성육신하신 예수님께는 그것이 가능했던 것이다.

본장에서는 이런 조건을 충족하신 예수님께서 등장하신다. 비로소 대환란 프로젝트가 실행될 수 있게 된 것이다. 예수님께서는 친히 준비하신 객관적 속죄 은총을 일곱 인 안에 내장된 대환란의 모든 환경과 사건들을 통하여 개개인에게 인격적으로 적용시켜 주고자 하신다.

창세기 1장을 보면 사탄에 의하여 파괴된 세상을 재창조하기 위하여 하나님께서 제일 첫날에 창조하신 것이 빛이다. 이 빛은 넷째 날에 창조하신 자연계의 빛(창 1:16)과는 비교되는 다른 신령한 빛이다(요 1:4). 신령한 빛 속에서 모든 재창조가 진행되고 완성됨을 볼 수가 있다(창 1:3). 이 빛이 무엇일까? 바로 하나님의 재창조(구속) 프로젝트를 실제적으로 실행시킬 예수 그리스도시다.

마찬가지 이치로 하나님께서는 영적 존재로 창조한 인간의 심령에 하나님의 나라를 만드셨다. 그런데 인간이 하나님께 독립하여 타락함으로 그 나라가 완전히 파괴된 것이다. 하지만 하나님은 포기하지 않으셨다. 타락하는 순간 우리를 위한 재창조 계획을 수립하셨던 것이다(창 3:21). 하나님의 구원 섭리를 바탕으로 빛이신 예수님께서 성육신하셔서 나사렛의 광야 여정을 거쳐 자력으로 온전한 자가 되시고, 속죄 제물로 십자가에서 죽으시고 부활 승천하여 하나님의 보좌에 피 뿌림을 완수하시고 성령으로 강림하셔서 재창조의 빛을 세상에 비추셨던 것이다(요 1:9).

오순절 성령 강림 사건 이후부터 모든 인간은 오직 참빛 되신 예수 그리스도를 통해서만 하나님의 재창조 역사에 참여하게 된 것이다. 안타깝게도 유대인들은 선민이라는 강력한 하드웨어를 장착했지만 예수 그리스도라는 구동 소프트웨어를 부정해서 성경에 약속된 모든 것이 무용지물이 되고, 실제적인 구원에 이르지 못하는 비운의 주인공이 된 것이다.

하지만 교회시대의 문이 닫히고, 마지막 이레인 대환란에 들어가면, 모든 유대인들이 두 증인을 통하여 예수 그리스도라는 소프트웨어를 장착하여 성경의 모든 축복을 받아 누리는 참 그리스도인들이 될 것이다(롬 11:25-26).

우리가 컴퓨터를 사면 본체와 함께 본체를 구동시킬 수 있는 정품 소프트웨어 CD 한 장이 동봉된다. 그 CD를 본체에 넣고 인증 비밀번호를 입력하면 자동 실행되어 깜깜했던 모니터에 인터넷을 비롯한 모든 기능들이 활성화되어 힘차게 작동한다.

참고로 재창조를 위한 정품 소프트웨어 같으신 예수님의 인증 비밀번호는, 광야의 십자가다. 광야의 십자가는 곧 대환란의 모든 고난을 의미한다. 요한계시록에서는 광야의 환난을 적극적으로 활용하여 하나님과 일치하여 생명과를 먹고 3층천에 가게 된 상징을 144,000으로 표현하고, 그 고난을 부정하여 하나님과 독립하여 선악과를 먹어 3층 지옥에 가게 된 상징을 666으로 표현한다. 그러니까 고난의 패스워드는 144,000이라는 것이다. 요한계시록에서 144,000은 예수님의 신부인 빛의 사자들이고, 666은 루시퍼의 신부인 어둠의 사자들이다.

중요한 것은 예수님의 소프트웨어는 대환란이라는 인증 비밀번호를 입력해야만 열린다는 것이다. 이런 이유로 대환란의 모든 환경과 사건들이 의미가 있다. 대환란의 모든 고난도 예수님 때문에 의미를 갖게 된다. 예수님과 상관없는 고난은 그냥 저주일 뿐이다. 대환란의 모든 고난 자체가 의미가 있다는 것이 아니다. 그것을 예수님께서 구속의 도구로 사용하시기에 의미가 있다. 마치 나귀 턱뼈만 보면 의미가 없어도, 그것을 삼손이 손에 쥐고 블레셋 군인 1천 명을 물리쳤기에 의미가 있는 이치다(삿 15:15).

요한계시록 6장

총사령관이 되신 예수님이 일곱 인을 개봉함과 내용물의 정체들

본장에서는 대환란 때 하나님께서 자기 백성들을 훈련(연단)시킬 목적으로 준비한 여러 가지 환난의 재료들이 예수님에 의하여 소개된다. 군대의 훈련소로 말하자면 훈련병들을 훈련시킬 각종 훈련 도구들이다. 하나님께서 만세 전에 준비해 두시고 일곱 인으로 봉하신 연단의 도구들을 예수님께서 개봉하여 때에 따라 적절히 조합하여 사용하시는 것이다.

예수님만이 그 연단의 도구들을 개봉하여 사용하실 자격이 있다. 왜 다른 천사장이나 24장로 중 한 사람이 개봉하여 사용하면 안 될까? 그럴 수 없다. 왜냐하면 그것들은 함부로 사용할 수 없는 대단히 위험한 환난의 재료들이기 때문이다. 조금이라도 잘못 사용하면 엄청난 재앙을 몰고 올 수 있다. 그것을 적절하게 사용할 수 있는 자격자는 그것을 가지고 실험하여 성공한 사람뿐이다. 바로 그 당사자가 예수님이다. 그분은 환난 사용법을 가장 잘 아신다.

예수님께서는 성육신하셔서 이 땅에 사시는 동안 모든 환난의 재료들을 직접 당신 몸에 사용하시면서, 그 사용법과 효과를 터득하셨고, 장성한 분량이 충만한 영화의 단계까지 성장하셨다(히 2:18; 엡 4:13; 롬 8:30). 하나님께서 준비하신 일곱 인의 재료들을 처음으로 사용하셔서 승리하신 분이 바로 예수 그리스도라는 것이다.

그래서 요한계시록 5장 5절에서는 인봉한 책을 펼 사람이 없어 사도 요한이 울자 한 장로가 "예수님이 이겼으니 뗄 수가 있다"라고 증거한 것이다.

여기에서 '이겼다' 는 말이 중요하다. 성경에는 예수님이 이겼다는 말씀과 요한계시록 2장과 3장에서 교회들에게 이기라는 말씀이 나오는데 의미가 전혀 다르다. 예수님께서 이긴다는 것은, 예수님의 자력으로 이겼다는 의미고, 교회 성도들이 이긴다는 것은 예수님께서 준비하신 속죄 은총을 힘입어 타력으로 이긴다는 의미다.

예수님을 '구원자' 라고 부르는 것도 예수님은 혼자 힘으로 광야 연단 과정을 통과하시고 생명과를 먹었기 때문이다. 이런 예수님을 통하여 생명과 먹음을 신학적으로는 '오직 은혜로', '오직 믿음으로' 라고 표현한다.

하나님께서는 일방적으로 선택하여 구원하시는 백성들을 불구덩이 광야로 인도하신다(슥 13:8-9). 그곳에서 완벽한 효능을 가진 훈련용 고난을 활용하시어 연단하시는 것이다. 이것은 성경적 세계관으로서 이스라엘 백성들의 광야 여정을 모형으로 한 가장 완벽한 구속의 원리다. 이러한 하나님의 구원 섭리를 '십자가의 도', '연단의 도', '광야의 도' 라고 한다.

요한계시록 6장에 나오는 환난의 재료들이 대환란에 한 번만 개봉되어 사용되는 것처럼 나오지만 사실은 그렇지 않다. 이것들은 교회시대 전 과정에서도 사용되어 왔다. 요한계시록은 영적 광야에 대한 종합적 기록임을 알아야 한다. 즉, 이스라엘 백성 전체를 한 묶음으로 하여 기록했다는 것이다.

요한계시록에서는 마치 이스라엘 민족만 영적 광야인 대환란에 들어가는 것처럼 표현되었다. 하지만 오순절 성령 강림 이래로 구원받은 모든 그리스도인은, 각각 맞춤형 광야 과정에 들어감을 알아야 한다. 그리스도인들의 일상 전부가 광야 과정이다. 또한 성경에서는 광야 훈련 과정을 심판대 과정이라고 증거한다(고후 5:10; 롬 14:10).

> "누구든지 그 공적이 불타면 해를 받으리니 그러나 자신은 구원을 받되 불 가운데서 받은 것 같으리라" (고전 3:15).

이 땅에서 연단 과정을 다 마치지 못하면, 반드시 불 가운데 구원을 얻은 것처럼 연단 과정을 거쳐서 천국에 입성한다고 성경은 증거한다. 하지만 이것은 성경적 구원의 원리이지 카톨릭의 연옥 교리를 말함이 아니다.

그리스도인은 영적 광야 과정에서 타락한 심령이 연단 받아 정결케 되어야 한다. 이것은 절대적인 구원의 원칙이다. 그것을 돕기 위해서 성령님이 내주하셨다. 성령님께서 개봉된 6장에 나오는 환난의 인들을 적절하게 조합하여 적용시켜, 광야 환난 중에 있는 성도들을 연단시키는 것이다.

환난을 통하여 자아가 깨어져 연단 받는 원리를, 중국의 지하교회 지도자였던 워치만 니는 그의 책《자아가 죽을 때》에서 '성령의 파쇄 훈련' 또는 '십자가의 주관적인 역사' 라고 표현한다. 그는 책에서 '성령의 파쇄 훈련' 이 그 어떤 신앙적인 행위-기도, 금식, 집회 참석, 봉사, 구제 등-보다 비교할 수 없을 만큼 중요하다고 말한다. 또한 그는 일상의 모든 것은 자아가 깨어지기 위하여 주어진 은혜의 방편이기에 다 긍정하여 받아들여야 한다고 말한다.

일곱 인 안에 들어 있는 것들은 결코 육적인 정욕을 만족시켜 주는 달콤한 것들이 아니다. 우리의 타락한 자아를 드러내고 깨뜨려, 하나님의 형상으로 회복할 십자가의 연장들이다. 한마디로 영적인 망치들이다. 이 십자가의 연장들은 과정에서는 씁쓸함을 주지만 그 결과는 대단히 달콤한 열매를 맺게 한다.

일곱 인이 열려 성도들에게 주어진다는 것은 대단히 중요하다. 소위 판도라의 상자와도 같은 이것들이 열리지 않는다면, 환난의 바람이 불지 않아 당장은 좋을 것 같지만 알곡이 되어 천년지상낙원이나 영계의 천국으로 들어갈 수는 없다. 고난 없는 영광은 없다. 하나님은 행한 대로 갚아 주신다(계 22:12). 이것은 성경에서 전체적으로 증거하는 중요한 상급의 원리다. 훈련 도구 하나 없는 훈련소를 상상해 보라! 훈련 도구 하나 없이 훌륭한 군인을 배출하는 것은 불가능하다.

그럼 예수님께서 개봉하신 일곱 인에 들어 있는 연단의 도구들을 살펴보자.

첫째 인 안에 들어 있는 재료는 백마 바람이다.

이것은 공의로 연단하는 환난의 바람이다. 공의로운 하나님의 뜻에 따라 나타나는 바람이다. 이 백마 바람은 주로 불신자들을 강하게 심판하는 환난으로, 요한계시록 19장 11절 이하에서 예수님도 백마를 타시고, 주님과 함께 흰옷을 입은 휴거된 무리들도 백마를 타고 뒤따르며 지상 재림하는 장면이 나온다. 백마를 탔다는 것은, 상징적인 의미로 공의로운 철장 권세를 가졌다는 것이다(계 2:27). 이 철장 권세를 가차 없이 휘둘러 모든 불신자들을 심판한다는 것이다.

이때 지상의 아마겟돈에서는 열 뿔 왕의 후원을 받는 적그리스도 무리와 666명 분봉왕의 후원을 받는 두 뿔 짐승 무리가 서로 반목하며 극심하게 전쟁을 하고 있을 때다. 이 사악한 불신자들을 공의의 철장으로 심판하는데, 이때 공의의 백마 바람이 쓰인다.

또한 성도들에겐 징계의 채찍을 때려 양심에 강한 죄책감을 주어 회개하게 하는 용도로 사용되기도 한다. 다윗이 나단의 책망을 받을 때처럼, 바울이 다메섹 도상에서 주님을 만났을 때처럼, 베드로가 주님을 저주한 후 수탉이 우는 소리를 들었을 때 공의의 백마 바람이 불면서 이들이 거꾸러진 것이다.

이 공의의 백마 바람은 폭탄이 터지는 듯한 강한 충격파로 양심의 가책을 받게 만들어 회개하도록 유도하는 효과를 낸다.

둘째 인 안에 들어 있는 재료는 홍마 바람이다.

이것은 전쟁으로 연단하는 환난의 바람이다. 이 바람이 불면 화평이 깨어져 전쟁을 하게 되고, 서로 반목 질시하며 싸운다. 홍마 바람의 역사로 유프라테스 강 유역에서 제3차 세계 대전(계 9:14-15)과 므깃도 평원에서 아마겟돈 전쟁(계 16:12-16)이 일어나는 것이다. 요한계시록 12장 3절에 붉은 용이 나오고, 17장 3절에 붉은 빛 짐승이 나오는데, 이것 또한 전쟁으로 루시퍼가 역사하고 전쟁으로 적그리스도가 출현한다는 의미를 내포한다. 붉다는 것은 홍마 바람이 분다는 것이다.

요한계시록에서는 이 홍마 바람이 역사상 마지막 때인 대환란에만 있는 것처럼 기록되었지만 그렇지는 않다. 다른 환난의 인처럼 모든 그리스도인의 일상에서 인격적으로 적절하게 사용된다. 그래야 우리가 연단 받을 수 있기 때문이다. 전쟁을 일으키는 둘째 인이 복음서에서는 그리스도인들의 영적 성장과 자아의 파쇄를 위하여 그리스도인의 일상에서 이미 사용되고 있음을 증거한다.

'내가 세상에 화평을 주려고 온 것이 아니라 분쟁하게 하려 함이라' 고 하시며 아버지가 아들과, 어머니가 딸과, 시어머니가 며느리와 분쟁하리라고 하셨다(눅 12:51-53).

대환란의 축소판인 일상의 광야에서 벌어지는 수많은 형태의 전쟁들이 – 부부 간에, 부모와 자식 간에, 형제간에, 교우들 간에, 내면의 겉사람과 속사람 사이에(갈 5:17) – 바로 이 홍마 바람의 역사로 일어나는 것이다.

상담 전문가들은 가정의 분쟁은 심리적 원인이 분명히 있다고 주장한다. 그 원인만 제거되면 결코 분쟁이 없을 것이라고 말한다. 하지만 뚜렷한 이유 없이 그냥 일어날 때가 많다. 원인이 있다면 하나님께 있다. 하나님께서 우리를 구속하시려고 의도적으로 일으키는 분쟁의 바람이기 때문이다.

어떤 설교자들은 '예수 복음은 평안의 복음이니 모든 그리스도인들이 재앙 없이 평안하고 안전하게 사는 것이 하나님의 뜻이다' 라고 주장한다(미 3:11). 그들은 가정의 분쟁을 대단히 죄악시한다. 물질적 풍요와 건강을 통하여 가정의 분쟁을 없애는 것이 복음이라고 생각한다.

그래서 고난의 도가 아닌 평안과 치유가 진리가 되어 버린 현 세대에서 마음의 평안을 추구하는 내적 치유 세미나나 삶의 평안과 형통을 강조하는 소망의 메시지가 있는 교회로, 현실적 유익을 좇아 철새 교인들이 모이는 것은 심히 안타까운 일이다. 우리는 속히 세속적인 세계관을 버리고, 성경적인 세계관으로 무장하여, 하나님의 선하신 뜻을 찾아야 한다(롬 12:2).

그리스도인들의 삶에 평안만이 있을 것이라는 생각은, 성경과 상반될뿐더러 지극히 인본적인 유교 병이다. 그리스도의 몸 된 교회인 광야는, 평안의 쉼터가 아닌 치열한 전쟁이 있는 영성 훈련장이기 때문이다. 성경에는 구원받은 하나님의 백성들을 군인이라고 정의한다(출 12:41). 군인의 사명은 땀 흘려 훈련하고 피를 흘리며 싸워 이기는 것이다. 광야의 군대인 그리스도인들의 삶의 목적은 죄악성과 정욕과 결점으로 충만한 자아와 피 흘리기까지 싸워서 이김으로 흰 옷 입고 생명과를 먹는 것이다(히 12:4).

이러한 신앙적 목적이 성취되려고 우리의 일상에서는 홍마 바람의 역사로 다양한 형태의 전쟁이 일어나는 것이다. 홍마 바람이 불면 외부 환경뿐 아니라 우리의 마음에서도 육체의 소욕과 성령의 소욕이 치열하게 전쟁한다(갈 5:17). 홍마 바람이 부는 광야의 전쟁은 피할 수 없기에 바울은 '전신갑주' 를 입으라고 권면한다(엡 6:13).

셋째 인 안에 들어 있는 재료는 흑마 바람이다.

이것은 기근과 가뭄으로 연단하는 환난의 바람이다. 이 바람이 불면서 전 세계는 동시다발적으로 육지, 바다, 하늘에서 엄청난 가뭄과 기근을 겪게 될 것이다. 마실 물과 먹을 식량이 고갈되어 가격이 폭등하여 금값과 맞먹게 될 것이다. 돈 중심의 세계경제 구조는 완전히 붕괴될 것이다.

수많은 이들이 고통을 겪을 것이며, 굶어죽는 이들도 속출할 것이다. 식량과 물 문제를 해결하기 위해 전 세계가 강력한 블록화(아메리카 블록, 아시아 블록, 유럽 블록, 아프리카 블록, 중동 블록 등)를 추진하고 전쟁도 불사할 것이다. 또한 자칭 유대인이라 하지만 사탄의 종들인 프리메이슨은, 신속하게 세계 단일 정부 수립을 서두를 것이다. 결국 극심한 식량난을 해결하기 위하여 제3차 세계대전이 일어날 것이고, 적그리스도에 의하여 표인 베리칩(컴퓨터 통제 시스템)으로 통치되는 세계 단일 정부가 출범하는 것이다.

흑마 바람은 육적 환경에만 영향을 끼치는 것이 아니다. 영적 환경에도 가뭄과 기근을 가져온다(암 8:11-13). 21세기인 지금이 바로 그 기갈의 시기다.

특히나 성도들이 대환란에 들어가면, 영혼에 유익한 유기농 식품 같은 하나님의 말씀을 찾기가 매우 힘들 것이다. 물론 그때에도 수천억 원대 화려한 교회당의 장엄한 예배 의식과 유창한 언변과 외모를 갖춘 설교자들의 기복적 메시지들은 풍성할 것이다.

하지만 더 이상 사람들은 그것들에서 하나님의 참된 말씀을 찾지 못할 것이고, 각종 부흥회나 성경공부나 기도원 집회, 각종 기독 세미나 등을 통해서도 영적 갈증을 채워줄 성령의 시원한 단비를 맛보지 못할 것이다. 교회시대처럼 교회당이나 기도원 같은 데선 감각적이고도 신비한 역사가 거의 없을 것이기 때문이다.

교회를 비롯한 모든 기독 단체들은 영적 가뭄과 기근으로 신령한 은혜를 경험하지 못하고 떨어져 나가는 사람들을 붙잡으려고, 중독성 강한 세상적인 방법을 사용할 것이다. 그 대안으로 타 종교의 수도적 영성을 적극적으로 도입하거나 불신자형 예배를 추구하여 더욱더 세속적으로 변해 갈 것이다. 교회당은 구원받은 사람들의 모임이 아니라 세상 사람들의 모임이 될 것이다.

상대주의(포스트모더니즘)가 지배하는 이 시대의 그리스도인들은 감각적인 은혜 체험에 익숙해져 있다. 무엇인가 느껴지고 보이고 응답될 때, 은혜를 받았다고 생각한다. 객관적인 진리보다 주관적인 생각과 체험을 중요시한다. 그러나 무소식이 희소식이란 속담처럼, 영적인 메마름도 더 큰 은혜가 될 수 있다는 것을 알아야 한다(벧전 5:12; 고후 12:9).

중세의 영성신학자인 십자가의 성 요한은 흑마 바람의 역사를 다음과 같이 증거한다. 그리스도인이 가나안 땅에 입성하여 생명과를 먹으려면, 두 차례 영적 기갈의 과정을 거쳐야 하는데, 그것을 '감성의 밤', '영성의 밤' 이라고 표현했다. 감성의 밤은 광야의 2차 연단 과정이고, 영성의 밤은 3차 연단 과정이다.

그는 광야 연단 중에 성도가 감성적 감각이 메말라 죄 사함의 평안함마저 못 느끼고, 영성적 감각마저 메말라 하나님으로부터 버림받은 듯한 곤고함에 빠진다고 주장한다. 하지만 칠흑 같은 광야의 밤이 지나갈 때까지 인내하면 샛별이 떠오르는 새벽이 되어 하나님과 영적인 합일을 이룬다는 것이다.

이처럼 육신과 영혼에 기근의 환경을 만드는 것이 바로 흑마 바람이다.

넷째 인 안에 들어 있는 재료는 청황마 바람이다.

이것은 죽음으로 연단하는 환난의 바람이다. 청황마 바람은 대환란 때 네 가지 수단을 사용하여 죽음을 가져올 것이다.

그것은 각종 전쟁 무기와 흉년과 독한 전염병과 짐승들(적그리스도와 큰 거짓 선지자와 666명의 작은 거짓 선지자들)이다. 이 네 가지를 사용하여 무자비한 죽음을 가져올 것이다. 대환란 때는 엄청나게 많은 사람들이 죽게 될 것이다.

전 삼 년 반 막바지에 있게 될 제3차 세계 대전 때만 해도, 전 세계 인구의 1/3이 죽고 짐승들(적그리스도 무리)에 의하여 수많은 사람들이 죽고, 아마겟돈 전쟁 때 남은 대부분의 사람들까지 죽게 될 것이다.

청황마 바람으로 인한 육신적 죽음에는 여러 가지 의미가 있다.

첫 번째로는 성령으로 다 익어서 천국 곳간에 저장되기 위하여 순교하는 복된 죽음이다. 두 번째로는 악령으로 다 익어서 지옥에 떨어지기 위한 저주받은 죽음이다. 세 번째로는 구원은 받았으나 마음밭이 좋질 못해 그냥 두면 적그리스도의 유혹에 넘어갈 소지가 있는 사람들을 죽여 심판대 과정에서 강제로 익게 하여, 안전하게 천국에 입성하게 하는 긍휼을 베푸는 죽음이다(벧전 4:6; 고전 3:15). 잘 사는 것만이 복음은 아니다. 잘 죽는 것 또한 복음이다. 이렇듯 죽을 때 사용되는 재료가 홍마 바람이다.

또한 영적으로는 육적인 자아를 죽게 만드는 자아 파쇄의 바람이다. 육적 자아를 성경에서는 '겉사람=고후 4:16', '옛사람=엡 4:22', '육신=롬 13:14' 등으로 표현한다. 광야의 성도들은 전쟁과 흉년과 전염병과 적그리스도와 거짓 선지자들로 인하여 극심한 불편함과 고통을 당하게 될 것이고, 애착하던 모든 소유를 다 잃을 것이다. 이때 성령의 도우심으로 철저히 자기를 부인하고, 정과 욕심을 십자가에 못 박게 될 것이다.

결국 그리스도인은 살아 있으나 죽은 자와 같은 상태가 되어 고난의 불이 피어오르는 번제단에 올라 산 제사를 드리는 것이다. 청황마 바람이 적절하게 불어 성도들이 산 제사를 잘 드려야만, 객관적 속죄 은총을 주관적으로 적용받아 마음과 행실이 정결케 되어 생명과를 먹게 된다. 피 흘림이 없은즉 죄 사함이 없다(히 9:22). 그래서 사도 바울은 '나는 날마다 죽노라' 라고 단언했다(고전 15:31). 홍마 바람이 이렇게 유익한 효과를 창출한다.

이렇듯 청황마 바람은 육체뿐 아니라, 육적 자아까지도 죽게 만드는 환난의 바람이다.

다섯째 인 안에 들어 있는 재료는 순교의 바람이다.

이 바람이 불어야만 영적으로 익은 열매가 추수된다.

우리는 순교라는 말을 쉽게 하지만, 대환란 기간에 생산될 순교자는 극소수일 것이고, 그들의 종말 또한 결코 아름답지만은 않을 것이다. 순교한다는 것은 광야 연단 과정을 다 통과하여, 죄성의 뿌리가 뽑히고, 온전히 거룩해졌다는 의미다. 이사야는 톱에 잘려 죽었고, 예레미야는 돌에 맞아 죽었으며, 바울은 목이 잘려 죽었고, 베드로는 거꾸로 십자가에 못 박혀 죽었으며, 초대교회의 수많은 그리스도인들이 원형 경기장에서 맹수들 밥이 되거나 화형당해 죽었다.

아이러니하게도 가장 고결한 영혼을 가진 순교자의 마지막은 세상 사람들에게 우아하거나 거룩하게 보이지 않았다. 도리어 순교자들의 죽음은 실망스럽거나 끔찍하게 보이기도 했다.

일본의 대표적인 현대 소설가인 엔도 슈사쿠의 《침묵》에 보면 경건하고 열정적인 포르투갈 출신의 한 선교사가 순교자들의 최후가 거룩하지 못한 것을 보고 순교는 어리석다고 생각하여 자신도 배교한다는 내용이다. 순교의 진실을 알지 못한 인본적인 책이지만 일리는 있다.

순교의 바람은 가장 거룩한 바람이다. 하지만 그 모양은, 거칠고 사나워서 결코 우아하게 보이지 않음은 역설이다. 순교자는 그의 삶이 아름다운 것이지, 마지막 죽음의 모양 자체가 아름다운 것은 아니다. 익은 알곡을 추수하는 순교의 바람은 후 삼 년 반 후반기에 강하게 불 것이다(계 13:15).

후 삼 년 반 후반기쯤에 선한 양의 탈을 벗고 늑대와 같은 자신의 악마성을 드러낸 적그리스도는 자신을 재림 메시아로 믿지 않고, 자신의 우상에 경배하지 않는 그리스도인들을 악랄하게 고문하고 처참하게 죽일 것이다.

이때 그리스도인들은 마지막으로 극심한 환난을 겪으며, 온전히 익을 것이다. 예수님에 대한 믿음(십자가의 도)과 하나님의 계명(십계명)을 철저히 지킨 그리스도인들은 추풍낙엽처럼 땅에 떨어져 죽을 것이다. 그 죽음의 모습 또한 아름답지는 않을 것이다. 그러나 그들의 영혼은 흰옷 입고, 면류관 쓰고 유리 바닷가인 2층천 꼭대기로 가는 상급을 받는 것이다(계 15:2). 이 모든 것이 바로 다섯째 인 안에 들어 있는 순교의 바람 때문이다.

결국 순교의 바람은 익은 열매를 추수하는 축복의 바람이다.

여섯째 인 안에 들어 있는 재료는 천재지변의 바람이다.

이것은 천재지변으로 훈련하는 바람이다. 이 바람이 불어야만 천재지변이 일어나 성도들을 연단할 수 있다.

이 시련의 바람은 대환란이 진행되는 7년 내내 전 세계에 동시다발적으로 불 것이며, 지속적이고 강력하게 불 것이다. 엄청난 지진과 해일, 폭우와 우박, 폭설 등의 천재지변이 끊임없이 지구의 모든 지역에서 일어날 것이다.

혹자는 태양의 흑점 활동의 이상 현상 때문에 지구뿐 아니라, 지구 주변의 별들과 달에 영향을 미쳐 지구에 엄청난 이상기후 및 천재지변을 가져온다고 주장한다. 하나님과 상관없는 자연스런 이상 기후 현상이라는 것이다.

여하튼 엄청난 천재지변엔 인재든 자연현상이든 간에 그 어떤 과학적 이유가 있겠지만, 이는 고난을 통한 구속 섭리를 완성하기 위하여 준비된 천재지변의 바람 때문이다. 역사는 하나님께서 구속의 섭리를 성취하기 위하여 주관하신다. 그래서 역사인 History는 'His Story' 즉 '예수님의 이야기' 라고 표현한다. 역사는 인간의 뜻대로 움직이는 것이 아니라, 하나님의 뜻대로만 운행됨을 알고 주님 앞에 겸손해야 한다.

이 거대한 천재지변 앞에서 인간이 쌓아올린 과학과 물질문명이라는 바벨탑은 허무하게 무너져 내릴 것이다. 세상 사람들은 신의 자리를 탐내는 인간의 실상이 얼마나 나약하고 악한지 깨달을 것이다. 마음이 곤고해진 사람들은 각종 우상을 만들어 귀신들을 섬길 것이고, 자칭 메시아라고 하는 이단 교주들과 사이비 종교 같은 독버섯이 우후죽순처럼 생겨날 것이다(계 9:20).

하지만 천재지변의 바람은 그리스도인에겐 더욱더 주 예수님의 재림을 대망하고 참회케 하는 영적 각성의 촉진제가 된다.

요한계시록 7장 : 참고 계시-1

대환란 전 교회시대에 익은 열매와 대환란을 통과하여 익은 열매의 비교 분석

요한계시록 전 장은 시간 순서에 따라 기록되었다. 그런데 7장과 12장은 이해를 돕기 위하여 첨가된 계시로 참고 장이다. 7장은 교회시대와 대환란의 관계를 비교하여 설명하고, 12장은 예루살렘 성과 이스라엘 백성들을 향한 성경의 전체적인 구속 섭리를 요약 설명한다. 이 두 장은 요한계시록의 이해를 심화시키는 감초 역할을 한다.

요한계시록 6장에서 여섯째 인을 뗀 다음에 당연히 7장에서 일곱째 인을 떼야 할 것이다. 그런데 일곱째 인은 7장이 아닌 8장 1절에서 뗀다. 한 장을 건너뛴 것이다. 무엇 때문일까? 특이한 것은 요한계시록 7장은 6장 내용인 환난의 재료와는 성격이 다른 내용들이 기록되어 있다. 언급했듯이 본장은 독자들이 요한계시록 전체의 흐름을 좀더 쉽게 이해하도록 보완해주는 참고장이다. 요한계시록 7장은 일곱 인을 통한 환난의 재료들이 본격적으로 사용되는 대환란을 기점으로 전후 상황을 비교 분석함으로써 전체의 이해를 돕고 있다. 이 장을 통하여 구속을 위한 대환란의 존재 의미가 명확해지는 것이다(계 7:13-14).

요한계시록 7장에서는 두 부류의 성도들이 등장하는데, 첫 번째 부류는 대환란 전인 교회시대 동안 일상의 광야(인격적으로 주어진 대환란)에서 스스로 연단 받아 알곡이 되어, 이마에 하나님의 인을 받은 144,000명의 이긴 자들이다(계 3:12).

144,000은 가장 많은 상급을 받고 천국에 입성하는 사람들의 수로, 상징이 아니라 실제적인 숫자로 보아야 한다. 사실상, 상징적인 숫자로 해석할 만한 근거가 없고 성경적 세계관에 맞지 않기 때문이다. 이것으로 보아서 전체 천국 성도 중에 첫 번째로 익어져 가장 많은 상급을 받는 사람들은 극소수에 불과하다는 것이다.

모형적 원리로 보면 가나안 땅에 입주한 이스라엘 민족의 비율을 보면 아론의 제사장 계열 1% 이내, 레위 족속 5% 이내, 그리고 나머지 백성들이 95% 이상을 차지한다. 이것은 천국의 상급 비율이 최고의 상급을 받는 성도가 1% 이내, 그 다음 성도가 5% 이내이며, 나머지가 95% 이상이라는 것을 암시해 준다. 이것은 천국은 익은 열매된 정도에 따라 상급으로 구성되어 있다는 것이다(계 22:12).

그래서 144,000명의 성도들은 대환란에 들어가는 유대인 이삭줍기 일꾼이 아니라 대환란 직전에 휴거되어 새 예루살렘 성에 들어가는 그리스도의 신부들이다(계 14:1, 21:2).

두 번째 부류는 대환란을 통과하면서, 강권적으로 연단 받아 익은 열매 되어 흰옷을 입은 셀 수 없는 큰 무리다. 이처럼 일상의 환난보다 역사적 대환란을 통하여 익은 열매 된 사람들이 대다수다. 일상의 환난에서는 자발적으로 훈련 받지만, 역사적인 대환난에서는 어쩔 수 없이 받게 된다는 것이다. 이것 또한 하나님의 특별한 은총인 셈이다. 한마디로 천국에 입성하는 모든 사람들이 대환란의 과정을 거쳐서 익은 열매가 된다는 의미다.

참고로 '하나님의 인을 받았다' 는 말이나 '흰옷을 입었다' 는 말은 같은 의미로, 생명과를 먹고 하나님의 형상으로 회복되었다는 뜻이다. 우리는 흔히 이것을 '영생' 을 얻는다고 표현한다. 생명과를 먹었다는 것을, 요한계시록에서는 익은 열매가 되었다고 증거한다(계 14:15). 성경에서는 똑같은 의미를 다양하게 표현하는데 성경 전체의 일관된 흐름에 따라서 정확하게 그 뜻을 파악해야만 한다.

성경 전체의 내용을 두 단어로 압축한다면 '예수님과 십자가의 도' 다(고전 2:2). 이 말은 곧 예수님께서 창조주이신 여호와 하나님이라는 것과, 구원은 대환란의 십자가를 통하여 완성된다는 것이다. 핵심적인 이 두 진리를 다양한 인물과 사건을 모형으로 하여 증거하며, 다양한 단어들을 사용하여 표현하고 있다. 성경을 읽을 때 등장

인물의 성격이나 삶 또는 이스라엘 역사의 흐름을 파악하는 것도 필요하겠지만 가장 중요한 것은 그것들이 궁극적으로 투영하는 '예수님과 십자가의 도' 를 파악하는 것이다.

성경에서 예수님과 고난의 정체성을 파악하지 못한다면 천만 번을 읽어도 헛될 것이다. 그래서 《그리스도를 본받아》를 쓴 토머스 아 캠피스는 '성경은 그 표면을 파악하는 것보다 그 정신을 읽는 것이 중요하다' 라고 주장한다.

우리는 성경을 불신자들을 전도하기 위한 출애굽(초기 구원)의 복음이나 풍요와 무병장수를 주는 애굽의 복음으로 알고 있다. 하지만 사실 성경은 구원받아 하나님의 백성이 된 그리스도인들의 자아 파쇄와 영적 성장을 위한 광야의 복음이다.

성경을 주의 깊게 보면 하나님께서는 애굽에 사는 불신자들에게 전혀 관심이 없음을 알 수 있다. 오로지 애굽을 떠나 광야에 들어선 선택받은 백성들(에클레시아)의 육적 자아(애굽의 수치, 죄악성)의 깨어짐과 영적 성장을 통한 하나님 형상의 회복에만 관심을 두고 있다.

무신론자들은 '성경은 독선적인 책' 이라고 비판하기도 한다. 하지만 '산은 산이고 물은 물이다' 라고 진실만을 증거하는 것을 어찌 독선이라 하겠는가! 독선이란 진리가 아닌 것을 진리라고 우겨댈 때 쓰는 표현이다. 진리인 성경을 진리가 아니라고 억지 부리는 사람들이 진정한 독선자다.

천지가 억만 번 바뀌어도 성경은 진리만을 증거하는 영원한 진실의 책이다(벧전 1:25).

요한계시록 7장 1절을 보면 네 천사가 땅 네 모퉁이에 서서, 사방의 바람을 붙잡고 있다고 나온다. 바람은 대환란의 시련을 의미하고, 땅 네 모퉁이는 전 세계를 의미한다. 그러니까 천사들이 전 세계에 일어날 대환란을 막고 있다는 의미다. 바람이 환난인 이유는 6장에서 이미 설명했고, 땅 네 모퉁이가 전 세계인 이유는 당시의 지구관이 둥근 것이 아니고 사각형이었기 때문이다. 이렇게 보여줌은 당시의 사람들의 견해가 맞다는 의미가 아니고, 하나님께서는 당시 사람들이 이해하기 편하도록 환상을 보여주신 것뿐이다.

하나님께서는 요한계시록의 환상들을 그 환상 자체에 의미를 두기보다는, 환상을 통한 하나님의 구속적 뜻을 전달하는 데 의미를 두셨기 때문이다. 성경적 진리는 바로 모든 인물과 사건 자체라기보다는 그것들을 통하여 계시된 하나님의 온전하신 뜻(구원의 영적 원리)이다. 그래서 성경을 읽을 때는 그 정신과 맥을 파악하는 것이 대단히 중요하다.

왜 천사들은 땅 네 모퉁이의 바람을 붙잡아 대환란의 시작을 연기시킨 것일까? 이 의미를 정확히 알기 위해서는 다니엘서 9장에 나오는 '70이레 예언' 을 알아야 한다. 왜냐하면 70이레 예언은 성경 전체를 통한 하나님의 구속사적 섭리를 이해하는 데 있어서 대단히 중요하기 때문이다. 다니엘서 9장 24절에서, 하나님께서는 예루살렘 성과 이스라엘 백성들을 위하여 70이레의 약속을 하신다. 예루살렘 성을 중건하라는 영이 날 때부터 70이레 즉 490년이 지나면 메시아가 통치하는, 죄가 없고 마귀가 없고 불행이 없는 거룩한 천년 지상낙원이 시작된다는 것이다.

역사적으로, 이 예언은 한 치의 오차도 없이 정확하게 성취되었다. 이 예언에 따라 페르시아의 아닥사스다 왕 이십 년 니산 월에 예루살렘 성을 중건하라는 명이 떨어졌다(느 2:1-8). 그 시점부터 70이레의 시간표가 흘러서 예수님께서 예루살렘 성에 왕으로 입성하시면서 69이레가 끝나게 되었다. 이제 남은 것은 마지막 한 이레인 7년 대환란이다. 마지막 한 이레가 끝나야 구속을 위한 하나님의 뜻이 다 성취되는 것이다.

그런데 문제가 발생했다. 이스라엘 백성들은 자신들의 메시아요, 역사의 주인공이자 창조주 하나님이신 예수님을 십자가에 못 박아 죽였던 것이다. 70이레를 이끄는 역사의 주역을 부인했으니 더 이상 70이레의 시계가 진행될 수 없었던 것이다. 이스라엘 백성들에게 마지막 한 이레인 대환란은 천년 메시아 왕국에 들어가기 위한 가장 중요한 관문인데 더 이상 이 광야의 장에 들어갈 수 없게 된 것이다. 이런 이유 때문에 천사들이 온 세상에 불게 될 70번째 이레인 대환란의 바람을 붙잡고 있는 것이다.

그런데 하나님께서는 천사들이 바람을 붙잡고 있는 소위 대환란 집행유예 기간에 놀라운 일을 행하신다. 이방인을 위한 교회를 설립하신 것이다. 즉 이방인들에게 예수 복음이 전파되고, 예정된 모든 사람을 구원하며, 교회를 통하여 그들을 연단하고 성장시켜 처음 익은 열매를 만드신다는 섭리다.

하지만 대환란 유예 기간에 설립된 교회시대는 한정된 기간이라는 것을 알아야 한다(롬 11:25-26). 이스라엘 백성들이 예수님을 구세주로 영접할 때까지만이다. 그때가 바로 마지막 번째 이레인 대환란이다. 대환란이 시작되면 이방인을 위한 성령 내주의 사역은 끝이 난다는 것이다. 그럼에도 불구하고 대환란 중에 모든 그리스도인들을 향한 내적인 성령 충만의 역사는 활발해질 것이다. 대환란 중에는 이방인 유대인의 구분이 없어지고, 오직 그리스도인과 불신자만 있을 뿐이다.

하나님께서는 창조하신 모든 것에 대하여 결코 후회하지 않으신다. 당장에 고통과 불행을 주는 것들이라도 재활용하시어 선하신 뜻을 이루시는 은혜의 하나님이시기 때문이다(롬 11:29). 이처럼 대환란의 바람을 붙잡고 있는 유예 기간일지라도 결코 무의미하게 방치해 두지 않으신다. 최악의 상황에서도 최선의 기적을 만들고자 하신다.

교회시대 동안에 구원받기로 예정된 이방인의 수를 채우기 위하여, 활발하게 복음이 전파되었다(마 24:14). 이제 복음이 들어가지 않은 나라나 민족은 없다. 오직 이스라엘 민족만이 복음을 기다리고 있을 뿐이다. 대환란이 임박했다는 징조다. 이렇듯이 대환란 유예 기간 동안에 이방인 중에서 좋은 땅의 심령(마 13:23)을 가진 144,000명의 그리스도인들이 자발적으로 산 제사를 드리면서(생활영성의 삶)

연단 받으므로 익어져서, 그 이마에 하나님의 인을 받게 된 것이다(계 7:3-4).

이 사람들은 굳이 대환란을 통과하여, 재차 연단 받을 필요성이 없으므로, 대환란 직전에 예수님께서 공중으로 강림하실 때에 부활체로 휴거되는 것이다(계 3:10; 살전 4:16-17). 이것이 성경적 휴거의 원리다.

요한계시록 7장에는 이스라엘 열두 지파가 나오는데, 이것은 육적 이스라엘 지파가 아닌 영적 이스라엘 지파인 그리스도인들을 의미한다. 왜냐하면, 육적 이스라엘 지파에는 레위 지파와 요셉 지파가 없으며, 대신 단 지파가 포함되어 있기 때문이다. 이 열두 지파는 단순히 야곱의 열두 아들들의 이름이다. 여기에서 단 지파가 빠진 이유는, 천국의 생명책에 기록된 사람 중에서 1/12이 타락하여 생명책에서 지워질 것이기 때문이다(출 32:32-33).

생명책에서 지워질 영적 단 지파를 성경에서는 고난이 오면 말라 죽을 돌짝밭의 심령을 가진 쭉정이라고 표현한다(마 13:20-21). 그래서 성경은 두렵고 떨림으로 우리의 구원을 이루어 나가라고 말씀한다(빌 2:12).

대환란 전에 익어 하나님의 인을 받은 사람들에 대한 축복은, 요한계시록 2장과 3장의 이긴 자들에게 주어질 축복의 약속에 이미 나와 있다. 평탄한 교회시대 동안에 익은 사람들은 소수인 데 반하여, 대환란을 통과하여 익은 사람들의 수가 엄청나게 많다. 이는 대환란의 거친 환경이 영적 성장을 돕고 생명과를 먹는 데, 얼마나 중요한 역할을 하는지 알 수가 있다. 그래서 성경에서는 고난이 유익하다고 힘써 강조한다(시 119:71).

요한계시록 7장에 나오는 '하나님의 인을 받았다' 는 표현이나 3장의 '흰옷을 입었다' 는 표현은 같은 의미다. 광야 연단 과정을 다 통과하여 죄성이 소멸되고, 거룩해져 생명과를 먹었다는 표현이다. 단지 그 시점이 교회시대 동안인가, 대환란을 통과해서인가를 구분하려고 달리 표현했을 뿐이다.

여기에서 우리는 광합성을 하기 위하여 햇볕이 필요하듯이, 생명과를 먹기 위해서 광야의 고난이 절대적이라는 것을 알 수가 있다. 대환란 전에 익은 소수의 사람들과 대환란을 통과하며 익은 다수의 사람은 그 차이가 무엇일까? 일상의 고난을 자원하여 받았느냐 아니면 강권적으로 받았느냐 하는 차이일 뿐이다. 자발적 순종이냐, 강권적 순종이냐에 따라서 상급의 차이가 있겠지만, 공통점은 무조건적으로 환난 과정을 통과해야 한다는 것이다.

본장 14절을 보면 대환란을 통과하면서 어린 양의 피에 그 옷을 빨아서 희게 하였다는 표현이 나오는데, 이것은 무엇을 의미할까? 구약에서도 시내 산에 강림하시는 하나님을 만나기 위하여 이스라엘 백성들이 옷을 빨았다(출 19:10-11). 신학적으로 영적 옷을 빠는 것을 성결된 삶이라고 표현한다. 그러니까 옷을 빤다는 것은 회개한다는 의미다. 구약적인 표현으로 회개는 번제를 드려 속죄 은총을 적용받는 행위다. 사도 바울은 이것을 산 제물로 드림이요, 영적 예배라고 증거한다(롬 12:1).

참고로, 어린 양의 피에 옷을 빤다는 내용을 이해하기 위하여 구약 레위기 16장에 나오는 속죄 제사와 번제를 간략하게 알아보자. 자세한 것은 필자가 쓴 《평범한 일상으로 특별한 기적을 만든다》라는 책에 나온다.

속죄 제사는 이스라엘 백성의 죄 사함을 위해 하나님께서 제시하신 유일한 방법이다. 그런데 문제는 속죄 제물과 집행할 대제사장이 죄성이 전혀 없이 거룩한 남자여야만 한다는 것이다. 속죄 제사가 성공적으로 드려져야만 타락한 인류에게 다시 생명과를 먹을 수 있는 길이 열린다. 과연 피조물인 인간 중에 죄성이 전혀 없는 남자가 있을까? 없다. 타락한 아담의 모든 후손은 전적으로 타락하고, 완전 부패하여, 자력으로는 구원에 이를 수 없다고 종교 개혁자들은 강조했다.

그럼 누가 속죄 제물과 대제사장이 될 수가 있을까? 창조주 하나님 당사자뿐이다. 사실 속죄 제사는 인간이 자력으로 드리라는 것이 아니고, 하나님께서 친히 드리시겠다는 의미였다. 그러므로 하나님께서 친히 죄악성이 전혀 없는 남자로 성육신하신 것이다. 그분이 바로 예수 그리스도이시다. 예수님은 십자가에 죽으심으로써 속죄의 거룩한 피를 흘려주셨고, 3일 만에 부활하심으로써 대제사장이 되셨다. 예수님은 자신의 피를 가지고 승천하여 3층천 지성소 하나님의 보좌에 피를 뿌림으로 속죄 제사를 완수하시고, 성령으로 강림하셨다.

이제 믿고 구하는 모든 사람들이 준비된 속죄 은총을 적용받을 수 있게 되었다. 준비된 속죄 은총을 인격적으로 적용받는 방편이 바로 번제 제사를 드리는 것이다. 이것은 광야의 이스라엘 백성들이 매일 정결한 동물(소, 양, 염소, 비둘기)을 성막 뜰에 가져와 제사장에게 주고 제사장은 그것을 죽여 번제단에 올려놓아 다 태워 바치는 제사다. 번제물이 전소됨과 동시에 속죄 은총이 적용되어 죄 사함과 거룩해지는 은총이 임했던 것이다. 번제는 이스라엘 백성들에게 광야 생활에서 가장 중요한 신앙적 행위였다.

이것을 사도 바울은 '자신을 산 제물로 드리는 영적 예배' 라고 표현한다(롬 12:1). 본장에서 사도 요한은 대환란의 불을 통하여 자신을 산 제물로 바치는 영적 번제를 '어린 양의 피에 그 옷을 씻어 희게 함' 이라고 증거한다. 이것을 다른 표현으로 '인내의 말씀을 지킴' 이라고도 한다(계 3:10). 필자는 본서에서 인내로 드리는 산 제사의 삶을 생활영성이라고 정의했다.

이렇듯이 대환란은 성도들이 영적 번제를 드림으로 속죄 은총을 적용받는 거대한 성막 뜰의 번제단과도 같은 곳이다.

정리하면 어린 양의 피는 광야 여정에 준비된 고난의 불을 의미한다. 그리스도인들에게 광야의 고난이 얼마만큼 중요한지는 앞부분에서 충분히 설명했다. 이 고난을 통하여 영적 번제인 생활영성을 살게 되고, 객관적 속죄 은총을 적용 받아서 심령이 연단되고 정결케 되는 것을 '어린 양의 피에 그 옷을 빨아 희게 함' 이라고 표현한다.

여기에서 '옷' 은 성도의 행실을 상징하니(계 19:8) '흰옷' 은 곧 '행실이 거룩해졌다' 는 의미다. 더러운 옷을 방망이로 두들기면 때가 빠져나오듯이, 대환란의 방망이가 우리의 마음과 행실을 때리면서 죄악의 때를 빠져나오게 하는 이치다.

본장에서는 대환란의 번제단 위에서 번제를 다 마쳐 흰옷 입은 성도들이 천국에서 얼마나 큰 위로를 받을 것인지를 증거하면서, 희망을 갖고 포기하지 말 것을 당부한다.

요한계시록 8장

첫 번째부터 네 번째 나팔이 거의 동시적으로 불리면서 발생하는 환난의 환경들

요한계시록 6장에서 여섯째 인을 떼고 7장을 뛰어넘어서 8장에 와서야 일곱째 인을 뗀다. 왜 그런지는 7장에서 충분히 설명했다.

일곱째 인 안에는 첫째부터 여섯째 인까지 모두를 실행하는 나팔들이 들어 있다. 첫째부터 여섯째 인까지를 하드웨어라고 한다면, 일곱째 인은 그것들을 실행하는 소프트웨어다. 일곱째 인에 포함된 나팔들이 불리면, 첫째부터 여섯째 인에서 준비된 여러 가지 환난의 재료들이 적절하게 배합되어 실제로 이 땅에 나타나게 된다.

여기에서 우리가 참고로 알아두어야 할 것이 있다. 성경 전체는 이방인 중심이 아닌 이스라엘 백성과 예루살렘 성 중심으로 기록되었다는 것이다(단 9:24). 그러므로 이스라엘 백성을 향한 하나님의 직접적인 구원 계획을 먼저 아는 것이 중요하고, 그 다음에 영적 이스라엘 백성인 이방인에게로 확대 해석해야 한다.

왜냐하면 모형인 이스라엘 민족과 예루살렘 성을 무시하고 성경의 핵심을 파악한다는 것은 어불성설이기 때문이다.

특히나 요한계시록은 이러한 모형적 영적 원리가 확연하게 적용된다. 모세오경은 모세를 따라 애굽을 떠나서 광야에 들어선 이스라엘 백성들이 가나안 땅 입성을 위해 훈련받는 여정에 대한 기록이다. 놀랍게도 요한계시록 또한 구원받아 성령님을 따라 대환란의 광야에 들어선 그리스도인이 천년 메시아 왕국 입성을 위해 훈련받는 여정에 대한 기록이다(계 12:14). 영적 모세오경이다.

어찌 보면, 요한계시록 한 권의 책이 5권의 모세오경보다도 더 분명하고, 집약적으로 광야 연단의 도를 증거하고 있다고 할 수 있다. 모세오경을 무시하고, 육적 이스라엘 백성들의 구원을 논할 수는 없다. 마찬가지로 요한계시록을 무시하고 영적 이스라엘 백성인 그리스도인의 구원을 논할 수 없는 이치다. 요한계시록은 그리스도인의 교회 매뉴얼이다. 이 매뉴얼이 있어야만 광야의 이긴 자가 되어 생명과를 먹을 수 있게 된다(계 2:7).

대환란이 진행되는 7년 동안 전 세계에 일어나는 모든 환경은 결코 우연이 아니다. 하지만 다양한 환난들의 사건 하나하나가 중요한 것은 아니다. 그 전체적인 환난을 통하여 계시되는 하나님의 구속적 섭리가 중요하다. 모든 환난의 이면에 계시되는 영적 의미를 찾는 것이 시급하다. 그런데 우리는 표면적인 재앙에만 집착하고 있으니 안타까울 뿐이다.

명심하라! 사도 요한이 계시록을 통하여 증거하고자 한 것은 환난의 종류나 환난의 강도, 환난으로 인한 피해상황 등이 아니다. 물론 그런 것도 기록되었지만 궁극적으로는 그 환난을 통한 하나님의 선하신 뜻과 그 환난을 통한 영적 효과다. 요한계시록이 증거하는 환난의 도는 술수에 능한 유혹자 사탄의 허를 찌르는 완벽한 하나님의 전략이다.

요한계시록 8장 13절을 보면, 첫째부터 넷째 나팔이 다 불린 다음에 '세 개의 화' 가 있을 것이라고 증거한다. 여기에서 화는, '시련의 불' 이라 번역하는 것이 더 성경적이다. 불신자에게는 지옥에 갈 저주의 화이지만, 그리스도인에게는 천국에 갈 연단의 화라 할 수 있다. 다시 말해서 대환란에 존재하는 '세 개의 화' 는 광야 성도들의 마음과 행실을 정결케 하기 위한 '정화의 불' 이다(벧전 4:12-13).

이 세 개의 화들은 마치 성막 뜰 번제단에서 번제물을 태우기 위하여 솟구쳐 오르는 하나님의 불꽃과도 같다. 번제단에 불이 피어올라야 번제가 성사되고, 번제가 성사되어야 준비된 속죄 은총이 적용될 수 있다. 그러니 화라고 표현된 하나님의 불이 우리의 영적 성장을 위하여 얼마나 중요한가!

첫째부터 넷째 나팔이 불리면서, 연단 받을 수 있는 기본적인 환경들이 예비된다. 그리고 첫째 화인 다섯째 나팔이 불리면, 1차 연단이 실행될 수 있는 환난이 주어지고, 둘째 화인 여섯째 나팔이 불리면서 2차 연단이 실행될 수 있는 환난이 주어지며, 마지막 셋째 화인 일곱째 나팔이 불리면서, 마지막 단계인 3차 연단이 실행될 수 있는 환난이 주어진다.

이 3단계의 과정을 통하여 연단이 완성되고 영적으로 익은 열매가 되면, 주님께서는 우리를 순교시키거나 지상 재림하시어 영적 할례(흰옷이나 생명과와 같은 의미임)를 베풀어 주실 것이다(계 14:15-16).

열매가 익기 위해서는, 강한 바람과 따가운 햇볕과 건조한 기후가 필요하듯이, 우리 영혼을 익게 하기 위하여 이 세 차례의 화가 그 역할을 수행한다.

광야 연단의 이치는 이미 앞부분에서 이스라엘의 출애굽 여정을 모형으로 설명했다. 다시 요약하면, 구원받아 광야(일상)에 나온 모든 그리스도인은 단 한 사람도 예외 없이 천국에 입성하기 전에 크게 세 차례의 연단 과정을 통과해야만 한다. 이것은 이스라엘 백성을 모형으로 분명히 계시된 구속적 진리이기에 그 누구도 예외는 없다(슥 13:8-9).

성도들은 세 차례의 고난 속에서 인내함으로써 연단을 받아 죄성이 뿌리 뽑히고, 자유의지가 단련된다. 그러면 심령 보좌에 성령님께서 내주 합일(생명과 먹음)되면서 하나님의 형상을 회복(하나님 나라 재건)하는 것이다.

대환란 때 주어질 다섯째 나팔 재앙인 첫째 화와 여섯째 나팔 재앙인 둘째 화와 일곱째 나팔 재앙인 셋째 화는 절대적으로 필요한 천국의 계단이다. 이 3단계의 계단을 밟지 않고서는 천국의 문을 절대로 열 수 없다. 세상 관점에서 보면 대환란의 모든 환경은 혼돈 그 자체이다. 하지만 성경적 세계관으로 본다면 하나님의 철저한 말씀 속에서 운영되는 질서(코스모스) 그 자체다.

이 시대의 그리스도인들에게 하나님의 안목인 성경적 세계관으로 무장됨이 절실히 요청된다.

첫째부터 넷째 나팔이 동시다발적으로 불리면서 전 세계의 1/3은 극심한 기근에 처할 것이다. 성경에 의하면 땅의 모든 식물들의 1/3이 말라 죽을 것이고, 바다의 1/3의 생명체들이 죽을 것이며, 강물과 지하수의 1/3이 마실 수 없을 만큼 오염될 것이고, 태양과 달의 1/3 정도가 제 기능을 못하여 낮에도 1/3 정도 일조량이 감소할 것이고, 밤에도 1/3 정도 달빛이 비추지 않을 것이다. 이것은 통계적인 상황이고, 구체적인 것은 그때 가봐야 알 수 있다.

이로 말미암아 전 세계는 식량(농작물, 축산물, 수산물 등)과 식수 및 농업용수, 공업용수에 치명타를 입을 것이고, 극심한 경제공황과 식량난과 일상의 극심한 불편으로 혼돈에 빠질 것이다. 이성을 잃은 사람들의 폭동과 절도, 살인, 성범죄가 극심할 것이다. 치안상태가 약한 나라는 무정부 상태에 빠질 것이다.

그런데 이 모든 전 지구적 재앙의 예언을 요한계시록 11장에 등장하는 두 증인이 한다. 마치 애굽에서 모세와 아론이 십대 재앙을 선포하듯이 말이다. 놀랍게도 이 예언들은 100% 적중하여, 전 세계 사람들이 극심한 고통을 당할 것이다. 하지만 이스라엘 백성이 거주하는 가나안 땅에는 재앙들이 내리지 않아 평안할 것이다.

사실상 두 증인은 새로운 직통계시를 받아서 사역하는 것이 아니다. 단지 성경적 세계관을 가지고 요한계시록에 기록된 일곱 나팔 재앙을 중심으로 증거한 것뿐이다. 첫째부터 넷째 나팔 재앙에 혼이 난 세상 사람들은 두 증인이 섬기는 예수님을 참하나님으로 믿으며 두려워할 것이고, 이스라엘 백성들은 예수님에 대한 믿음과 광야의 도에 대한 믿음을 가질 것이다.

이것을 모형적 이치로 보면 애굽의 십대 재앙과 같은 것으로, 이스라엘 백성들의 심령이 가난해져서 예수님을 하나님이요 구세주로 영접하여 출애굽할 수 있도록 결단하게 하는 최적의 환경이다. 출애굽한 이스라엘 민족들은 독수리와 같은 미가엘 천사장의 도움으로 영적 광야인 대환란에서 양육 받는 것이다(단 12:1; 계 12:14).

요한계시록 9장

다섯째 나팔로 인한 첫 번째 연단과 여섯 번째 나팔로 인한 두 번째 연단 과정

본장에서는 하나님의 허락으로 열쇠를 받은 사탄이 지옥의 문을 열고, 모든 악령들이 이 세상으로 올라오는 장면으로 시작된다. 사실상, 악령들은 영체이기 때문에 우리의 육안으로는 결코 볼 수가 없다. 하지만 그들의 역사로 인하여 나타나는 현상으로 분별할 수는 있다. 지옥의 모든 악령들이 이 지구를 가득 채우며 활동해도 환경적으로는 크게 달라지는 것이 없을 것이다.

영적으로 민감하지 않는 이상 그 누구도 악령의 존재를 눈치 채지 못할 것이다. 사탄은 거짓의 아비이기 때문에 완벽하게 위장하려 할 것이다(요 8:44). 아집으로 똘똘 뭉친 악령들은 인간들의 정욕과 죄악을 자기 양식으로 삼고자 잔칫집에 온 것처럼 기뻐하며 활발하게 역사할 것이다.

첫째부터 넷째 나팔의 극심한 자연 재앙으로 사람들은 신앙심과 자제력과 도덕성을 상실하게 된다. 나약해진 인간들은 본능에 충실한 동물같이 되어, 쉽게 죄악성에 사로잡혀 정욕적인 삶을 추구하며 범죄를 저지를 것이다. 인간의 정욕적인 심령을 숙주로 활동하는 악령들은 이기적이고 정욕적인 사람들마다 달라붙어, 죄성을 가중시키고 더 큰 범죄로 내몰 것이다. 순식간에 이 지구상에는 온갖 죄악의 오물로 범람할 것이다. 이때는 죄를 안 짓는 사람이 도리어 외면당하고 이상하게 취급받는 암흑의 때가 될 것이 자명하다.

지옥에서 나온 악령들이 사람들의 육체에 붙어 역사하면 전갈이 쏠 때처럼 큰 고통으로 나타날 것이다. 물론 질병 때문에 자연스럽게 육체의 고통이 따를 수도 있겠지만 이때의 상황은 그것과는 별개다. 악령은 단순히 육체만 고통스럽게 하는 것이 아니다. 마음에도 역사하여 정신적으로는 큰 절망과 낙심 속에서 삶의 의미를 상실케 하여 자살하고 싶을 만큼의 엄청난 내적 고통을 안겨줄 것이다.

지옥의 모든 악령이 탈출하여 역사하는 이때에 표면적으론 악성 피부병이 다섯 달 동안 지구상에 창궐하여 육체적인 통증이 극심할 것이다. 물론 이것이 악령들의 역사로 인한 것임을 예측하는 이들은 많지 않을 것이다. 과학적으로 전혀 예측하지 못한 신종 전염병이라, 예방 백신이나 그 어떤 치료제도 없으리라 예상된다.

수많은 종교단체에서는 나름대로 종교적 의식을 행해 악성 전염병을 막고 치료해 보려고 몸부림칠 것이나 전혀 효과가 없을 것이다.

하지만 영적으로 깨어 있는 그리스도인은 하나님의 말씀인 십자가의 도를 부여잡고, 자아를 부인하는 산 제사의 삶을 살 것이다. 죄성에 지배받을 때마다 눈물로 참회의 기도를 철저히 하는 이들은 천사들이 보호해 주며, 악령이 쉽게 접근하지 못할 것이고, 접근했다 하더라도 금세 떠나 두드러진 치유의 효과가 있을 것이다.

악령은 어둠의 존재다. 어둠이 이들의 삶의 터전이다. 어둠은 악령을 자석처럼 끌어당긴다. 악령이 역사하여 어둠이 임하는 것이 아니고, 어둠이 만들어지면 악령이 다가와 우리의 허락 하에 정착한다. 문제는 악령이 아니고 악령을 끌어당기는 어두운 마음과 행실이다.

악령은 그 어떤 주술적이고 종교적인 의식이나 인간의 극기 고행을 통해서 물러날 나약한 존재가 결코 아니다. 악령은 영적 존재이기에 육적인 방법으로는 물러가지 않는다. 생활영성을 통하여 마음이 낮아지고 빛이신 성령으로 충만하면 악령은 떠나갈 수밖에 없다.

다섯째 나팔 재앙은 전 유럽인의 반 정도를 죽였던 중세 흑사병보다도 더 강력할 것이다. 그러나 악령들의 역사로 인한 전염병의 고통은 무한정 지속되는 것이 아니다. 다섯 달 동안의 한정적인 역사다. 이것이 분명한 목적을 갖고 이루어지는 환난이라는 증거다. 그 목적이란 바로 그리스도인들로 하여금 세상에 대한 애착을 끊고, 천국에 대한 소망을 더욱 공고히 하는 것이다. 또한 외형적으로 드러나는 죄악의 행실들을 정결케 하는 효과가 있는 1차 연단 과정을 수행하기 위해서다. 그리스도인들은 다섯 달 동안 극심한 고통에서 해방되기 위하여, 어쩔 수 없이 그동안 집착하던 세상의 탐심을 버리고 주님만 의지할 것이다.

만약에 광야의 고난을 통한 구속의 도를 증거하는 성경적 세계관이 없다면, 이토록 정확무오하게 발생하는 재앙들의 영적인 의미를 알 수가 없다. 대환란은 역사상 전무후무한 전 인류적 고난의 시기다. 하지만 영적으로는 구름기둥이 인도하고, 신령한 만나(미드바르)가 풍성한 최고로 복된 광야의 시기다.

이 풀무불과도 같은 고난의 여정에서 승리할 수 있는 길은, 오직 삶의 의미를 찾는 것뿐이다. 고난 속에서 영적 의미를 찾는 이에게만 나아갈 길이 열리기 때문이다. 그래서 성경적 세계관에 입각한 고난(십자가)의 도를 깨달아 아는 것이 이토록 중요하다.

성경에서는 다섯째 나팔 재앙이 1차 연단 과정임을 확실히 알게 하기 위하여 요한계시록 9장 12절에 '첫째 시련은 지나갔으니, 이후에 두 개의 시련이 더 이른다' 라고 증거한다. 정확히 다섯 달이 지나면, 홍해가 갈라지듯이 거짓말처럼 전 세계에 창궐하던 악성 전염병이 순식간에 사라질 것이다. 이때 그리스도인들은 그것이 1차적 연단 과정을 위한 하나님의 은혜임을 깨닫고, 감사하며 예수 믿음과 계명을 지키는 광야 신앙을 공고히 할 것이다.

하지만, 마음을 추스르자마자 2차 연단 과정을 위한 여섯 번째 나팔이 불릴 것이다(계 9:13). 여섯 번째 나팔이 불리면, 중동의 유프라테스 강을 중심으로 한 제3차 세계대전이 일어난다. 전쟁의 표면적인 이유는 자국민을 위한 물과 식량의 확보다. 그러나 실상은 요한계시록 6장의 둘째 인을 떼면서 등장하는 홍마 바람의 역사로 일어나는 전쟁이다. 하나님의 섭리라는 것이다.

홍마 바람은 총사령관이신 예수님의 지휘 하에 악령들이 도구가 되어 실행될 것이다. 역시 다섯 달 동안의 악성 전염병 재앙과 마찬가지로 제3차 세계 대전도 악령들의 역사로 일어난다. 성도들에게 있어 대환란은 악령과의 영적 전쟁이다(엡 6:12). 광야에 나온 모든 그리스도인은 군대이기 때문이다(출 12:41). 이 전쟁에서 승리한 자만이 천국에 입성할 자격이 주어진다.

요한계시록 9장에서는 제3차 세계대전의 결론만 나와 있다. 하지만 에스겔서 38장을 보면 전쟁의 시작과 그 과정에 대하여 비교적 상세하게 증거한다.

에스겔 38장을 토대로 넌픽션 시나리오를 만들면 다음과 같다. 여섯 번째 나팔 전쟁은 계속되는 가뭄에다가 악성 전염병의 창궐로, 지칠 대로 지친 러시아 통치자가 고육지책으로 예수님을 영접하여 가나안 땅에서 영육 간에 풍요를 누리며 사는 이스라엘 민족을 시기 질투하여 벌이는 전쟁이다. 물론 러시아 통치자의 배후에 악령들의 강력한 역사가 있음으로 발생되는 것이다.

하지만 침략의 국제적 명분은 이스라엘의 풍부한 물과 식량을 강탈하여 자국민을 먹여 살린다는 것이다. 러시아 통치자 곡(에스겔서에서 나온 가명이지만, 실명은 그때 가보아야 알 수 있다.)은 동부 유럽을 끌어들이고, 이스라엘을 철천지원수로 여기는 아랍권의 강경파 이슬람 국가들을 끌어들여 연합세력을 형성할 것이다.

이때 이스라엘은 이미 EU연합과 군사보호조약을 체결했기에, 그들의 직접적인 도움을 받을 것이다. 더불어 유대인들의 영향력이 막대한 미국과 캐나다의 경제적 후방 지원도 받을 것이다.

결국 전쟁은 전 세계의 종교인들이 참여하는 기독교 국가 대 이슬람 및 무신론 국가와의 종교전쟁으로 발전할 것이다. 이 전쟁에 참전하는 군인 수만 2억 명이 될 것이고(계 9:16), 원자폭탄과 생화학 무기 등을 비롯한 모든 최첨단 전쟁 무기들이 사용되어 전 세계 인구의 1/3이 죽을 것이다(계 9:15, 18).

말 그대로 전 세계는 초토화될 것이고 도시마다 거리마다 시체 더미로 가득할 것이다. 이 전쟁이 발발하면 전 세계 기독교인들은 자연스럽게 신 · 구교나 교단 교파를 초월하여 하나로 똘똘 뭉칠 것이다.

이 전쟁에서 승리만 한다면, 전 세계는 자연스럽게 기독교로 통일될 것이기 때문이다. 모든 그리스도인들은 평화와 번영이 오리라는 믿음으로, 연합군 총사령관을 위하여 합심하여 열렬히 기도할 것이다. 하지만 성도들의 열망과는 달리, 처음에는 이스라엘 연합군이 러시아 연합군에게 밀려 궁지에 빠지나 하나님의 은밀하신 일곱 우레의 역사로 결국 승리할 것이다(겔 38:21-22). 이것이 에스겔서 38장에서 증거하는 곡의 전쟁 내용이다.

제3차 세계대전은 영적으로는 성도들의 2차 연단을 위하여 준비된 시련이다. 이 전쟁을 통하여 신실한 그리스도인들에게는 하나님의 밝은 빛이 비치게 될 것이다. 이 밝은 빛을 통하여 자신의 죄악됨과 하나님의 거룩함을 깨닫고 세상을 등진 채로 수도정진 할 것이다.

자기 의로 철저히 살아보려고 몸부림치지만 그럴 때마다 실패의 쓴 잔을 맛볼 것이다. 그러면서 자신의 힘으로 거룩해지는 것이 불가능함을 자각하고, 결국 주님께 전적으로 맡기는 여호와 닛시의 영적 원리를 깨닫고, 내려놓음의 생활영성을 실천할 것이다. 그러면서 이스라엘 백성이 시내 산에 강림하신 하나님을 만나듯 그리스도인은 하나님의 살아계심과 전능하심을 몸소 체험하며, 하나님의 임재를 느낄 것이다. 이때부터 하나님의 밝은 빛 가운데 본격적인 자아파쇄의 삶이 시작된다.

또한 여섯째 나팔 재앙의 2차 연단 과정을 통하여 좋은 땅의 성도들은 성경 전체의 핵심인 십자가의 도(광야의 도, 연단의 도)를 명확하게 깨달으면서, 영적 대각성운동이 일어나면서 인격의 변화, 삶의 변화가 일어날 것이다. 한마디로 고난의 불 가운데 산 제사를 드리는 생활영성을 적극적으로 실천하여 영적으로 빠르게 성장한다.

하지만 불신자들의 상황은 정반대가 될 것이다. 그들은 막연하게 절대자에 의지하고픈 종교심은 강해지지만, 그 자아는 더욱더 완악해져서 기독교를 배척하고, 각종 이기적인 우상을 만들어 섬길 것이다. 세상은 무법천지가 되고, 사람들의 양심은 무뎌져서 살인과 주술 행위, 성범죄와 강도, 절도죄가 폭발적으로 증가할 것이다(계 9:20-21).

요한계시록 10장

이스라엘 연합국의 최종 승리의 비밀과 그 이후의 반전 상황

요한계시록 10장은 9장의 여섯째 나팔 전쟁의 부족한 내용을 보충하고, 더불어 전쟁 이후의 상황을 설명하고 있다.

본장에 등장하는 작은 책을 든 힘센 다른 천사는 천국의 군대 장관인 미가엘 천사장을 의미한다(단 12:1). 하나님의 선민인 이스라엘 민족을 호위하라는 특명을 받고 내려온 것이다. 일곱 우레를 발한다는 것은, 하나님의 명을 받은 미가엘 천사장이 은밀하게 우레와 같이 강력한 일곱 가지 방법으로 사면초가에 몰린 이스라엘 연합국을 도와서 극적으로 승리케 한다는 것이다.

이 일곱 우레의 구체적인 내용은 에스겔서 38장 21절과 22절에 나와 있다.

'칼과 전염병과 피로 국문함과 폭우와 큰 우박덩이와 불과 유황' 이렇게 일곱 가지 방법이다.

미가엘 천사장은 배후에서 강력하게 역사하여, 러시아 연합국 내에 자중지란이 일어나게 하여 결속력을 약화시킬 것이다. 설상가상으로 주둔지마다 전염병이 창궐하고, 이동 경로마다 폭우와 큰 우박덩이가 쏟아지며, 각종 전쟁 장비들을 이동할 수 없게 하고, 러시아 연합국의 요충지마다 핵폭탄의 공격을 받아 초토화시킬 것으로 예상된다.

사실상 승리의 주역은 배후에서 강력하게 역사했던 미가엘 천사장이지만, 어느 누구도 이 사실을 알지 못할 것이다. 도리어 이스라엘 연합국의 총사령관이 승리의 주역으로 각광받을 것이다. 세상 사람들은 승리한 통치자에게 모든 영광을 돌릴 것이고, 한순간에 그는 세계적인 영웅으로 급부상할 것이다.

온 세상의 기독교인들은, 극적으로 전쟁을 승리로 이끈 연합국 통치자를 '그리스도의 참된 종' 이라고 극찬하면서 하나님께 감사할 것이고, 그를 통하여 온 세상에 기독 유토피아가 실현되리라는 핑크빛 소망을 가질 것이다.

하지만 일곱째 나팔이 불리면, 전혀 예측하지 못한 반전 상황이 전개될 것이다.

갑자기 전 세계의 중심인물로 부상하여 교만으로 충만해진 통치자에게 사탄 루시퍼가 자칭 여호와 하나님인 척 속이며 접근할 것이고, 결국 내주 합일되면서, 적그리스도가 될 것이다. 내주 합일된 사탄은, 자신만이 참신이라고 속살거리며 통치자가 재림한 메시아라고 미혹할 것이다.

당연히 교만이 충천하여 분별력을 상실한 통치자는 사탄의 속임에 완전히 넘어갈 것이다. 사탄 루시퍼는 자신의 모든 능력을 적그리스도에게 위임하면서, 그에게서 초인적인 기사와 능력이 나타날 것이다. 각종 환난으로 분별력을 상실한 세상 사람들은 그에게 열광할 것이다.

승전국의 최고 통치자는 은밀하게 두 뿔 연방국 통치자를 회유하여 자신의 특별 보좌관으로 삼을 것이다. 그리고 자신이 요한계시록 19장에 나오는 재림 그리스도라고 주장하면서 성경의 예언이 온전히 성취되었다고 강조할 것이다. 더불어 예수님과 그분의 신부들인 144,000명의 교회시대의 이긴 자들을 신랄하게 비판하며, 능멸할 것이다(계 13:6). 모든 이단 교주들처럼 적그리스도도 영지주의 이원론 사상을 가지고, 예수님의 신성을 부정하고 평범한 인간이요 실패자로 폄하시킨다.

그는 본격적으로, 예수님을 하나님이요 메시아로 믿고 섬기는 기독교를 잘못된 종교라 매도하며, 예수님 중심의 성경을 자기중심적인 성경으로 전면 개편할 것이다. 적그리스도가 된 그는 전 세계를 자신을 메시아로, 사탄 루시퍼를 여호와 하나님으로 섬기는 세계 단일 정부로 만들고자 영적 아내 역할을 하는 두 뿔 짐승을 통하여 666명의 거짓 선지자들을 만들어서, 전 세계인들의 오른손에 표를 받게 하는 등(RFID라는 생체 베리 칩) 최선의 노력을 다할 것이다.

하지만 자신을 메시아로 섬기는 세계 단일 정부를 만드는 데 눈엣가시 같은 존재들이 있다. 바로 예수님만을 메시아로 믿고 섬기는 그리스도인들이다.

그는 발람과 같은 거짓 선지자인 두 뿔 짐승(미국, 캐나다 연방국 통치자로 예상됨)을 통하여, 각종 기적과 이사를 일으키면서 미혹하고, 그리스도인들에게 자신의 우상에 경배하거나 세계 단일 정부의 시민권인 표를 받으면 돈과 토지, 식량과 직장을 준다고 유혹하여 영적으로 음행케 할 것이다. 강력한 유혹에도 불구하고, 영적 음행을 하지 않고 신앙의 절개를 지키는 그리스도인들은 모든 가산을 몰수하여 사회에서 생매장시키거나 잡아다 고문하고 결국 처참하게 죽일 것이다.

이렇게 열악한 환경 가운데서도 하나님의 계명을 지키고, 예수님에 대한 믿음으로 인내한 성도들은 마흔두 달(후 삼년 반)이 지나면 적그리스도의 권세가 꺾이고 예수님께서 약속대로 재림하시어 영적 할례를 받고 천년지상낙원에 들어가는 복을 받을 것이다.

이렇게 앞서 설명한 것들이, 미가엘 천사장이 들고 있는 작은 책에 기록된 내용들이다. 한마디로 작은 책에는 모든 그리스도인이 신뢰했던 승전국의 통치자가 적그리스도가 되어 그리스도인을 핍박하는 후 삼 년 반에 대한 내용이 기록되었다.

본장 9절의 작은 책을 먹을 때 입에서 꿀같이 달다는 것은, 승전국의 최고 통치자가 전 세계를 기독교 중심의 나라로 만들어, 지구상에 하나님의 나라가 실현되는 기초가 만들어졌기 때문이다. 하지만 '배에 들어가면 쓰다' 는 것은, 결국 그가 역사상 최고 최대의 적그리스도가 되어 예수님 중심의 성경 진리를 전면 거부하고, 예수님을 구원자로 믿고 섬기는 그리스도인들을 박해하고 죽일 것이기 때문이다.

요한계시록 11장

전 삼 년 반 동안에 있게 될 두 증인의 활동과 이스라엘의 영적 대각성 운동, 그리고 그 이후의 상황들

구약의 모세오경을 보면, 애굽에 있는 이스라엘 백성들이 정치적 리더인 모세와 종교적 리더인 아론의 섬김에 의하여 출애굽하고, 광야에서 양육된다. 이방인들에게 축복과 은혜의 대명사인 교회시대는 가나안 땅 같았을지 모르나 이스라엘 민족에게는 억압과 불신앙의 애굽과도 같다.

이스라엘 민족이 주후 70년에 나라를 잃은 이후 교회시대 2천 년 동안 이방인에 의하여 2500만 명 정도가 무고하게 억압받고 학살된다. 특히나 절정에 다다른 것은 20세기 말에 히틀러 정권에 의하여 600만 명 이상이 학살된 것이다.

우리는 이방인을 위한 구원의 기회가 영원히 주어지는 것이 아님을 알아야 한다. 이스라엘 민족이 예수님을 십자가에 못 박았다고 대체신학자들의 주장처럼 그들을 향한 구원의 약속이 영원히 파기된 것은 결코 아니다. 때가 되면 성경의 본 역사대로 이스라엘 백성들은 구원받는다. 성경은 이스라엘 민족의 구원을 최우선적으로 약속하기 때문이다. 이방인의 구원은 보너스일 뿐이다. 하나님께서는 이방인을 위하여 예정된 구원의 수가 차면, 버림받았던 이스라엘 민족을 다시 구원할 계획을 갖고 계신다(롬 11:25-26).

이스라엘 백성을 위한 구원의 메신저가 바로 본장에 등장하는 '두 증인' 이다. 이것이 성경에 계시된 선민인 이스라엘 민족을 향한 하나님의 구원 프로젝트다. 온 세상에 복음이 증거된 것을 보면, 이방인을 위한 구원의 시대가 끝나가는 것 같다(마 24:14). 이제 곧 이스라엘 민족의 구원 시대로 회귀하는 것이다. 그때가 바로 대환란이 시작되는 때임을 알아야 한다.

두 증인은 교회시대가 끝난 후 대환란기에 본격적으로 사역하게 될 것이다. 물론 그 전부터 꾸준히 준비하고 사역하겠지만, 이때부터 본격적으로 사역하고 열매가 맺혀진다. 하지만 두 증인도 역시 적그리스도가 출현하기 전 1,260일 즉, 전 삼 년 반 동안만 사역할 것이다(계 11:3).

두 증인은 전 세계의 이스라엘 민족들을 움직일 만한 강력한 영향력을 가지고, 두 촛대인 예루살렘 성전과 대 회당을 중심으로 예수 복음을 전하여, 성령의 기름을 공급해 주는 사역을 할 것이다. 그래서 두 증인을 기름을 짜는 올리브 열매를 맺는 감람나무로 비유한다 (계 11:4).

두 증인을 통하여 교회시대 동안 이방인들에게 역사했던 성령님의 강력한 역사가 유대인들에게 있을 것이다. 진동, 불 체험, 신유, 귀신 떠나감, 방언, 예언 등의 각종 현상과 통회 자복하여, 예수님의 제자가 되는 역사가 그들 모두에게 세찬 불길같이 일어날 것이다. 대환란 시 유대 민족들에게 피어오르는 성령의 세찬 불길은 그 누구도 끄지 못할 것이다.

두 증인과 그들의 사역에 대하여 좀더 구체적으로 알아보자. 한국에도 많은 사람들이 자기가 두 증인이라고 주장하는데 황당할 뿐이다. 두 증인은 이방인에서 나올 수가 없다. 세계에서 가장 콧대가 센 유대 민족인데 이방인이 와서 그 어떤 명 설교와 기적을 행한다고 마음이 동하겠는가? 극소수는 따라갈 수 있겠지만 민족 전체는 불가능하다. 오직 유대인 출신만이 이 일을 성사시킬 수가 있다.

두 증인은 유대인 중에서 나올 것이며, 모세처럼 대환란 전에 예수님을 영접하고, 성령님의 인도하심으로 최소한 2차 연단 과정 이상을 통과하여, 영적으로 높은 경지까지 성장한 사람일 것이다. 이 두 사람은 강력한 카리스마와 능력으로 예수 복음을 증거할 것이다.

한 사람은 모세와 같은 정치적 권세로, 다른 한 사람은 아론과 같은 종교적 권세로 예수님의 신성과 속죄 은총, 그리고 요한계시록을 통한 광야의 도를 전하면서 유대인들에게 성령을 받게 하고 영적인 광야로 인도하여 양육할 것이다(계 12:14). 모든 유대인들은 두 증인을 깊이 신뢰하며 믿고 따를 것이다. 진정한 영적 엑소더스가 실현되는 것이다.

참고로 2015년인 지금, 가나안 땅 예루살렘에는 대회당은 있지만, 대성전(제3성전)이 없다. 대성전 자리에 오마르 회교사원이 있기 때문에 복원하질 못하고 있다. 하지만 대환란이 시작됨과 동시에 서방의 강력한 후원으로 오마르 회교사원을 허물고, 그 자리에 예루살렘 성전을 신속하게 건축할 것으로 예상된다.

그래서 정치적인 권세를 가진 모세 같은 한 사람은 대회당 중심으로, 종교적인 권세를 가진 아론 같은 한 사람은 대성전 중심으로 사역할 것이다. 새로 지어질 대성전은 상징적인 의미만 가질 뿐, 구약식의 속죄 제사와 번제가 드려지지는 않을 것이다. 두 증인이 대성전을 모형적 도구로 활용하여, 실제적인 영적 번제인 생활영성의 삶을 활발하게 증거할 것이다.

이 두 사람은 성경 66권 중에서 요한계시록을 핵심적으로 증거할 것이다. 두 증인은 요한계시록의 말씀, 특히 일곱 나팔 재앙과 일곱 대접 재앙을 증거할 것이고, 그들이 증거한 대로 재앙이 온 지상을 덮으면서, 세계적인 예언 사역자로 부상할 것이다. 이 두 사람의 사역을 통하여 이스라엘 민족은 모두 다 예수님을 구주로 영접하고, 2천 년 전에 메시아로 오신 예수님을 죽인 죄를 철저히 참회하면서, 준비된 속죄 은총을 받기 위하여 생활영성의 삶을 추구할 것이다. 이때 이스라엘 백성들을 위한 성령 충만의 역사가 강력할 것이다.

교회시대에 폭발적으로 일어났던 성령의 역사가 이방인에게는 소멸될 것이나, 대환란 때 예수님을 영접한 유대인들에게 넘어갈 것이다. 이제 제자리를 찾는 것이다.

예수님을 구주로 영접한 이스라엘 백성들은, 이방인들이 대환란의 늪에 빠져 신음하고 있지만, 광야에서 만나와 메추라기로 배불리고 반석의 생수로 해갈하듯이 영육 간에 풍요로운 축복을 받을 것이다. 더불어 두 증인의 영도로 영적 성막인 대환란에서 산 제사를 드리면서 훈련받을 것이다(계 12:14).

그러나 전 삼 년 반이 끝나면, 제3차 세계대전을 승리로 이끈 EU의 최고 통치자가 적그리스도가 되면서 이 두 증인을 질투하여, 세계 재앙의 주범으로 몰아서 처형시킬 것이다(계 11:7). 이때 전 세계인들은 적그리스도에게 미혹되어, 예수님을 십자가형에 처하듯이 두 증인을 죽이라고 외치면서 내어 줄 것이다.

이 두 명의 영적 지도자를 보호하기 위해 그리스도인이 된 이스라엘 백성들의 강력한 저항이 있겠지만 이미 그 권세가 소멸되어 허무하게 잡히고 말 것이다. 적그리스도는 이 두 증인을 죽이고, 예루살렘 성전에 입주하여 이곳에서 메시아 선포식을 할 것이고, 두 증인의 시체는 예루살렘 성 대로변에 방치하여 전 세계인이 볼 수 있게 할 것이다.

하지만 삼 일 후에, 전 세계인들이 매스컴을 통하여 지켜보는 가운데, 두 증인은 부활체로 부활하여 승천할 것이다. 두 증인의 부활

승천은, 속죄주이신 예수님의 경우와는 전혀 다르다. 두 증인은 단지 예수님의 속죄 은총을 증거하는 종일 뿐이다.

승천 직후에 예루살렘 성엔 큰 지진이 일어나서 성 1/10이 무너지고 7,000명이 죽는 사건이 터질 것이다(계 11:13). 이 모든 것을 지켜본 이스라엘 백성들은 더욱더 하나님을 경외하며, 영광을 주 예수님께 돌릴 것이며, 자신들도 두 증인처럼 순교적 삶을 다짐할 것이다.

이렇게 하여 모든 그리스도인들은 두 번째 연단 과정을 끝내고, 적그리스도가 통치하는 세계 단일 정부(계시록에서는 큰 성 바벨론(계 18:2)이라 표현함)에서의 마지막 연단인 3차 연단 과정을 맞이할 것이다(계 11:14).

요한계시록 12장 : 참고 계시-2

이스라엘 백성을 향한 하나님의 구원 섭리를 보완해 주는 보충 계시

본장도 7장과 마찬가지로 전체의 이해를 돕기 위해 기록된 참고 계시다.

본장 1절에 열두 별의 면류관을 쓰고 해를 옷 입은 한 여자가 나온다. 분명히 상징적인 모습인데 무엇을 의미하는 것일까? 이것은 영계의 이치를 알아야만 알 수 있는 환상이다. 영계에 있는 천국의 이치를 간략하게 설명한다.

천국은 3층의 피라미드 형태로 되어 있다(고후 12:2). 1층천이 가장 크고, 위로 올라갈수록 작고 화려하며, 빛이 밝다. 맨 위층인 3층천은 빛으로 가득 찬 나라로, 땅이 수정 같은 유리 바다로 되어 있고(계 4:6), 그 중심에 하나님의 보좌가 있다.

이 같은 성경적인 사실을 세계적 영계 체험가인 선다싱(인도의 선교사)이나 스웨덴보리(스웨덴의 사상가) 같은 사람들이 공통적으로 증언하고 있다. 이것은 천국이 상급으로 구성되어 있기 때문이다(계 22:12). 그리고 천국은 12지파로 구성되어 있다. 지파장의 면류관을 쓴 12지파장은 3층천에 거한다(계 21:12). 이 지파장들은 신약의 12사도들(가룟 유다가 빠지고 대신 바울이 포함됨)이다(계 21:14).

중요한 것은 천국 어디서나 하나님의 보좌를 볼 수가 있는데, 3층천에서는 해같이 밝게 보이고, 다른 지역에서는 달처럼 하얗게 보인다. 3층천 성도는 심판대를 거치지 않고 곧장 온 사람들이고 1, 2층천 성도들은 심판대를 거쳐서 연단 받아 온 대환란 성도들이다. 그래서 그들이 하나님의 보좌를 볼 때 희게 보이므로 '흰 보좌 심판대' 라 부른다(계 20:11).

이 모든 것을 종합해 보면 본장 1절의 해를 옷 입고 열두 별의 면류관을 쓴 여자란, 열두 지파로 구성된 3층천인 새 예루살렘 성을 의미하고(계 21:2), 달을 밟고 있다는 것은 3층천 밑에 있는 천국으로 하나님의 보좌가 달처럼 희게 보이는 1, 2층천을 가리켜 말한다. 그러므로 이 환상은 새 예루살렘 성인 영계의 3층천과 그 외 지역인 1, 2층천과 천국의 12지파 성도 전부를 의미한다.

그런데 5절에서 여자가 아들을 낳고 6절에서 광야로 도망가서 양육 받는다고 했기 때문에, 천상의 예루살렘 성과 성도들이라고 해석하기보다는 지상의 예루살렘 성 중심의 이스라엘 열두 지파로 해석해야만 한다.

대부분 이단 종파의 여자 교주들이 자신을 해를 입은 여자라 주장하는데 성경도 영계의 원리도 모르기에 저지르는 언어도단일 뿐이다.

"여자가 (만왕의 왕이 될) 아들을 낳으니…하나님 앞과 그 보좌 앞으로 올려가더라"(계 12:5)라는 환상은 사탄이 예수님께서 예루살렘 성에 만왕의 왕으로 선포하며 입성하셨을 때에 로마 제국을 통하여 예수님을 십자가에 못 박아 죽이므로 대속 사역을 막으려 했다는 것이다. 하지만 예수님은 죽으신 지 삼 일 만에 부활하고, 승천하셔서 실제적 속죄 제사를 완수하셨다(요 19:30; 계 12:5).

결국 금지되었던 생명과를 다시 먹을 수 있는 대속의 길이 활짝 열린 것이다. 수천 년간 철저하게 준비했던 사탄의 치밀한 작전은 결국 실패로 끝났다. 이제 사탄은 광야 길인 대환란에 있는 그리스도인에게 적그리스도를 통해서 생명과를 먹지 못하도록 유혹하고, 핍박하며, 발버둥칠 것이다. 적그리스도의 등장은 사탄이 꾸미는 최후의 대규모 계략이 될 것이다.

본장 6절을 보면 여자인 이스라엘 백성들이 곧장 광야인 대환란에 들어가서 훈련받는다고 나오는데, 이것은 교회시대를 빼고 설명한 것이다. 참고로 본장은 다니엘서 9장 24절부터 27절에 나오는 70이레 예언을 직접 적용하기에, 마치 교회시대 2천 년이 없었던 것처럼 표현됨을 감안해야 한다. 사실상 이방인의 구원 시대인 교회시대는 성경의 정통적인 역사가 아니다. 이스라엘 민족 중심의 성경 역사에는 이방인의 구원사인 교회시대가 나오지 않는다.

그래서 본장에서는 예수님께서 예루살렘 성에 왕으로 입성하시면서 69이레가 끝나고, 곧바로 70번째 이레인 영적 광야(대환란)에 들어가 양육되는 것으로 표현된다. 성경 해석의 원칙은, 맨 먼저 이스라엘 민족 중심으로 해석하고, 그 다음에 그 원리를 이방인에게 확대 적용해야 한다.

본장 3절에 나오는 붉은 용의 일곱 머리란, 솔로몬 왕이 예루살렘 성을 건축한 이래로 전쟁으로 그 성을 일곱 번 침략한 이스라엘 주변의 대제국을 의미한다. 용을 붉다고 표현했는데 여기에서 붉다는 것은, 전쟁을 일으키는 홍마 바람임을 6장에서 설명했고, 용은 사탄을 의미한다. 이는 곧 대제국들 배후에서 사탄이 강력하게 역사함으로 이스라엘을 향하여 전쟁을 일으켜, 온 인류의 구원자이신 예수님께서 탄생하는 것을 막으려 했다고 해석할 수 있다.

사탄 루시퍼가 가장 두려워했던 것은 예수님에 의하여, 속죄 은총이 준비되어 인간들이 다시 생명과를 먹을 수 있는 광야 길(마지막 이레인 대환란)이 열리는 것이었다. 그렇게 되면 사탄은 인간들에 의하여 신으로 숭배 받는 자신만의 나라를 건설할 수 없기 때문이다.

역사적으로, 이스라엘은 솔로몬 왕이 예루살렘 성을 건축하면서부터, 예수님께서 재림하셔서 천년 메시아 왕국이라는 영적 예루살렘 성을 완공하실 때까지 크게 일곱 차례의 대제국의 침략을 받도록 예정되었다. 그 일곱 대제국은 앗수르, 애굽, 바벨론, 메대 파사, 헬라, 로마, 재생 로마를 의미한다. 혹자는 현재의 EU를 재생 로마제국이라고 하는 데, 이것은 과거 로마제국의 판도 안에 있는 국가들이 다시 뭉쳐서 과거의 번영을 되찾자는 취지로 만들어졌기 때문이라고 주장한다. 유럽 공동체가 과거 로마제국의 연장이라는 것이다. 일리 있는 말인 것 같다. 그래서 요한계시록에서는 유럽공동체인 현재의 EU를 그냥 로마제국 안에 포함시켜 표현하고 있는 것 같다.

여자가 예수님 승천 후에 곧바로 광야로 도망하여 삼 년 반 동안 양육된다는 표현은 앞서 설명했듯이, 요한계시록은 이스라엘 중심으로 기록되었기에, 교회사 2천 년은 없는 것으로 간주되기 때문이다. 요한계시록에서는 예수님의 승천 후에 곧바로 대환란이 시작되는 것처럼 묘사됨을 참고해야 한다.

대환란이 시작되는 즉시 광야의 영도자인 두 증인에 의하여, 예수님을 구원자요 영원한 왕으로 영접한 이스라엘 백성들은 1,260일 즉 전 삼 년 반 동안 하나님의 보호 하에 대환란의 거친 환경에서 영적 번제인 생활영성의 삶을 살면서 영적으로 빠르게 성장할 것이다(계 12:6).

이제 이방인의 예정된 수가 차면, 예수님께서는 공중으로 강림하셔서 교회시대 동안 처음으로 익은 열매들 즉, 이긴 자들을 휴거시켜 추수하시면서 교회시대를 마감하실 것이다. 그리고 열매가 본격적으로 익는 가을과 같은 7년 대환란을 집행하시어, 선민인 이스라엘 백성들을 비롯한 모든 그리스도인을 시련의 불 속에서 강권적으로 연단하여, 알곡으로 만들어 천년왕국 백성을 삼으려 하신다.

이것이 성경적 세계관으로 바라본 구속의 영적 원리다.

본장 7절을 보면 하늘에서의 전쟁이 나오는데, 이것은 예수님의 공중 강림할 공간을 확보하기 위하여, 대환란 직전에 미가엘 천사장과 수하 천군 천사들이 공중권세를 잡고 있던 용인 사탄과 그 수하의 마귀들과 대 전쟁을 치를 것이다(계 12:7).

이 전쟁에서 공중권세를 잡고 온 천하를 미혹하던 사탄이 대패하여 그 수하 마귀들과 함께 땅으로 내쫓길 것이다(계 12:9, 9:3). 지구상에 내려간 사탄과 수하의 마귀들은 자신들의 때가 다한 줄 알고 입에 거품을 물고 발악하며 지구의 환경과 사람들을 영육 간에 초토화시켜 혼돈하고 공허하며 흑암이 충만한 세상으로 만들 것이다(창 1:2).

사탄 루시퍼는 우선 예수님의 신부들로서 눈엣가시 같은 144,000명의 영적 승리자들을 해하려고 하겠지만, 그들은 이미 대환란 직전에 부활체로 휴거되어 지상에는 없을 것이다(계 3:10, 9:4; 살전 4:17). 참고로, 휴거되는 사건은 아주 은밀하게 일어날 것이며, 매스컴에서는 마치 외계인(UFO)에게 납치되어 실종된 것처럼 보도될 것이다. 하지만 이기적인 세상 사람들은 전혀 관심을 두지 않을 것이다. 세속주의에 물든 기독교인들조차도 별 반응을 보이질 않을 것이다. 영적으로 깨어 있는 빛의 자녀들만이 각성하여, 대환란을 준비할 것이다(살전 5:5-6).

대부분의 휴거되는 성도들은 이미 죽었기에 육체가 없어 영계에서 부활체로 덧입을 것이고(마 27:52-53), 나머지의 극소수는 육신을 입고 살아 있는 채로 휴거될 것이다. 휴거 성도들은 대부분 막바지 3차 연단 시에 모든 소유를 다 버리는 극한 환경에 처하기에, 세상에선 완전히 외면당하여 죽은 자같이 될 것이다. 심지어 가족들까지 그들의 휴거됨을 모를 정도다. 휴거될 성도들은 대단히 유명하고, 영향력 있는 대형 교회 목회자일 거라는 착각을 버려야 한다. 아마도 현재 그런 인물은 휴거 대상자에 포함될 확률이 거의 없을 것이다.

휴거될 사람들은 세상에 합한 사람들이 아니고, 주님께 합한 사람들이다(계 14:4). 주 예수님과 광야의 도를 위하여, 세상의 모든 소유를 배설물처럼 버린 산 순교자들이다. 이들은 빛의 사자로서 세상의 어둠과 타협하지 않는 삶을 살았기에 자연히 세상의 미움을 받고 외면을 당했다(딤후 3:12). 결단코 세상이 칭찬하고 영웅시하는 인물이 아니다(고후 6:9-10).

사탄이 미친 듯이 역사하는 대환란 중에도, 예수님을 영접한 이스라엘 백성들은 미가엘 천사장의 보호로 안전할 것이다. 게다가 전 삼 년 반 동안엔 두 증인의 영적 코치를 받으면서 빠르게 영적으로 성장할 것이다. 이것을 가장 싫어하는 이가 있으니 바로 사탄이다. 사탄은 자기 뜻대로 되지 않아서 더욱더 악에 북받쳐 전 삼 년 반 막바지에 러시아 최고 통치자 곡(겔 38:3-4)을 미혹하여 강물과 같이 많은 군대로 이스라엘을 침략할 것이다(계 12:15).

하지만 주님의 명령을 받은 미가엘 천사장이 일곱 우레를 가지고 은밀하게 도와주므로 용의 입에서 토한 강물을 삼킴같이 또 실패할 것이다(계 12:16). 용인 사탄은 또다시 분해하면서 최후의 계책을 세운다. 이번에는 양의 탈을 벗고, 본연의 흉측한 늑대의 모습을 드러낼 것이다.

사탄은 대환란 시, 하나님의 계명을 지키며 예수님을 구세주로 믿고 섬기는 그리스도인이 된 이스라엘 민족들을 멸망시키려 할 것이다. 그래서 직접 사람에게 내주 합일하여 배후가 아닌 정면 공격의 길을 택할 것이다(계 12:17).

여자의 남은 자손인 그리스도인을 향해 사탄이 정면으로 공격하는 내용이 계시록 13장에 자세히 나온다.

요한계시록 13장

붉은 용 사탄이 내주 합일된, 자칭 재림주인 적그리스도와 오른팔인 두 뿔 짐승과 행동대장인 666명의 거짓 선지자들

사탄 루시퍼는 천상에서 하나님께 정면 도전하여, 지옥으로 추방된 이후로 이를 갈면서 배후에서 간접적으로 역사해 왔다. 하지만 이번이 자신에게 주어진 마지막 기회라는 사실을 깨닫고, 다시 한 번 자신의 정체를 노골적으로 드러내어 하나님께 정면 도전하는데, 그것이 본장이 증거하는 내용이다. 루시퍼는 그 어느 때보다 강력하게 예수님의 신성을 부인하고, 자신이 참신임을 주장하며 애쓸 것이다.

사탄은 오랜 세월 자신을 가장 잘 드러낼 도구를 찾아왔다. 그러던 와중에 여섯째 나팔전쟁이 끝난 직후에 최적의 인물을 찾아낸다. 그가 바로 대환란 당시에 10개국으로 연합된 연방국의 최고 통치자일 것이다. 그래서 마지막 머리에 열 뿔이 달린 것이다. 적그리스도의 구체적인 이름은 그때 가봐야 알 것이다. 그는 전 삼 년 반 막바지의 제3차 세계대전을 통하여, 전 세계의 영웅으로 급부상하여 마음이 지극히 높아질 것이다. 자신의 지혜와 능력으로 제3차 세계대전을 승리로 이끈 줄로 착각하며, 전 세계 단일 정부의 황제로 군림할 탐욕까지 품을 것이다.

이때 에덴동산의 뱀처럼 사탄은 EU통치자에게 재림 메시아라면서, 예수님으로부터 독립하여 구속받지 않는 자유로운 세상을 이루라고 속살거릴 것이고, 결국 이 제안을 받아들일 것이다. 자유의지로 예수 믿음을 저버리고, 분리 독립한(성경에서는 이것을 선악과를 먹었다고 표현함) 승전국 통치자의 텅 빈 심령에 사탄 루시퍼가 내주 합일하여 적그리스도가 되는 것이다.

예수님과 적그리스도는 영적으로 분명하게 대비된다. 참빛이신 예수님께서는 성육신하신 하나님의 현현이다. 반면에 어둠인 적그리스도는 육신이 된 루시퍼의 현현이다. 사탄은 EU통치자의 심령 보좌에 자리를 잡을 것이다. 사탄은 자신을 여호와 하나님이라 속이며, 승전국 통치자를 전 세계를 통치할 재림 메시아라고 부추길 것이다. 그 달콤한 말에 속아 자신을 재림 메시아라고 확신하는 것이다.

그는 그동안 그리스도라고 믿어 왔던 예수님을 모독하고, 십자가의 속죄 은총을 대 사기극이라 매도하며, 예수님의 사람인 교회시대의 이긴 자들을 강하게 모욕하고 저주할 것이다(계 13:6). 또한 성경에서 예수님의 명칭과 표현을 다 빼고 그 자리에 자기의 이름을 넣고, 자신의 영웅담을 과장해서 메시아임을 성경적으로 합리화할 것이다.

승전국 최고 통치자에게 내주 합일된 사탄은, 그에게 자기의 모든 권세를 다 주어 자기를 여호와 하나님으로 경배하게 할 것이다(계 13:4). 그러면서 지구상의 모든 그리스도인을 궤멸하고자 발악할 것이다. 이때 하나님의 예정 안에 있지 않는 모든 사람들은, 당연한 듯 적그리스도 안에 있는 사탄 루시퍼를 여호와 하나님으로, 적그리스도를 재림 메시아로 믿고 경배하며 충성할 것이다(계 13:8).

하나님의 자리에까지 오르려다가 지옥 맨 밑으로 쫓겨난 사탄 루시퍼는 오랫동안 절치부심하던 끝에 후 삼 년 반 때 인간들에게 하나님 대접을 받을 것이다. 자기가 하나님인 양 교만이 충천하여 호탕하게 웃을 것을 생각하니 가관이다. 마치 바벨론의 느부갓네살 왕처럼 말이다(단 4:28-30). 하지만 그 엄청난 권세도 일순간에 끝날 것이다. 바벨탑이 허물어지듯 주 예수님의 권세 앞에 사탄과 적그리스도의 권세는 아침 안개처럼 사라질 것이다.

적그리스도는 그리스도인을 꿀보다 달콤하게 미혹하고, 전갈 독보다 고통스럽게 박해할 것이다. 이 두 가지 방법이라면 세상을 사랑하거나 믿음이 나약한 돌짝밭의 그리스도인들은 다 넘어갈 것이기 때문이다. 하지만 그때 우리는 예수님을 믿는 마음을 지키면서 쉽게 그 미혹에 넘어가거나, 낙심해서는 안 된다(잠 4:23).

고난의 강도가 세어질수록 다니엘의 세 친구처럼 마음을 굳건히 하며, 하나님의 연단의 섭리가 이루어질 때까지 서로를 위로하며,

잘 인내해야만 한다. 용광로와 같이 극심한 고난이라도 주님께서 함께 하시면, 우리는 한 터럭도 상하지 않을 것이기 때문이다(눅 21:18).

이 절체절명의 위기에선 인내와 믿음으로, 자기 몸을 산 제물로 드리는 생활영성 외에 그 어떤 방법도 요령도 없다. 거친 광야 같은 대환란 시엔 일상을 재활용하는 생활영성만이 유일무이한 영적 승리의 비결이다.

왜냐하면 후 삼 년 반의 세계 단일 정부 하에서는 이 지구상에 예수님을 예배하기 위한 모임이나, 예수님을 증거하는 성경이나 그 어떤 복음적인 신앙 서적이나 설교 등도 헌법으로 철저히 금지될 것이기 때문이다.

적그리스도 통치 때는 우리의 일상적인 삶 자체가 영적 예배가 되어야 한다. 일상에서 고난의 불이 피어오를 때 자아(육성, 겉사람, 옛사람)를 죽여서, 하나님께 산 제물로 바치는 삶(영적 번제)으로 생활화해야 한다. 산 제사 드리는 생활영성의 삶에서 가장 중요하게 여기는 신앙적 태도는 일상에 대한 긍정과 하나님의 때까지 기다림과, 하나님의 뜻에 대한 순종이다.

적그리스도의 통치 시대 때 가장 큰 대역죄는, 적그리스도와 세계 단일 정부를 부정하고, 예수님과 성경을 믿고, 따르는 것이 될 것이다. 이때 세상에서는 선의 축은 적그리스도요, 악의 축은 예수님이 될 것이다. 흑암의 세상에서 선과 악의 기준이 완전히 바뀌어버린 것이다. 죽음을 각오하고, 예수님을 믿어야 하는 시대가 될 것이다. 교회 안에 있었지만 길가나 돌짝밭 같은 쭉정이 교인들은 예수님에 대한 믿음과 십자가의 도를 저버리고, 적그리스도 편으로 갈 것이다(눅 18:8). 그것이 최선의 선택이요 행운이라 자부하면서 말이다.

적그리스도는 메시아로서 종교적인 역할만을 수행하는 척하며, 신적 근엄성을 높일 것이다. 그는 자신을 강력하게 보필할 정치적인 인물로, 두 뿔 짐승을 영입할 것이다. 온갖 사악한 일은 두 뿔 짐승을 조정하여 하면서도 스스로는 책임이 없다는 듯 온갖 위선을 떨 것이다. 그래서 적그리스도와 거짓 선지자를 '짐승' 이라고 표현한다(계 13:1, 11). 짐승이라고 늑대나 호랑이 같은 맹수라고 생각하면 안 된다. '겉은 사람이나 속은 맹수같이 난폭하고 흉악한 인격의 소유자' 라는 의미다.

'열 뿔 짐승' 은 열 나라로 구성된 연방국에서 나오는 인물이라고 앞서 언급했다(계 17:12). 그럼 '두 뿔 짐승' 이란 무슨 의미일까? 두 뿔이란 두 개의 권세로서 강력한 힘을 가진 두 나라의 연합체를 의미한다. 그렇다면 두 뿔 짐승이 출현할 연합국은 어디일까?

혹자는 이 연합국은 기독교적 정치 이념과 문화를 가진 국가로 정치, 경제, 사회, 지리적으로 최적의 조건을 가진 나라로 모든 통합 준비가 끝난 미국과 캐나다일 것이라고 주장하기도 한다. 이 연합국의 최고 통치자가 바로 적그리스도의 오른팔이 되어 적그리스도 안에 내주 합일된 루시퍼를 여호와 하나님으로 적그리스도를 재림 메시아로 선전할 두 뿔 짐승이 되리라 예상되는 것이다.

두 뿔 짐승 역시 적그리스도처럼 처음엔 신앙생활을 잘 하면서 높은 경지까지 성장했지만 철저히 소유를 버리는 과정에서 도리어 은밀하게 소유를 키우며 교만하게 살다가 타락하여 예수님을 저버리고 악령이 내주 합일된 가라지다.

두 뿔 짐승은 세례 요한 행세를 하면서 자신은 철저히 낮추며, 루시퍼를 여호와 하나님으로, 적그리스도를 재림 메시아로 높이며 홍보할 것이다. 거짓 선지자인 그는 인류 역사상 최고 최대의 위선자요 거짓말쟁이라 해도 과언이 아니다. 두 뿔 짐승은 새빨간 거짓말로 전 세계 사람들을 미혹시켜 지옥 가게 할 발람이요, 니골라 당 같은 이단자다(계 2:14-15).

두 뿔 짐승은 불을 하늘에서 내리게 하는 등 엘리야와 같은 신비한 능력과 솔로몬과 같은 지혜로운 정치력과 아볼로와 같은 유창한 언변으로, 순식간에 전 세계인의 마음을 사로잡아 사람들로 하여금 적그리스도를 재림 메시아로 믿게 선동할 것이다. 그의 블랙홀 같은 카리스마에 하나님의 특은을 입은 소수의 사람들을 제외하고는 세상 모든 사람들이 빨려들 것이다.

또한, 그는 전 세계의 영향력 있는 기독교 지도자들(목사, 선교사, 신학자, 장로 등)을 최고의 대우를 해주면서, 사탄의 소굴인 로마의 자기 본부(큰 성 바벨론=계 18:2)로 초청할 것이다. 그리고 계시록 19장을 인용하면서 유창한 언변으로 3차 세계대전은 아마겟돈 전쟁이고, 이 전쟁을 승리로 이끈 EU 최고 통치자는 백마를 타고 재림한 메시아라고 강력하게 주장할 것이다. 이제 남은 것은 지상 재림한 EU 최고 통치자가 온 세상을 지상 천국으로 만드는 것이니, 그를 메시아로 섬기며 적극적으로 지상낙원 설립을 도와야 한다고 강권할 것이다.

이때 배후에선 악령들의 강력한 역사가 있을 것이며, 모인 사람 중에서 이 말을 그대로 믿고, 적그리스도 편에 서서 세상적 영화를 얻어 보려고 하는 이들이 예수님을 헌신짝처럼 버리고 충성맹약을 할 것이다. 가룟 유다처럼 세상에 대한 탐심에 눈이 멀어, 나사렛 예수님만이 참하나님이요, 구원자라는 성경적 진리와 믿음을 거부하고, EU 최고 통치자를 재림 메시아로 믿고 따르고자 하는 이들에게 악령이 내주 합일될 것이다.

이마에 악마의 화인을 받은 이들은 적그리스도의 충성스런 종이 되어 그리스도인들을 집요하고 악랄하게 박해할 것이다. 두 뿔 짐승에 미혹되어 악령이 내주 합일된 기독교 지도자들을 성경에선 '이마에 사탄의 표를 받은 자' 라고 증거한다(계 13:16). 성경에선 이들을 거짓 선지자라고 단정 지으며, 이들의 숫자가 666명이라고 증거한다(계 13:18).

참고로 후 삼 년 반 때는, RFID라는 생체 칩을 이용한 세계 단일 정부(New World Order)의 컴퓨터 통제가 이루어질 것이 확실하지만, 그렇다고 666이 컴퓨터 바코드나 단순한 악령의 대표 숫자도 아니다. 666은 악령이 내주 합일된 사람들의 수이며 666명의 거짓 선지자들을 의미한다. 666은 144,000처럼 666명의 실제적인 사람 숫자로 보아야만 한다.

이들은 오대양 육대주에 흩어져 세계 단일 정부의 분봉왕 겸 사탄의 선교사가 되어, 세상 사람들에게 루시퍼를 여호와 하나님으로,

적그리스도를 재림 메시아로 섬기도록 홍보할 것이고, 그 오른손에 표(생체 베리칩)를 받게 하여 지옥 백성을 만들 것이다(계 14:11).

표를 받지 않으면 모든 경제 활동이 불가능해지고, 병원 이용은 물론 모든 사회활동이 금지되고, 집과 직장에서도 쫓겨나고 모든 부동산도 압수당하여 빈털터리가 될 것이다. 이때 그리스도인들은 3차 연단 과정임을 명심하고, 철저히 주님만을 의지하며 인내로 살아야 한다.

666명의 거짓 선지자들은, 표를 받지 않는 건강한 기독교 단체들은 철저히 폐업시키고 그리스도인들은 고문하고 유혹하며 죽이는 것도 서슴지 않을 것이다. 하지만 영적으로 병들어 정체성이 불분명한 어용 기독단체들은, 도리어 큰 특혜를 주어 호의호식하게 할 것이다. 중국이 공산화될 때 공산당에 빌붙었던 중국의 삼자교회처럼 말이다.

666명의 거짓 선지자들은 중세 때 악명 높았던 종교재판소 소장 역할을 하며, 악을 쌓을 것이다. 후 삼 년 반에 출현할 666명의 배교자들은 차라리 태어나지 말았어야 좋았을 악마의 자식들이다(마 26:24).

요한계시록 14장

첫 번째로 익어 대환난 직전에 휴거된 성도들과 후 삼년 반에 두 번째로 익어 순교하는 성도들과 악으로 익어져 심판받는 불신자들

우리는 계시록 2장과 3장과 7장을 통하여, 교회시대 2천 년 동안, 예수님의 속죄 은총에 힘입어 재창조되어 생명과를 먹은 144,000명의 이긴 자들이 배출됨을 확인했다. 하지만 이들이 이 땅에서 어떠한 삶을 산 사람들이었고, 대환란 시 어느 곳에 있는지를 구체적으로 알 수는 없었다. 그래서 사도 요한은 우리에게 그 궁금증을 해소시켜 주기 위하여 요한계시록 14장을 보충적으로 기록한 것이다.

본장 1절은 시온 산에 어린 양 예수님과 함께 144,000명의 사람들이 있다는 장면으로 시작한다. 이것은 우리에게 많은 것을 시사한다. 이 땅에서 한참 대환란이 진행되고 있는 시점에, 영계에는 144,000명의 사람들이 시온 산에 서 있는데, 그 이마에 어린 양의 이름과 성부 하나님의 이름이 쓰여 있다고 증거한다. 여기에서 시온 산은 예루살렘의 옛 이름으로 천국의 시온 성인 3층천을 의미한다.

그러니까 대환란 때 이들은 육체를 가지고 지구상에 있는 것이 아니고, 부활한 몸으로 영계인 3층천에 있다. 이것은 144,000명의 교회시대 이긴 자들이 대환란 직전에 휴거되었음을 알려주는 명백한 증거다. 더불어 이들은 천국에서 하나님의 보좌가 있는 천국의 수도에 입주하는 최고의 상급을 받았음도 말이다.

여기에서 144,000명의 이마에 하나님과 어린 양의 이름이 기록되어 있다는 것을 주시할 필요가 있다. 왜냐하면 빌라델비아 교회 사자에게 보낸 편지에서 이긴 자가 되면 하나님의 이름과 어린 양의 새 이름을 그 이마 위에 기록해 준다고 약속한 내용을 보아서 이들이 명백한 교회시대의 이긴 자임을 알 수 있기 때문이다(계 3:12). 예수님의 사람들인 144,000명은, 교회시대에 자원하여 믿음과 인내의 산 제사를 잘 드려서 광야 연단 과정을 마쳐 처음 익은 열매가 된 영적 승리자들이다(롬 8:23).

성경 말씀에 비추어 볼 때, 모 신학자들의 주장처럼 144,000명이 대환란 동안에 사역할 유대인 이삭줍기 일꾼이라든가, 신천지나 통일교나 하나님의 교회(초막절)나 여호와의 증인들과 같은 이단 소굴에 모인 사람 수라는 것이 얼마나 황당한 말장난인지 알 수 있다. 144,000명의 사람들은, 교회시대 동안에 가장 모범적으로 예수님을 사랑하고, 순종한 빛의 사자들로서 예수님의 제자들이나 사도 바울,

스데반 같은 초대교회 사역자들, 어거스틴, 터툴리안 같은 초대 교부들, 프랜시스 같은 중세 성자들, 루터나 칼빈 같은 종교 개혁자들 그리고 한국의 순교자 주기철 목사나 손양원 목사 같은 분들이다. 이들은 교회의 기둥같이 쓰임 받은 사역자들이다. 단순한 교회 멤버가 아니라, 온전한 예수님의 제자들임을 알아야 한다.

본장 3절에서 5절을 보면 이들은 생전에 예수 그리스도에 대한 영적 순결을 지키기 위해 세상과 음행하지 않았다. 이것은 이들이 육체의 소욕을 따라 살지 않았다는 것으로, 정과 욕심을 철저히 십자가에 못 박는 자기 부인의 삶(생활영성)을 살았다는 의미다(갈 5:24). 또한 이들은 일상에 주어지는 다양한 고난을 통하여 계시되는 예수님의 뜻을 분별하여, 철저히 순종하는 삶을 살았다고 증거한다.

다시 말해서, 이들은 예수 그리스도만을 닮으려 애썼고, 그의 생명을 얻기 위하여 철저히 자기를 부인하고 하나님의 의가 실현되도록 일상 속에서 묵묵히 믿고 기다리는 생활영성의 삶에 충실했다는 것이다(고전 15:31). 이들이야말로 교회시대의 빛의 사자요, 산 제사의 모델이었다. 그들은 언제나 밝은 빛 가운데 거했고, 진실했으며 덕행이 풍성했다. 그래서 이들은 고난의 햇볕 가운데 영적 광합성을 활발히 하여, 처음으로 익은 열매가 되어 예수님의 신부들로 인정받은 것이다(계 21:2).

그런데 후 삼 년 반의 혼돈된 상황 속에서 휴거되어 3층천에 있는 첫 번째로 익은 열매들을 보여주는 이유가 무엇일까? 그것은 적그리스도의 집요한 박해와 극심한 기근으로 살 소망까지 상실한 성도들에게 분명한 삶의 목적과 최고의 상급을 알려주어 생활영성(영적 번제)의 삶에 박차를 가할 수 있도록 격려하기 위해서다.

본장 9절에서 11절까지는 육신에 대한 애착과 평안하고 안락한 삶을 위하여 적그리스도의 우상에 경배한다거나, 이마에나 손에 표를 받은 자는 반드시 지옥 불에 떨어질 것임을 경고하고 있다. 이것은 곧 영적으로 선악과를 먹는 것이기 때문이다(창 2:17). 지옥은 불과 유황으로 고난을 받고, 영원히 쉼을 얻을 수 없는 아집과 교만으로 충만한 어둠의 나라다.

본장 14절 이하에는 농부 되신 예수님께서 추수하는 모습이 설명되어 있다. 악으로 익은 가라지는 불구덩이에 던지고(19절), 잘 익은 알곡만을(16절) 추수한다는 내용이다. 적그리스도의 박해와 유혹 속에서도 광야의 도를 부여잡고, 인내의 삶을 살며 익은 성도들이 두 번째로 추수되기 위하여 다섯째 인에 든 순교의 바람이 불리면서 순교하게 될 것이다. 사도 요한은 본장을 통하여 대환란 시 그리스도인들의 죽음은 결단코 헛되지 않음을 강조하며, 도리어 순교하는 것이 복 중에 복임을 확실히 증거하고 있다.

반면에 광야의 도인 무교병 말씀이 아닌, 정욕적이고 기복적인 유교병에 의하여 적그리스도 우상을 숭배하고, 표를 받아 악으로 익은 사람들은 어떻게 될까? 이들은 익은 포도송이들을 구덩이에 넣고 마구 짓밟듯이, 일곱 대접 재앙과 재림하신 예수님의 철장 권세로 철저히 응징을 당할 것이다(계 14:19-20). 이들은 결국 지옥 불에 떨어져 영원히 고통 받는 것이다.

요한계시록 15장

두 번째로 익은 열매 된 순교자들이 받게 될 상급과 마지막 재앙인 일곱 대접 재앙의 준비

본장에서는 거짓 선지자의 간사한 미혹을 물리쳐서 적그리스도의 우상에 경배하지도 않고, 오른손에 표도 받지 않아, 온갖 협박과 고문 중에 죽임을 당한 순교자들이 영계의 천국 유리 바닷가에 서서 새 노래를 부르고 있는 장면이 증거된다.

여기에서 유리 바다는 천국의 수도인 하나님의 보좌가 있는 3층천의 땅을 의미한다(계 4:6; 고후 12:2). 유리 바다 가장자리는, 바로 3층천국에 인접한 2층 천국 꼭대기를 의미한다. 수도의 영향력 하에 있는 위성도시라 생각하면 된다. 2층천에 가는 것도 큰 은혜인데, 순교자들은 2층천 꼭대기에 가는 상급을 받는다는 의미다.

참고로, 대환란 전에 자발적으로 생활영성을 하여, 처음 익은 열매 된 사람들은 천국에서 최고의 상급을 받게 될 것이다. 이들은 대환란의 심판대 과정을 거치지 않고 휴거되는 성도들이다. 물론 신약의 이긴 자들뿐 아니라, 구약 시대에 아브라함 이후로 믿음으로 이긴 자 된 24장로들도 다 그곳에 들어간다.

구약의 24장로는 이미 언급했듯이 믿음의 조상 아브라함을 시작으로 이삭, 야곱, 요셉, 모세, 다윗, 사무엘, 이사야, 에스겔, 예레미야, 느헤미야, 에스라, 호세아, 다니엘, 말라기, 세례 요한 등으로 추정된다. 나머지 인물들은 천국에 가 보면 알 것이다.

대부분 천국을 상급과는 상관없이 모두가 공평하게 한 곳에 모여 사는 단층으로만 생각한다. 예수만 믿으면 그 어떤 광야 연단 과정도 없이 천국 무임승차권이 주어지고 죽기만 하면 즉시로 죄성이 떨어지면서 천국에 빨려들어가 복락을 누리는 별천지의 꽃밭이라고 말이다. 하지만 이것은 우리의 인본적인 망상일 뿐 천국의 실제가 아니다.

물론 천국은 전적인 은혜로 들어가는 곳이 맞다. 하지만 이 은혜가 일순간에 로또 1등 당첨되듯이, 벼락부자가 되는 요행을 의미하지 않는다. 성경이 증거하는 은혜는 십자가로써 고난을 통한 은혜다(고전 1:18; 벧전 5:12). 고난 없는 일락은 은혜가 아니다. 이것을 성경에서는 은혜가 아니라, 사망으로 정의한다(딤전 5:6). 한마디로 고난이 없는 것은 저주다.

성경은 이스라엘 백성들의 광야 여정을 모형으로 하여, 천국 입성까지 분명한 과정과 절차가 있음을 증거한다. 우리는 이 땅의 광야 과정에서 연단되어 영적으로 성장한 정도만큼 천국의 위치가 상급으로 결정됨을 명심해야 한다.

공짜 천국은 이 세상에도 저 세상에도 존재하지 않는다. 그것은 게으름뱅이들의 헛된 망상일 뿐이다. 성경이 증거하는 천국은, 이 땅에서의 공적에 따라 상급으로 만들어지는 나라다(계 22:12; 고전 3:12-13; 눅 19:13-17). '고난이 없으면 영광도 없다' 라는 상식적 원리가 천국에도 적용된다.

이런 영적 원리에 따라 천국은, 상급의 정도에 따라 총 3개 층으로 나누어져 있다. 예수를 믿어서 구원은 받았지만 이 땅에서 아무런 상급도 쌓지 못하고 죽는 이들이 있을 것이다. 상급을 쌓지 못했다는 것은, 성령 체험을 못 했다거나 신앙 연륜이 짧다는 것을 의미하지는 않는다. 단지 세 차례의 광야 연단 과정을 제대로 통과하지 못하여, 영적으로 성장하지 못했다는 것이다. 가시밭 심령들이다(마 13:22). 이런 이들도 결국 구원은 받지만, 영계에서 심판대의 불을 힘겹게 통과하여 1층천 변두리에 살게 된다(고전 3:15). 이들이 천국에 입성하면서 더 높은 경지의 천국이 있음을 깨닫지만 이미 때는 늦었다. 상급은 오직 이 땅에서의 광야 연단 과정에 비례하여 쌓이기 때문이다.

하지만 이 땅에서 생존할 때 자발적으로 광야 연단 과정을 다 통과하여 지고한 영적 경지에 올라 최고의 상급을 쌓는 이들은 영계의 불 심판 과정을 거치지 않고 즉시로 새 예루살렘 성인 3층천으로 직행하여 살게 된다.

그러나 교회시대가 아닌 대환란이라도 들어가 강권적으로 익은 성도들은, 최고의 상급을 받지는 못하지만 그 다음의 상급을 받는 복을 받을 것이다(계 15:2). 이것은 결국 대환란을 통한 상급의 복 또한 대단하다는 것이다.

본장 3절을 보면 후 삼 년 반 때에 순교한 성도들이 모세의 노래와 어린 양의 노래를 부른다고 증거한다. 왜 하필이면 모세의 노래와 어린 양의 노래를 부를까?

결론부터 말하자면, 이들이 두 번째 익은 열매가 되어 유리 바닷가에 오게 된 상급은, 모세의 십계명과 예수님의 속죄 은총 덕을 힘입었기 때문이다.

먼저 모세의 노래를 부르는 이유부터 알아보자. 그들이 적그리스도의 유혹을 이긴 비결이 모세의 십계명이라는 것이다. 특히 모세의 십계명 중에서 제1계명과 제2계명을 철저히 지켰기 때문이다. 제1계명에서는 '나 이외엔 그 어떤 다른 신도 섬기지 말라' 라고 명한다. 제1계명의 '나 이외에 다른 신' 이라고 할 때 '나' 의 의미는 구속의 하나님이신 '예수 그리스도' 라는 것이다.

이 말은 예수님만이 진정한 하나님이니, 다른 그 누구도 하나님으로 섬기지 말라는 뜻이다. 적그리스도는 예수님의 신성을 부정하고,

루시퍼를 참하나님이라고 주장할 것이기에 이 계명을 지킴이 대단히 중요하다. 결국 기독교의 정체성은, 예수님이 '여호와 하나님' 인가, 아닌가로 결정된다.

혹자는, '여호와' 는 성부 하나님만을 지칭하는 고유 이름이라고 주장한다. 하지만 여호와는 인격적 이름이 아니라, 성삼위일체 하나님의 본질을 표현하는 통칭이다. 그러니까 성부, 성자, 성령 하나님 모두를 여호와 하나님으로 부를 수가 있다. 그러므로 구약에 등장하는 여호와 하나님은, 예수님으로 봄이 타당하다. 성경은 철저히 구속의 하나님이신 예수님만을 증거하기 때문이다.

성경에 제시된 유일한 하나님의 인격적 이름은 '어린 양 예수님' 뿐이다(마 1:21; 계 1:8, 5:6). 우리가 참고할 것은, 성경 66권은 삼위일체 하나님의 모든 것을 증거하려고 기록된 책이 아니라는 것이다. 성경은 인류의 구원자 되시며 성자 여호와 하나님이신 예수 그리스도를 집중적으로 증거하려고 기록된 것이다.

그래서 성경을 예수 복음 또는 구속의 진리라고 한다. 성경은 하나님의 보편적인 창조사보다 하나님이신 예수님의 특별한 구속사에 집중되어 있다. 아마도 바다를 먹물 삼고, 하늘을 두루마리 삼아도 삼위일체 하나님의 모든 것을 기록할 수는 없을 것이다.

초대교회부터 모든 이단들은, 이원론인 영지주의를 신봉하며 예수님이 곧 하나님이심을 부인했다. 이단의 괴수인 적그리스도도 자신이 재림 메시아임을 주장하기 위하여, 제일 먼저 여호와 하나님과 예수님의 동일성을 부정할 것이다. 예수님을 잠깐 동안 하나님의 영으로 충만했던 단순한 인간으로 비하할 것이며, 인류 구원에 실패하여 하나님의 영이 떠나간 저주받은 자로 왜곡할 것이다.

하지만 후 삼 년 반의 신실한 성도들은, 예수님만이 유일한 여호와 하나님이라는 모세의 십계명을 붙잡고 그 믿음을 지킬 것이다. 더불어서 우상을 만들지 말고, 그 우상에게 절하지도 말라는 제2계명에 따라, 일사각오로 적그리스도의 우상 숭배를 철저히 배척할 것이다. 아마도 모세의 십계명이 없었다면, 예수님만이 참 하나님이라는 믿음을 지키고 우상숭배를 하지 않기가 어려웠을 것이다.

다음은 예수님의 속죄 은총을 노래한다는 의미를 알아보자. 이것은 단순히 예수 믿어 교인으로 살다가, 천국에 왔다는 의미가 아니다. 더 깊은 의미가 있다. 이들은 대환란 자체를 영적 광야 교회라고 믿으며, 모든 환경과 사건들이 예수님의 준비된 속죄 은총을 적용받기 위한 특별한 방편이라고 믿었기에, 생활영성을 실천한 것이다.

그들은 속죄의 영적 원리에 따라서 자신을 제물로 고난의 불 위에 드리는 산 제사를 통하여 영적으로 신속하게 성장했다. 결국 장성한 자가 되어 알곡으로 추수되어, 유리 바닷가에 올 수 있었던 것이다. 예수님께서 준비하시고, 성령님으로 적용시켜 주신 속죄 은총 덕분이다.

이런 이유로 유리 바닷가의 상급을 받은 순교자들이 모세와 어린양 예수님을 찬양하는 노래를 부르는 것이다.

요한계시록 16장

불신자를 향한 진노의 일곱 대접 심판과 그리스도인의 마지막 연단 과정

본장에서는 일곱 나팔 재앙에 부속된 일곱 대접 재앙이 쏟아지는 장면이 나온다. 대환란 막바지에 시행되는 마지막 재앙이다. 불신자들에게는 지엄한 공의의 심판이 될 것이고, 성도들에게는 더욱더 큰 믿음과 인내가 필요한 영성의 어둔 밤이 될 것이다.

후 삼 년 반 막바지에 적그리스도는 자기를 재림 메시아로 영접하지 않고 대항하며 하나님의 계명과 예수 믿음을 지키는 성도들을 잡아다 고문하고, 무참히 살해할 것이다. 세계 단일 정부는 그 어느 시대보다 잘 정비되고 발달된 GPS 시스템으로 전 세계 구석구석에 숨어 있는 모든 그리스도인을 체포하여 감금하고, 한 날 한시에 죽이기로 결정할 것이다.

이들의 계획대로만 된다면 이 지구상의 기독교인은 씨가 마르는 위기의 상황이 오는 것이다. 이때 하나님께서는 2천 년 전에 복음서를 통하여 약속한 바대로 정해진 사형 날짜보다 며칠 앞서서 일곱 대접 재앙을 쏟아 부어 성도들이 극적으로 탈출할 수 있도록 도우실 것이다(마 24:21-22).

우렁찬 굉음의 지진이 옥에 갇힌 바울 일행을 구조해 주었듯이 옥에 갇힌 그리스도인들에게는 은혜일 수밖에 없는 일곱 대접 재앙이다(행 16:25-26). 옥에 갇힌 성도들의 애절한 기도의 응답이다.

이와 흡사한 사건이 한국에서도 있었다. 일제 강점기 말엽, 하나님의 십계명을 지키고자 신사참배를 거부하던 많은 성도들이 감옥에 갇히게 되었다. 일본 총독부는 8월 18일에 한꺼번에 수감된 신실한 기독교인들을 사형시키기로 최종 결정했다.

그러면 한국의 정통 기독교 뿌리가 송두리째 뽑히고, 허수아비만 남는 절체절명의 위기상황이었다. 그런데 하나님의 섭리로 갑자기 일본 본토에 원자폭탄이 투하되어, 일본 천황은 사형 계획일 3일 전인 8월 15일에 전적으로 항복을 선언한다. 이리하여 극적으로 감옥을 탈출한 기독교인들은 하나님께 영광을 돌리며, 성경 말씀을 수호하는 한국 교회 부흥의 초석이 되었다.

이것이 택하신 자들을 위하여 그날을 감한다는 의미다.

첫 번째 대접이 쏟아지면서, 악하고 독한 헌데가 짐승의 우상에 경배하고, 표를 받은 사람들에게 날 것이다. 헌데는 악성피부병으로 보기에도 흉측한 증상과 엄청난 고통을 수반할 것이다. 이 표면적 증상은 지옥에 갈 사람과 천국 갈 사람을 확실하게 구분해 주는 증거가 될 것이다. 왜냐하면 표를 받지 않은 사람에게는 이 흉측한 증상이 나타나지 않을 것이기 때문이다. 부부지간이라도 빛과 어둠이 분리되듯이 떨어져 살아야만 하는 운명적 재앙이 될 것이다.

두 번째 대접이 쏟아지면서, 전 세계의 오대양 바다에 극심한 적조 현상이 일어나서 산소의 결핍으로 바다 속의 모든 생물들(어류, 해초류 등)이 죽을 것이다. 자연스럽게 바다를 생활 터전으로 삶는 어부들도 최악의 타격을 받을 것이다. 바다 생물들이 다 죽으면서 온 세상 바다에서 감당할 수 없는 악취가 진동하여 숨쉬기조차 힘들 것이다.

세 번째 대접이 쏟아지면서 강과 호수, 지하수 등이 마르고 완전히 오염되어 쓸 수 없을 것이다. 온 세상의 호수 및 강의 물이 바짝 마를 것이고, 그나마 남은 물마저도 심하게 오염될 것이다. 이제 온 세상의 물들은 식수는 물론이요, 그 악취와 독성 때문에 농업용수 및 공업용수, 생활용수로도 부적합할 것이다. 도시의 아파트마다 오물이 차고 넘칠 것이고, 샤워는커녕 세수할 물조차도 구하기 힘들 것이다. 현재 중부 아프리카의 물 부족 상태보다 훨씬 더 심각한 상황이 펼쳐질 것이다.

네 번째 대접이 쏟아지면서, 대부분 파괴된 오존층 사이로 작열하는 태양의 강한 열과 자외선 때문에 사람들이 타 죽거나, 실명하거나, 피부암에 걸릴 것이다. 또한 바짝 메마른 산마다 자연 발화된 산불이 나서 그야말로 온 세상이 불구덩이의 생지옥이 될 것이다.

다섯 번째 대접이 짐승들의 보좌에 쏟아지면서 적그리스도가 있는 예루살렘 성과 두 뿔 짐승의 본부가 있는 로마(큰 성 바벨론=계 18:2)를 비롯한 666명의 거짓 선지자들이 활동하는 각 도시가 칠흑같이 어두워져 모든 활동들이 중단될 것이다.

게다가 이들을 추종하던 모든 사람들에게도 악성 종기가 나서, 그 고통 때문에 혀를 깨물며 극한 절망에 빠지고 모든 탓을 예수님과 그리스도인에게 돌리며 발악할 것이다. 그들은 이미 양심에 화인을 맞은 상태이기 때문에 그 고난으로 회개하기는커녕 더욱더 완악해질 것이고, 악령들에게 사로잡혀 예수 그리스도와 성도들을 향하여 미친 듯이 발광할 것이다.

여섯 번째 대접이 쏟아지면서, 결코 마르지 않을 것 같던 거대한 유프라테스 강물이 바싹 마르면서 인류의 마지막 전쟁의 진출로가 만들어질 것이다(계 16:12). 적그리스도와 거짓 선지자인 두 뿔 짐승이 최악의 자존심 대결을 펼치는 전쟁이다. 사탄은 거짓과 분열과 파괴의 영이다. 처음에는 적그리스도와 거짓 선지자의 탐욕이 이루어지도록 적극적으로 도우면서 세계의 평화와 행복을 위하여 일하는 광명한 천사로 위장하여 활동할 것이다.

하지만 자신의 목적이 달성되면서 악마의 악한 본색을 드러내고, 열 뿔 짐승과 두 뿔 짐승을 이간질시켜 인류 최후의 전쟁인 아마겟돈 전쟁을 일으키는 것이다. 사탄의 농간으로 다정한 부부지간처럼 친근했던 열 뿔 짐승과 두 뿔 짐승이 서로 반목 질시하고 일곱 대접 재앙의 모든 책임을 전가하면서 분리되어, 철천지원수가 될 것이다. 열 뿔 짐승은 유럽연합 열 나라와 공고히 연합할 것이다. 두 뿔 짐승은 자기가 배출한 666명의 거짓선지자들의 후원을 받으면서, 유프라테스 강을 건너서 이스라엘의 므깃도 평원에서 인류 최후의 아마겟돈 전쟁을 감행할 것이다.

모든 군사들마다 홍마 바람을 일으키는 악령들이 붙어 그 어떤 전쟁보다 치열할 것이다. 이 전쟁 때 모든 핵폭탄이 사용되어 지구상이 완전히 초토화될 것이고, 제3차 세계대전에서 살아남은 대부분의 사람들이 죽을 것이다. 한마디로 온 세상은 전염병과 살인과 강간, 절도, 정신병자들이 범람하는 아비규환의 생지옥이 될 것이다. 무법천지가 된 온 세상 사람들은 양심이 마비되어, 미친 짐승처럼 날뛰며 온갖 범죄를 저지를 것이다.

이때 성도들은 3차 연단의 막바지인 사망의 음침한 골짜기와 같은 상황을 통과하게 된다. 성도들은 온유와 겸손과 믿음과 순결한 행실을 잘 지키고, 교만과 음란과 탐욕과 질투와 포학과 거짓의 부끄러운 죄악이 드러나지 않도록, 철저히 근신하며, 자기를 부인하고, 끝까지 인내해야 할 것이다(계 16:15). 이때는 포기하지 말고 인내하는 것만이 상책이다.

일곱 대접 재앙 때 성도들은 지옥과 같이 힘든 이런 상황에서 이기기 위해서는 예수님 이외에 모든 소유를 철저히 버려야 한다. 불타는 소돔 성 같은 세상을 등지고 전심을 다하여 천년 메시아 왕국만 소망하며 뛰어가야 살 수 있다. 왜냐하면 이런 효과를 거두려고, 하나님께서 의도적으로 준비한 재앙들이기 때문이다.

일곱 번째 대접이 쏟아지면서 전 세계 주요 도시마다 상상을 초월한 거대한 지진이 일어난다. 두 뿔 짐승의 본부인 로마가 세 갈래로 갈라지며, 666명의 거짓 선지자들이 거하는 대도시마다 지진으로 완전히 파괴될 것이다. 오대양의 헤아릴 수 없이 많은 섬들이 수장될 것이고, 로키 산맥이나 히말라야 산맥 같은 세계 주요 산맥들도 사라져 그 형태가 바뀔 것이다. 설상가상으로 무게가 40Kg 정도 되는 초대형 우박들이 전 세계 주요 도시마다 쏟아져, 지진 중에도 무너지지 않은 건물들을 파괴할 것이다(계 16:21).

재앙의 강도가 세어질수록 성도들은 더욱더 하나님을 경외하며, 밝은 빛 가운데 회개하면서 예수님을 맞이할 만반의 준비를 갖출 것이다. 하지만 불신자들은 더욱 깊은 흑암 속으로 들어가서 하나님을 능욕하며, 죄악으로 무르익어 지옥에 떨어질 준비를 갖추는 것이다(단 12:10). 대환란의 거센 불은 금이나 은 같은 좋은 땅의 성도는 더욱 더 빛나게 하지만, 나무나 풀이나 짚 같은 길가나 돌짝밭의 쭉정이 교인들은 다 태워버릴 것이다. 대환란의 고난은 영계의 심판대의 불과 같기 때문이다(고전 3:13).

요한계시록 17장

적그리스도인 열 뿔 짐승과 거짓 선지자인 두 뿔 짐승의 정체 폭로

본장에서는 큰 음녀인 두 뿔 짐승과, 열 뿔 짐승인 적그리스도의 비밀이 폭로된다. 후 삼 년 반이 되면 헤아릴 수 없이 많은 교인들이 이단 사설에 미혹되어, 예수님과 광야의 도를 저버리고, 두 뿔 짐승을 참선지자로, 열 뿔 짐승을 재림 메시아로 믿고 따를 것이다. 이때는 교회의 권세가 무너진 때라 예수님을 하나님이라 하고 성경의 속죄의 도를 진리라 믿는 사람들이, 바보 취급을 당하고 이단자로 정죄될 것이다.

후 삼 년 반 때는 적그리스도의 이름과 두 뿔 짐승의 이름이 지상에서 가장 신뢰할 만한 최고의 브랜드 가치를 가질 것이다. 지금은 다들 황당하다 하겠지만 기독교의 정체성이 무너지고, 영적 분별력이 사라진 그때엔 대부분 당연하다고 여길 것이다. 그래서 세상을 보고 신앙생활을 하면 안 된다. 오직 성경적 진리에 서서 주님만 바라보아야 한다(롬 12:2).

때가 급하다. 속히 지금이라도 성경적 세계관으로 무장하여, 영적 분별력을 키우는 것이 시급하다. 성경은 1500여 년에 걸쳐 약 40여 명의 사람들이 기록한 방대한 책이다. 시대도 다르고, 저자도 다르고, 기록 언어도 다르다. 하지만 성경 66권의 맥은 정확하게 일치한다. 다양한 모양의 성경 전체의 퍼즐을 맞추면, 예수 그리스도와 광야의 도가 선명하게 드러난다.

우리는 이것을 '성경의 정신', 또는 '성경적 세계관'이라고 말한다. 우리는 일관된 성경의 맥을 알아야 하고, 그 맥을 중심으로 한 성경적 세계관을 가져야만 한다. 전체적인 맥을 무시하고, 지엽적인 지식만 갖는다면 후 삼 년 반 때 적그리스도 통치하에서는, 쉽게 그의 합리와 이단 사상에 말려들 소지가 크다.

예루살렘 성전을 지탱하고 있는 두 기둥인 보아스와 야긴처럼, 성경 66권을 지탱하는 두 기둥이 있다. 이 두 개 중 어느 하나만 무너져도 성전은 주저앉는다. 그 하나가 속죄 제사를 완성해 주신 예수 그리스도요, 다른 하나가 속죄 은총을 일상에서 적용케 하는 영적 번제인 광야(연단)의 도다. 성경의 그 어느 곳을 뒤져봐도 예수님과 십자가가 숨겨져 있다.

성경의 모든 인물과 사건들은 '오직 예수님과 십자가의 도'만을 계시한다. 예수님의 속죄 은총을 통하여 준비된 광야에서 모든 고난을 통하여 연단되어야 함은 절대적이다(슥 13:8-9). 그래서 성경의 대가들은 예수님에 대한 믿음과 일상의 고난을 통한 산 제사를 중요시했다.

예수님과 십자가를 경시하며 성경을 논한다는 것은 어불성설이다. 예수님과 십자가가 빠진 성경 해석은, 이미 그 기능을 상실한 것이다. 영혼 없는 육신과도 같으며, 회칠한 무덤과도 같다. 성경에는 수많은 영웅적인 인물들이 등장하고 기적적인 사건들이 나온다. 하지만 그 인물 한 명 한 명, 기적 하나 하나가 중요한 것이 결코 아니다. 그 인물들과 사건들을 통하여 계시되는 예수님과 십자가(광야)의 도가 중요하다.

우리 그리스도인들은 성경의 광대한 숲을 순례하는 순례자다. 그래서 성경의 표면에 집착하지 말고, 그 이면에 흐르는 영적 의미를 찾아야 한다. 우리는 아브라함과 다윗 왕, 바울의 인품과 영웅담을 알려고 성경을 보지 않는다. 그들을 모형으로 하여 실체이신 예수님을 만나려고 성경을 본다. 또한 홍해가 갈라지는 기적, 만나가 쏟아져 내리는 기적, 오병이어의 기적 자체를 배우고자 성경을 보지 않는다. 그 기적들을 모형적 원리로 삼아 가리키는 십자가의 도, 광야의 도, 연단의 도를 배우고자 성경을 본다.

성경의 대표적인 인물들은 속죄주이신 예수 그리스도를 예표하고, 그들의 인생에서 경험되는 모든 사건 사고들은 광야 연단의 도를 계시하고 있다. 이런 성경적 세계관을 가지고, 요한계시록 전체와 각 장을 보아야만 이해가 될 것이다.

모든 이단들과 마찬가지로 적그리스도 역시 예수님은 하나님이요 구원자라는 직접적인 언급은 삭제하지만, 성경의 모든 인물과 사건들은 그대로 남겨두어, 아전인수 격으로 악용할 것이다. 하지만 그것들이 궁극적으로 계시하는 예수 그리스도와 광야의 도는 철저히 부정할 것이다. 적그리스도는 성경을 악용하여 예수님 대신에 자기 자신을 강조할 것이고, 광야의 도 대신에 지상에서의 풍요와 성공과 무병장수를 강조할 것이다.

그때의 성경책은 표면적인 모양은 유지되나 진리를 상실한 사탄의 도구로 전락하는 것이다. 마치 모든 이단들이 성경을 악용하듯이 말이다. 이때 성경책은 핵심인 예수님과 광야의 도가 빠져 버린 영혼 없는 휴지조각처럼 될 것이다. 여하튼 본장에서는 후 삼 년 반에 성경을 악용하고 예수님의 이름을 능욕하고 십자가의 도를 무가치한 것으로 매도해 버린 열 뿔 짐승 적그리스도와 두 뿔 짐승 거짓 선지자의 정체를 폭로하는 내용이다.

본장에서 폭로한 구체적 내용은 다음과 같다.

첫 번째로 두 뿔 짐승의 정체다.

제3차 세계대전의 극적 승리로 세상의 이목이 열 뿔 짐승에게로 쏠림을 감지한 기회주의자인 미국, 캐나다 연방국 통치자는 이 틈을 이용하여 적그리스도의 오른팔이 되어 그 후광을 받으며, 사리사욕을 채우고, 전 세상을 미혹할 것이다. 그는 적그리스도의 반기독교적 사상으로 무장하여, 강력한 카리스마와 재력과 정치력과 언변으로 화려하게 치장하고는, 지상낙원의 도래를 강력하게 주장할 것이다.

적그리스도를 통한 하나의 세상인 세계 단일 정부라는, 바벨탑을 만들기 위하여 온 세상 사람들에게 생체칩인 표를 받을 것을 강권하고, 이 표를 받은 사람들에게는 의식주 및 사회적 안정을 위한 많은 특혜를 줄 것이다. 하지만 받지 않는 그리스도인들은 모든 재산을 압류당하고, 경제와 사회생활에 엄격한 제약을 받으면서 극도로 비천하게 될 것이다.

이때, 전 세계의 불신자뿐 아니라 믿음이 나약한 기독교인들까지도 그 음행의 포도주에 취해, 주 예수님과 구속의 진리인 광야의 도를 저버릴 것이다. 이 거짓 선지자는 사탄이 주는 강력한 능력과 지혜로 영향력 있는 유명 기독교 지도자들을 포섭하여 적그리스도의 충견으로 만들 것인데, 그들이 바로 666명의 영적 음녀들이다.

한마디로, 이 두 뿔 짐승은 발람 선지자처럼 수많은 기독교인들을 음행으로 타락시켜, 지옥에 떨어지게 하는 장본인이다. 그래서 성경에서는 이 두 뿔 짐승을 '666명의 음녀들과 가증한 것들의 어미' 라고 증거하고 있다(계 17:5). 두 뿔 짐승은 하나님을 대적하는 1차 바벨론 제국 때 주동자인 니므롯을 도와 제국을 운영했던 그의 음란한 부인 세미라미스와 같이 적그리스도를 도와 2차 바벨론 제국인 '세계 단일 정부' 를 운영할 장본인이 될 것이다.

두 번째로 열 뿔 짐승의 정체다.

제3차 세계 대전이 끝남과 동시에 등장하여 예수님을 능욕하며, 그리스도인을 핍박할 사악한 적그리스도의 모형이 이미 역사상에 존재했다(계 17:8). 이스라엘이 헬라 제국의 지배를 받을 때 하나님을 능멸하고 예루살렘 성전을 돼지 피로 더럽혔던 헬라 제국의 시리아 지역 통치자인 안티오쿠스 에피파네스 왕이 바로 그다.

그는 예루살렘 성을 침공하여, 유대인들에게 헬라 제국의 잡신들을 강제로 숭배하게 했으며, 할례의식을 폐지했고 안식일을 지키지 못하게 했으며, 성전에서 돼지 피로 제사하게 했고, 지성소를 헐고 하나님의 보좌 대신 제우스 우상을 세워 강제로 섬기게 했다. 만약에 누구든지 그 명령을 거역하면 무참히 죽였다. 이는 곧 여호와 하나님만을 경외하고 하나님의 율법만을 지키는 이스라엘 백성들의 민족혼을 말살시키고자 함이었다.

결국 이 사람은 경건한 신앙인이었던 유다 마카비에 의하여 격퇴당하고, 하나님의 성전은 회복된다. 이때를 빛의 봉헌절인 '하누카'라고 하여, 지금까지 유대인들은 메노라 촛불을 밝히며 중요한 절기로 지킨다. 이렇게 하나님의 성전을 능멸했던 패역한 왕의 실체가 바로 대환란 후 삼 년 반에 전 세계를 통치할 사람이라는 것이다. 이 사람은 재생 로마제국인 열 뿔의 일곱 번째 왕이었으나, 제3차 세계 대전으로 전 세계 단일 정부의 황제로 등극한 여덟 번째 왕이 될 적그리스도다(계 17:11). 요한계시록이 기록된 시대는 예루살렘 성을 여섯 번째로 정복한 로마제국의 황제가 다스리던 때다(계 17:10).

역사의 마지막에 등장하는 일곱 번째 제국은, 재생 로마제국인 현재의 유럽공동체인 EU일 것이라고 추정된다. 하지만 그것은 좀 더 지켜보아야만 할 것이다. 현재 20여 개국인 EU는 대환란이 임박할 즈음 여러 나라가 떨어져 나가고, 영향력 있는 열 나라만이 남아서 똘똘 뭉칠 것이다.

열 나라의 통치자들은 최고 통치자에게 모든 능력과 권세를 위임하여, 과거 교황이 다스리던 서로마 제국과 같이 강성한 재생 로마제국을 갈망할 것이다(계 17:12-13).

EU 열 나라의 통치자들은 그 어떤 국가들보다 정치, 경제적으로 적그리스도를 강력하게 후원할 것이다(계 17:12-13). 후 삼 년 반 막바지에 두 뿔 짐승은 적그리스도를 배반하고 돌아설 것이다. 하지만 이 열 나라의 왕들은 끝까지 적그리스도에 대한 신의를 지켜, 두 뿔 짐승을 배신자로 정죄하여, 적그리스도 중심으로 똘똘 뭉쳐서 핵폭탄으로 두 뿔 짐승 연합세력을 철저히 응징할 것이다(계 17:16).

결국 열 나라 왕들은 적그리스도 편에 서서 두 뿔 짐승 연합국에 대항하여 인류 최후의 아마겟돈 전쟁을 일으키는 중심 세력이 될 것이다. 하지만 하늘 높이 치솟았던 열 나라 왕들의 권세도 예수님께서 재림하실 때에 적그리스도와 함께 허무하게 무너져 버릴 것이다. 그들이야말로 모든 것을 다 가졌다고 호언장담하나 한치 앞도 내다보지 못하는 어리석은 사람일 뿐이다(계 3:17).

요한계시록 18장

두 뿔 짐승의 본부로 세상을 타락시킨 바벨론 성의 멸망과 그곳에 기생하는 탐욕스런 상인들의 몰락

본장은 탐욕스런 바벨론 제국인 세계 단일 정부의 멸망과 거기에 기생하며 호의호식하는 왕들인 666명의 거짓 선지자들과 친인척 상인들의 몰락을 증거한다.

큰 음녀인 두 뿔 짐승은 현재의 로마로 추정되는 바벨론 성에 본부를 두고 생체칩인 표를 받게 함으로써, 나약한 그리스도인들을 음행하게 유도하여 악마의 자식으로 만들게 된다. 저주받은 바벨론 같은 로마는 두 뿔 짐승의 정치적인 본부도 되지만 지옥에서 나온 모든 악령들의 사령부도 될 것이다. 이러니 바벨론인 로마가 영육 간에 얼마나 더럽고 추하겠는가?(계 18:2)

땅의 왕들 즉 그 이마에 악령의 화인을 맞은 666명의 전 세계 분봉

왕들은 바벨론의 큰 음녀인 두 뿔 짐승과 영적으로 음행하면서 막대한 권력과 명예와 부를 챙기며 호의호식하게 될 것이다. 또한 그들의 친인척으로서 돈밖에 모르는 기회주의적이고 탐욕스런 특정 기업인들이 바벨론의 통치자인 두 뿔 짐승의 비위를 살살 맞추어 아부하면서 전 세계 무역권을 독점하여 전대미문의 엄청난 부를 누릴 것이다.

할리우드의 블록버스터 영화인 〈에일리언〉을 보면, 한 육감적인 여인이 징그럽고 흉측한 우주 괴물이 똬리를 틀고 있는 본부에 들어가서 음행하면서, 새끼 괴물들을 생산하는 장면이 나온다. 그런데 놀랍게도 이것이 후 삼 년 반 때, 악령들의 소굴인 바벨론 성에서 탐욕스런 인간들과 큰 음녀인 두 뿔 짐승이 음행하여, 악마의 자식들을 생산하는 영적 상황과 일치한다.

바벨론의 최고 통치자인 두 뿔 짐승은 열 뿔 짐승을 황제로, 자신을 황후에 비유하면서 자신만큼은 적그리스도의 총애를 받고 있기에 결단코 애통을 당하지 않을 것이라 호언장담할 것이다(계 18:7). 666명의 거짓 선지자들은 물론이고 세상의 유력자들은 이 말을 믿고 더욱더 두 뿔 짐승을 신뢰하며 높이지만, 뒤로는 자신들의 이득을 챙기기에 급급할 것이다.

하지만 곧바로 일곱 대접 재앙이 쏟아지면서 모든 것이 뒤죽박죽될 것이다. 그리고 죄악으로 똘똘 뭉친 악령들의 속성상 서로 반목질시하면서, 적그리스도의 일방적인 파혼 통보를 받을 것이다. 닭

쫓던 개 지붕 쳐다보듯, 순식간에 두 뿔 짐승은 역사상 최대의 버림받은 사기꾼으로 전락하는 것이다. 전 세계 정치, 경제의 중심지였던 바벨론 성과 두 뿔 짐승의 몰락을 지켜보는 666명의 친인척인 특정 기업인들은 더 이상의 부를 취할 수 없음을 깨닫고 가슴을 치며 통곡할 것이다(계 18:15).

두 뿔 짐승의 특혜를 받으면서 바벨론 성인 로마를 거점으로 세계 무역을 독점하던 이들은 주로 귀족이나 부유층을 대상으로 큰돈이 되는 금은보석 같은 사치품만을 취급할 것이다. 서민들에게 필수적인 생필품에 대해서는 관심조차 갖지 않을 것이다. 어차피 서민들을 대상으로 해서는 경제적 유익을 얻을 수 없다고 판단하기 때문이다. 후 삼 년 반의 상인들은 상도라든가 고객 중심의 서비스 정신은 일점일획이라도 찾을 수 없는 탐욕의 화신들이 될 것이다.

그런데 이들이 취급하는 품목 중에 사람의 영혼도 있다(계 18:13). 어떻게 사람의 영혼이 상품이 될 수 있는 것일까? 이것을 이해하려면, 타락한 중세 교회의 면죄부 판매에 대해서 알아야 한다.

사치와 권위의 상징인 베드로 대성당 건축을 위하여, 로마 교황의 명을 받은 달변가인 텟첼 수도사가 전 세계 사람들을 대상으로 면죄부의 필요성을 다음과 같이 홍보했다. "여러분이 돈을 내는 만큼 연옥에서 고통 받고 있는 여러분 조상의 죄와 이 땅에 있는 여러분의 죄까지도 탕감되어 그 영혼이 빨리 천국에 가게 됩니다."

이 말은 돈으로 영혼을 사라는 것이다. 이때 무지한 대중들은 앞다투어 면죄부를 샀고 모인 엄청난 돈이 로마 교황청에 흘러들어가서, 현재의 바티칸인 성 베드로 대성당을 짓게 된 것이다.

후 삼 년 반의 바벨론 상인들이 이와 똑같은 방식으로, 영혼을 사고파는 장사를 할 것이다. 즉, 두 뿔 짐승의 하수인인 상인들은 적그리스도 직인이 찍힌 '영혼의 면죄부'를 가지고 '이것을 사면 자신의 영혼뿐 아니라 조상들의 영혼도 구원받는다'고 속여서 사람들의 온갖 재물을 긁어모아 바벨론 성의 두 뿔 짐승에게 상납할 것이다.

두 뿔 짐승의 적극적인 후원으로, 경쟁자 없이 장사하는 바벨론 상인들의 재물이 저장 공간이 모자랄 정도로 산더미처럼 쌓이게 될 것은 자명하다. 현재도 각 나라마다 부패한 정치인과 결탁하여 그들의 강력한 보호하에, 몇 개의 거대 기업만이 시장의 80% 이상을 장악하여 호황을 누리는 실정이지만 그때는 더 심할 것이다.

그러나 바벨론 성의 멸망과 함께 그들의 거대한 부귀영화도 아침 안개처럼 일순간에 사라져 버릴 것이다(눅 12:20). 이것을 두고 헛되고 헛되다는 것이다.

요한계시록 18장에서는 상인들이 후 삼 년 반 때, 전 세계 경제권을 쥐고 있는 두 뿔 짐승과 음행하며 천문학적인 재물을 쌓는다 해도, 그것이 얼마나 헛된 것인가를 증거하고 있다. 헛된 세상을 추구하지 말고, 더욱더 정신을 차리고 절제하며 주님의 재림을 대망하라는 것이다.

반면에 신실한 성도들은, 하나님의 계명을 지키고 예수님에 대한 믿음 때문에 오른손에 표 받기를 거부하여 모든 것을 다 잃고, 지하

동굴과 깊은 산속이나 섬에서 아무것도 먹지 못한 채 원시인처럼 살 것이다. 하지만 주님의 지상 재림을 대망하며, 인내로 생활영성을 추구하는 성도들의 삶이, 얼마나 가치 있고 복된 것인지는 아무리 강조해도 지나치지 않다.

요한계시록 19장

휴거됐던 144,000명과 함께 지상으로 재림하시는 예수님과 아마겟돈 심판

본장에서는 빛나고 깨끗한 세마포 옷을 입고 재림하시는 예수님을 보좌할 준비를 다 마친 휴거된 성도들과 철장권세를 가지고 그들과 함께 재림하시는 예수님을 증거한다.

적그리스도가 된 EU의 최고 통치자는 온 세상이 정치, 경제, 종교적으로 통합되었으니 곧 지상낙원을 만들겠다고 연일 떠들어대며, 각종 축하 행사를 대대적으로 할 것이다. 마치 2차 세계대전 직전에 나치당을 만들고 가장 우수한 아리안 종족이 다스리는 낙원을 만들겠다고 연일 대대적인 행사를 하며 국민들을 선동했던 히틀러처럼 말이다.

하지만 세상은 더욱더 험악해져만 가고 일곱 대접 재앙이 떨어지면서 순식간에 세상의 인심을 다 잃으며 허풍쟁이가 될 것이다. 설상가상으로 잉꼬부부와도 같았던 적그리스도와 두 뿔 짐승이 갈라서면서 전 세계는 두 파로 나누어져 이스라엘의 므깃도 평원에서 인류 최후의 전쟁인 4차 세계대전을 치를 것이다. 이때 지옥의 모든 악령들이 합세하여 그 어떤 전쟁보다 치열할 것이다.

전쟁이 정점에 올라 서로가 지칠 대로 지칠 때쯤, 예수님께서는 대환란 직전에 휴거되었던 교회시대의 이긴 자들과 함께 백마를 타고 지상으로 재림하실 것이다(계 19:11-14).

예수님을 비롯한 이긴 자들 모두는 부활체이기 때문에, 지옥에서 올라온 영체인 모든 악령들뿐만 아니라 지상에서 싸우고 있는 육체를 가진 군인들도 다 볼 것이다(계 1:7; 눅 21:27; 유 1:14). 생각해보라! 치열한 전쟁의 와중에 갑자기 하늘 문이 열리고, 수많은 백마 탄 빛의 무리들이 지상으로 내려오고 있으니 말이다. 이 장면은 므깃도 평원에 있는 사람뿐 아니라 전 지구상의 모든 이들이 볼 것이다.

여기에서 잠깐 짚고 넘어갈 것이 있다. 재림하시는 예수님 일행이 육안으로 보인다고 해서 UFO를 타고 온 외계인이라고 착각하면 절대 안 된다. 예수님과 동행하는 휴거 성도들은 물질계의 그 어떤 행성이 아니라 영계의 천국에서 오기 때문이다. 단지 그들은 부활체를 가지고 있기에 육안으로도 볼 수 있을 뿐이다. 부활체는 영계와 물질계에서 활동이 자유로운 신령한 몸체다. 이것은 예수님의 부활 후 행적을 통하여 익히 알 수 있다. 부활체는 물질계에서 육안으로도 볼 수 있고, 영계에서 영안으로도 볼 수 있는 신비한 몸이다.

아마겟돈에 모여 있던 악의 군대는, 서로를 향해 쏘던 대포의 방향을 바꾸어 공중에서 내려오는 하늘 군대를 향하여 집중 사격할 것이다. 하지만 공의의 백마 바람을 몰고 오시는 예수님과 휴거 성도들의 철장 권세로 무자비할 정도로 완벽하게 제압될 것이다(계 2:16, 27).

예수님과 휴거 성도들의 아마겟돈 심판 사건은, 이미 구약성경 민수기 31장에서 모형으로 명확하게 나와 있다. 구약의 이스라엘 백성들이 40년 광야 여정이 끝날 때쯤 악령의 강력한 역사로 미디안 왕은 연합군대를 만들어서, 그들의 가나안 입성을 막고자 총공격을 감행한다. 하지만 그들의 권세는 이미 꺾여 있었다.

이때 모세의 명령으로 제사장 엘르아살의 아들 비느하스가 각 부족에서 천 명씩 12,000명의 특공대만을 선별하여 미디안 군대를 완전히 대파하고, 미디안 왕들과 거짓 선지자인 발람을 죽인다(민 31:8). 그리고 이스라엘 백성들은, 요단 강을 건너서 길갈에서 할례를 받고 가나안 땅에 입성하여 땅을 분배받는다.

이렇게 요한계시록의 모든 사건들이 이스라엘 백성들의 광야 훈련 여정을 모형적 원리로 하여 정확하게 짝을 이루어 진행됨을 보면, 성경의 진리가 신묘막측함을 알 수 있다.

모형적 원리에 따라 정확히 진행되는 사도 요한의 모든 환상들이 결코 즉흥적이거나 직통계시적인 것이 아니라는 확실한 증거다. 왜냐하면 저자인 사도 요한이 성경에 대한 충분한 지식과 성경적인 세계관과 광야 연단 과정을 통과한 분명한 체험이 없었다면 요한계시록의 탄생이 불가능했기 때문이다. 어떤 사람이 아무런 생각 없이 요한이 받은 모든 환상을 보았다고 그가 성경을 기록할 수 있는 것은 결코 아니라는 말이다.

예수 그리스도의 진두지휘하에 휴거 성도들의 완벽한 승리로 짐승들의 군대는 전부 죽어 시체가 되어 함박눈처럼 쌓일 것이다. 더불어 영체인 지옥에서 나온 악령들까지도 결박되어 다시 지옥 불에 던져질 것이다(계 20:2-3). 주 전쟁터인 이스라엘의 므깃도 대평원을 비롯하여, 온 세상의 주요 전쟁터마다 예수님과 백마 군대의 공의의 검으로 죽임을 당한 군인들의 시체를 먹으려고 온갖 새들이 먹구름같이 모여들어 배불리 먹으며 죽음의 카니발을 벌일 것이다(계 19:21).

하지만 예수님을 능멸했던 발락 왕과도 같은 적그리스도와 하나님의 백성들을 음행케 했던 발람과 같은 큰 거짓 선지자인 두 뿔 짐승은, 살아 있는 채로 사망의 부활체로 변하여(요 5:29), 곧장 지옥의 중심부인 유황불 못에 던져질 것이다(계 19:20).

요한계시록 20장

천년 그리스도 왕국과 마지막에 있을 지상의 전쟁, 물질계의 소멸, 그리고 흰 보좌 심판대

지상 재림하신 예수님과 백마 군대는 온 세상의 불신자들을 다 찾아내어 사망으로 심판할 것이고, 악령들은 결박하여 지옥의 불구덩이에 다시 집어넣어, 천 년 동안 지상에 근접하지 못하게 가두어 둘 것이다(계 20:1-3).

재림하신 예수님께서는, 적그리스도의 표를 받지 않고 예수 믿음을 지키며 잘 인내한 성도들에게, 죄성을 뿌리 뽑는 영적 할례식을 거행하고 의롭다는 징표로 흰옷을 입혀주실 것이다. 그리고 전 우주의 파괴된 질서를 바로잡고 황폐해진 지구의 모든 환경을 첫 창조 시 에덴 낙원처럼 아름답고 살기 좋게 재창조해 주실 것이다(사 35:1). 온 지구가 살기 좋은 환경으로 재창조되면 대환란의 연단 과정을 살아서 통과하여 흰옷을 입고 생명과를 먹은 성도들이 자신들이 쌓은 공적에 맞는 상급만큼 땅을 분배받아 그곳에서 행복하게 살 것이다(계 22:12; 눅 19:16-17).

이때 부활체를 입은 휴거 성도와 대환란 시 순교한 성도들은 수시로 지상과 영계를 드나들며 활동할 것이고, 만왕의 왕이신 예수님을 도와서 천년왕국의 분봉왕들이 되어 천년왕국 백성들을 섬기는 사역을 할 것이다. 그러니까 천년왕국에는 부활체를 가진 이긴 자들과 대환란을 통과하여 육체를 가지고 들어간 성도들이 평화롭게 공존할 것이다(계 20:6).

천년 그리스도 왕국은 마귀도 죄도 불행도 없는 세상인지라 모든 것이 형통할 것이며, 사람들의 지혜와 지식, 과학문명도 극도로 발전할 것이며, 성경의 증거에 의하면 수명도 지금보다 2배 내지 5배 이상 길어질 것으로 예상된다(사 65:20).

지금도 우주 어딘가에 외계인들이 생존하여 지구에 찾아온다는 UFO를 주장하는 이들이 많은데, 전혀 성경에 맞지 않는 억측일 뿐이다. 성경에서 생명체는 오직 지구에만 만들어졌다고 증거한다. 온 우주의 별들은 지구를 창조한 이후에 만들어진 것이다(창 1:16). UFO는 자칭 유대인인 사탄의 자식들인 프리메이슨의 농간이고 마귀들의 장난일 뿐이다. 이렇듯이 오직 지구에만 생명체가 존재한다는 것이다. 지구에서 창조된 인간만이 우주 만물의 시작이고, 끝이라는 것이 성경적 관점이다. 그러므로 중간에 그 어떤 외계 생명체가 개

입할 수는 없다. 설사 UFO 몇 백 대가 여의도 광장에 내려온다 할지라도 지구 이외에 다른 행성에 생명체가 없다는 성경 진리는 변할 수 없다.

참고로 천년메시아왕국에서 태어난 이들의 구원 문제는 어찌되는가?

천년왕국에 입성한 이들은, 분명히 대환란이라는 광야 연단 과정을 거쳐서 그 자유의지가 하나님 말씀으로 단련된 이들이다. 하지만 천년왕국에서 태어난 이들은 최초의 아담과 하와처럼 그 자유의지가 연단되지 않은 상태다. 마귀가 없어서 죄를 짓지는 않는다 하더라도, 얼마든지 자유의지로 하나님께 독립을 선언하고 교만의 바벨탑을 쌓을 수 있는 가능성이 있다.

성경이 증거하는 구원의 철칙은 반드시 모든 인간은 광야 연단 과정을 거쳐 천국에 입성한다는 것이다. 그래서 하나님께서는 천년왕국이 끝날 즈음에, 천년왕국에서 태어난 사람들을 연단시킬 목적으로, 지옥의 모든 악령들을 다시 한 번 인간들이 사는 물질계에 풀어놓아 거친 환난의 환경을 만드실 것이다.

아마도 이때의 전쟁은 지구 중심의 전쟁이 아니라 전 우주 중심의 스타워즈가 될 것이라 예상된다. 이때도 대환난의 후 삼 년 반의 상황과 마찬가지 형태로 전개되어, 연단 받아 생명과를 먹고, 천국에 갈 하나님의 자녀들과 사탄의 유혹에 넘어가 정욕대로 살다가 지옥에 갈 사탄의 자녀들로 나뉠 것이다(요일 3:10).

천년왕국이 끝나면서 지구상을 중심으로 한 하나님의 구속 사역이 다 끝난다. 더 이상 인간 창조는 없을 것이다. 인간 창조가 끝나면서 구속 사역도 끝난다. 물질계인 우주만물이 강력한 불에 타서 조직뿐 아니라 분자까지 풀어지게 되면서 사라질 것이다(벧후 3:12). 한마디로 물질계는 영원히 사라지고 영계만(신천신지) 실재하게 된다는 것이다(벧후 3:13).

하지만 물질계가 사라졌다 하더라도, 영계에서는 활발하게 흰 보좌 심판이 이루어질 것이다. 심판주는 당연히 예수님이 되실 것이고, 신자건 불신자건 모든 이들이 심판을 받게 되는 것이다(고후 5:10). 천국 가는 이들은 상급의 심판이요, 지옥 가는 이들은 형벌의 심판이 될 것이다. 이 땅에 사는 동안에 연단 과정을 다 거쳐 알곡이 된 이들은 죽은 후에 영계에서 더 이상의 연단 과정을 거칠 필요가 없기에, 심판대 과정을 거치지 않고 곧장 3층천으로 들어간다.

그들에게 하나님의 보좌는 달처럼 희게 보이는 것이 아니라, 태양처럼 이글거리는 불꽃으로 보일 것이다. 심판대의 과정을 통과하여 1, 2층천에 들어간 성도들에게만 하나님의 보좌가 희게 보이는 것이다.

개신교가 낳은 세계적 영성가인 스웨덴보리나 선다싱 같은 영계 체험자들은 그들의 대표적인 책(천국과 지옥, 선다싱 전집)에서 천국에서는 하나님의 보좌가 어디에서나 보이는데, 3층천에선 태양빛같이 보이고, 2층천에선 달빛같이 보이고, 1층천에서는 희미한 별빛처럼 보인다고 증언한다. 당연히 백보좌 심판대 과정에서는 3층천 성도들은 없으니 태양빛처럼 밝게 보이지는 않는다는 것이다.

백보좌 심판대 과정에서는, 생명책에 기록된 이들이 철저히 그 행위에 따라 심판을 받을 것이다(계 20:12).

성도들이 많은 물질과 권력과 명예를 가지고 구제와 선교에도 큰 헌신을 하여, 세상에서 선한 사람이라 칭송을 받았을지라도 그가 하나님의 뜻보다 세상의 뜻에 민감하게 반응하며, 위선적으로 살았다면 심판대에서 큰 문제가 발생할 것이다.

즉 그의 삶이 나무나 풀이나 짚으로 지은 것 같아, 결국 심판대에 선 다 타버려 실상이 드러날 것이고 큰 충격 속에 절망에 빠질 것이기 때문이다. 이런 사람들은 불같은 해를 받으며, 연단 받는 과정을 강제적으로 통과하여 천국 시민의 자격을 갖추게 되는 원리이다(슥 13:8-9; 고전 3:15).

성경이 증거하는 핵심 가치관은 '공짜는 없다' 이다. 단순하지만 이것이 진리다. 기복주의와 안일주의에 빠진 현대 교인들이 꼭 기억해야 할 것이다. 나사로처럼 세상에서는 가난과 질병과 잦은 실패로 멸시와 천대받는 삶을 살았을지라도 자신을 철저히 부인하며 모든 고난을 긍정하고 인내하며, 하나님의 뜻에 순종하는 산 제사를 드리는 영적 예배자가 되었다면 금이나 은이나 보석으로 지은 것 같아, 심판대에서 합당한 상급을 받을 것이다.

상급의 기준은 철저히 하나님께서 정하신다. 그래서 내 뜻을 버리고 하나님의 뜻을 분별하여 순종하는 생활영성의 실천이 얼마나 중요한지 모른다.

신앙에 있어서 가장 상식적이고 중요한 것이, 세상을 본받지 말고, 하나님의 뜻을 추구하고 그 어떤 희생을 치르더라도 하나님의 뜻에만 순종하는 생활영성의 삶인데, 21세기의 기독교는 이것을 간과하고 무척 버거워하는 것 같다. 이 말세지말에 더 이상 교회의 주인은 예수 그리스도가 아닌 듯하다. 예수님은 인간에게 돈과 명예와 권력과 건강과 안락만을 가져다주는 알라딘 마술 램프의 거인 지니와 같다는 씁쓸한 생각이 든다.

이 시대의 사람들은 교회도 성경도 예수님도 철저히 인간만을 위하여 존재한다는 세속적 세계관을 가지고 있다. 내가 의미가 있어야 그 모든 것에도 의미가 부여되는 형국이다. 오직 인간만이 만물의 정점에 서 있다. 더 이상 하나님께서 서실 자리가 없다.

빛에 대한 영적 지식이 부족한 현대 교인들의 이기적인 열심은 도리어 상급이 아니라 하나님의 진노만 가중시킨다는 것을 생각할 때 마음이 아프다(롬 10:2-3). 어두운 세상 속에만 있다가 죽은 후에 영계에서 밝은 빛의 심판대에 섰을 때 비로소 자신의 본모습을 보게 된 신자들이, 얼마나 황당해하며 충격을 받을까? 영계의 심판대를 생각할 때에 지금 이 순간 일상의 고난 중에 계시되는 빛을 찾아 순종하며 자기를 부인하는 겸손의 삶은 대단히 중요할 것이다.

여기에서 한 가지 주의해야 할 것이 있다. 그것은 요한계시록 후반부에만 백보좌 심판대가 나온다고 역사적으로 단 한 번의 심판만이 존재할 것이라고 생각해서는 안 된다는 것이다. 요한계시록은 성경 전체의 결론으로서, 한 개인이 예수를 믿고 성령을 받아서 광야에서 연단을 받으면서 마음과 행실이 정결해져서 영적 할례를 받고 천국에 들어가는 여정을 이스라엘 민족을 모형으로 하여 증거하고 있다.

그러므로 심판대 과정은, 천년왕국 후에만 잠깐 이루어지는 것이 아니라, 개인적인 심판 과정은 끊임없이 진행되고 있다는 것이다. 혹자는 천년왕국 후의 심판대 과정 전에는 단 한 사람도 천국에 못 들어가고 모든 사후 그리스도인들이 천국 밑에 있는 낙원에 머물러 쉬다가 백보좌 심판을 받고 비로소 천국에 들어간다고 주장한다. 이것은 성경적 세계관에 입각한 모형적 원리와 영계의 이치를 모르는 데서 기인한 오판이다.

성경에서는 이스라엘 백성을 모델로 하여 인간이 구원받아, 광야를 거쳐서 천국에 입성하는 여정을 비교적 상세하게 모형으로 증거하고 있다. 광야를 통한 구원의 도를 모형적 원리로 증거하고 있는 성경이 구약에서는 육적 광야의 책인 모세오경이요, 신약에서는 영적 광야의 책인 요한계시록이다. 광야는 영적으로 교회이고, 십자가는 일상의 고난을 의미한다. 기독교에서 교회와 십자가를 빼고 구원의 완성을 운운한다는 것은 언어도단이다.

참고로 영계에서의 심판 원리를 간략하게 설명하고자 한다. 영계의 심판 원리는 광야 연단의 원리와 똑같다. 우리가 죽은 후에 영혼은 영계로 들어가는데 바로 그 영계에 심판대가 있다는 사실이다(히 9:27; 고후 5:10).

대부분의 교인들은 죽자마자 천국에서 깨어나 순식간에 죄성이 제거되고, 흰옷을 입고 영생복락을 누린다고 생각하지만 결코 그렇지 않다. 이것은 인본적인 생각이지, 성경의 진리가 결코 아니다. 그 누구든지 죽으면 먼저 영계의 심판대 과정을 통과해야 한다.

영계의 심판대가 없다는 것은, 이스라엘 백성이 애굽을 떠나 광야를 거치지 않고, 곧장 가나안 땅에 들어가는 것과 같이 터무니없다. 광야 과정은 절대적이다. 심판대가 있는 영계는 천국도 아니고, 지옥도 아닌 제3의 영역임엔 틀림없다. 왜냐하면 천국과 지옥은 이미 심판 과정이 끝나 영생하고 영벌을 받는 곳이기 때문이다.

심판대 과정 없는 천국은, 우리의 궤변적 논리로는 가능할지 모르나, 성경적 진리는 아니다. 대환란을 통하여, 심판대 과정을 통하여 연단 받아야 한다는 광야의 도는 성경 전체가 증거하는 핵심적 진리임을 명심해야 한다.

지옥에 가는 불신자들의 심판 과정에선, 그 어떤 법도 징계도 없이 맘껏 정욕을 누리라고 방임한다. 그 어떤 제재도 없을 것이고 영적 음행을 맘껏 즐기도록 침상에 던져질 것인데, 이 심판이야말로 가장 무서운 저주의 형벌이다(계 2:21-22). 왜냐하면 정욕을 채우고자 죄성에 지배받으면 받을수록 더욱더 빨리 양심에 화인을 맞아 지옥 불에 떨어지기 때문이다.

정리하면 영계에서 천국에 갈 사람을 위한 심판은, 강력한 율법에 의한 징계의 심판이 될 것이다. 하지만 지옥에 갈 사람을 위한 심판은, 철저한 자유와 쾌락과 방임에 의한 무관심의 심판이 될 것이다. 이러므로 이 땅에서 구원받은 우리에게 주어지는 광야의 시련이 얼마나 큰 축복이요 하나님의 사랑의 표현이란 말인가! 왜냐하면 이 땅에서는 충분히 감당할 만큼만 시련이 주어지고 더불어 많은 상급도 주어지기 때문이다.

타락한 정욕과 죄악성을 가지고 태어나는 인간들은, 지옥 불을 향해 떨어지고 있는 사망의 존재들이다(롬 7:23-24). 이런 인간들에게 축복이 무엇이고 저주가 무엇이겠는가? 수시로 간섭하며 법과 징계로 잡아주어 이끌어주는 것이 저주일까? 아니면 그냥 놓아두어 맘대로 살게 하는 것이 저주일까? 분명히 후자일 것이다.

타락한 인간은 파열된 브레이크를 가지고 벼랑으로 질주하는 존재들이다. 브레이크를 밟아야만 살 수가 있다. 하나님의 징계가 바로 브레이크다. 이런 이유 때문에 전적으로 타락하고, 완전 부패한 우리가 은혜로 선택받았다 하더라도, 강한 율법과 고난의 광야 과정이 절대적으로 필요하다.

영계에서의 심판대 과정이 다 끝나면 심판대가 있던 중간영역은 영원히 사라지고, 오직 생명과를 먹고 소망 가운데 복락을 누리는 생명의 천국과 선악과를 먹고 절망 가운데 고통을 받는 사망의 지옥만이 영원토록 실재할 것이다.

요한계시록 21장

완성된 영계의 천국인 새 하늘과 새 땅과 수도인 새 예루살렘 성

이야기 요한계시록 성경적 세계관으로 쉽게 풀다

'새 하늘과 새 땅' 이라는 표현은 성경에서 두 가지 의미로 쓰인다. 참고로, 이와 똑같은 표현을 쓰는 이단인 신천지가 주장하는 것은 성경과 전혀 다른 이단 사설임을 알아야 한다.

하나는 지상의 광야인 7년 대환란이 끝난 직후에 재림하신 예수님께서 이 땅을 새롭게 하여 만드실 천년지상낙원이다(사 65:17). 또 다른 하나는 영계의 광야인 심판대 과정이 다 끝나서, 예정된 천국 백성의 수가 가득 차고 완벽하게 완성될 영계의 천국을 의미한다(계 21:1). 사실 이 땅에 완성될 지상낙원인 천년왕국은, 영원한 영계에서 완성될 천국의 모델 하우스에 불과하다.

혹자는 본장의 신천신지가 지상의 천년지상낙원이라고 주장하는데 사실이 아니다. 본장에 나오는 새 하늘과 새 땅은 지상의 새로운 낙원이 아니고, 영계의 완성된 천국을 의미한다. 왜냐하면 지상의 신천신지인 천년지상낙원은 이미 계시록 20장에서 끝났기 때문이다.

우리는 요한계시록이 시간적 순서에 따라 질서정연하게 기록되었음을 알아야 한다. 이미 요한계시록 20장에서 천년왕국뿐 아니라 모든 물질계가 다 사라진 후에 심지어 심판받는 영역인 영계까지 없어진 마당에, 또다시 지상의 천년지상낙원을 거론한다는 것은 분명히 어폐가 있다.

요한계시록은 단편적인 지식이나 즉흥적인 감흥만을 가지고는 결코 해석될 책이 아니다. 성경 전체적인 안목인 성경적 세계관이 있어야만 한다.

물질계의 광야인 대환란 과정이나 영계의 광야인 심판대 과정이나 다 힘들고 어려운 것은 매한가지다. 하지만 영원한 낙원인 천국을 소망하면서 이것들을 이기고 나면 하나님의 자녀가 되어 천국을 상속받는다(계 21:7). 예수 그리스도를 통하여 대환란의 거친 광야에 들어온 성도들은 이것을 믿고, 하나님을 경외하며, 그 밝은 뜻에 순종하는 생활영성의 삶을 살아야 한다(전 12:13). 이렇듯 일상의 생활영성은 천국 가는 순례자의 삶의 목적이요, 승리의 비결이다.

본장에서 천국의 수도인 새 예루살렘 성을 의인화하여, 결혼식을 위하여 단장한 신부 같다고 표현한다. 왜 새 예루살렘 성을 그리스도의 신부라고 했을까? 상식적으로 건물이 신부는 아닐 텐데 말이다. 그 이유는 다음과 같다.

새 예루살렘 성에 들어가는 성도들은, 교회시대 2천 년 동안 자발적으로 산 제사의 삶을 살아서 익은 열매가 되었기에 하나님의 인을 받은 144,000명의 휴거 성도들이다. 이들은 예수님과 영성적으로 연합하여, 영생을 획득한 그리스도의 신부들이다(요 17:3). 그래서 이들이 입성한 새 예루살렘 성을 그리스도의 신부라 칭한다. 교회가 건물이 아니듯이, 새 예루살렘 성은 단순한 땅이 아닌, 신부 된 성도들로 본다. 이 땅의 교회도 철저히 하나님의 백성 중심이듯이 영계의 천국도 그렇다.

요한계시록은 이 땅에서 광야 연단을 다 마쳐 이긴 자 된 그리스도의 신부들과 그들이 들어가 영생할 새 예루살렘 성에 초점을 두고 있다. 천국의 새 예루살렘 성은 이 땅에서 예수님과 하나 되어 신부가 된 이긴 자들과 예수님께서 영신적인 부부가 되어 함께 살게 될 신혼집이라고 보면 된다. 혹자는 대환란 중에 공중에서 혼인 잔치가 있을 것이라고 주장하는데, 요한계시록상의 혼인잔치는 천년왕국이 끝난 이후에 완성된 천국인 신천신지에서 있게 된다고 증거한다(계 21:2).

참고로, 이스라엘의 전통적인 결혼 풍습을 알면 이해가 빠를 것이다.

남자가 포도주 잔을 건네서, 여성이 허락한다는 의미로 마시면 혼사가 이루어진다. 그리고 두 남녀가 약혼하면 신랑은 신혼집을 준비하러 떠나고, 신부는 다시 돌아올 신랑을 기다리며 정결한 삶으로 준비한다. 이 시기가 바로 교회시대이다.

신랑은 언제 올지 모르는데, 대부분 불시에 밤에 찾아온다고 한다. 세상과 음행하지 않고 준비를 잘 한 신부는, 갑자기 오는 신랑을 기쁨으로 맞이한다. 이때가 공중 강림하신 주님을 맞이하는 휴거 사건이다.

그리고 신랑은 신부 집에서 일정 기간 머물며 즐거운 시간을 보낸다. 이때가 천년지상낙원이다. 그리고 신랑은 신부를 데리고, 완성되어 영원히 함께 살 집으로 간다. 이것이 바로 완성된 신천신지의 새 예루살렘 성이다. 신랑은 이곳에서 많은 하객을 초청하여 성대한 결혼식을 치른다. 이때 청함 받은 하객이 바로 유리 바다 가장자리에 거할 두 번째 익은 열매인 순교자들이다(계 19:9).

본장에 묘사된 새 예루살렘 성곽과 성의 길들은 모두 맑은 유리 같은 정금으로 지어졌고, 가로 세로 높이가 같은 정육면체 모양이다. 한 면마다 세 문이 있어 총 12개의 문이 있으며, 각 문은 거대한 통 진주로 만들어져 있다. 각 문 위에는 이스라엘 12지파의 이름이 쓰여 있고, 그 밑의 성곽엔 12기초석이 있는데 그 기초석 위에는 예수님의 12사도 이름이 기록되어 있다. 물론 가룟 유다는 빠지고, 다른 이로 대체되었을 것인데 그곳에 가봐야 알 것이다.

여기에서 천국의 12지파는 육적 이스라엘 지파가 아닌 영적 이스라엘 지파다. 이 12지파는 야곱을 통하여 육신의 피로 만들어진 육적 지파가 아니라, 예수님을 통하여 성령으로 만들어진 영적 지파들이다. 예를 들면 사랑, 희락, 화평, 오래 참음, 자비, 양선, 충성, 온유, 절제 같은 성령의 9가지 열매와 예수님의 주요한 성품인 정직, 겸손, 용기 등 12가지 신령한 열매를 맺은 사람들이 들어와서 열매에 따라 거하는 12지파이다(갈 5:22-23).

특이한 것은 새 예루살렘 성 안에 성전이 없다는 것이다. 이 땅에는 예루살렘 성 안에 분명히 성전이 있다. 왜 영계의 천국인 새 예루살렘 성 안에는 성전이 없을까? 그 이유는, 천국에서는 하나님이신 예수님 자신이 성전이 되시기 때문이다.

또한 새 예루살렘 성에는 하나님의 빛이 충만하기에 해나 달의 비췸이 필요가 없다. 2층천과 1층천의 모든 천국 나라들이, 하나님의 보좌가 있는 3층천에서 흘러나오는 빛 속에 거하며 생존한다. 3층천 하나님의 보좌에서 흘러나오는 빛줄기는 마치 에덴동산에서 발원하여 사방으로 흘러가는 강들처럼(창 2:10-14) 2층천과 1층천 구석구석으로 흘러가서 만물을 소성케 한다.

새 예루살렘 성에는 밤이 없기 때문에 성문들은 늘 개방되어 있다. 그렇다고 새 예루살렘 성 안에 아무나 들어올 수 있는 것은 아니다. 새 예루살렘 성에는 오직 이 땅에서 광야 연단 과정을 다 마치고 영적 승리자가 되어 이마에 인을 받은 그리스도의 신부들만 들어올 자격이 주어진다(계 22:4).

천국의 입성 조건은 예수님을 구세주로 믿는 믿음과 그 믿음으로 주어진 일상의 광야를 통하여 연단되는 하나님의 전적 은총이지, 우리의 율법적 노력이 아니다.

이것을 종교개혁자들은 '오직 은혜로, 오직 믿음으로, 오직 성경으로' 라고 주장했다.

요한계시록 22장

천국의 생명 강가에 맺힌 생명과와 총결론

이야기 요한계시록 성경적 세계관으로 쉽게 풀다

천국에는 3층천 하나님의 보좌에서 생명강이 발원하여, 천국 구석구석마다 사통팔달로 뻗어 있는 길 가운데로 흐른다. 강 좌우엔 잎이 청청하게 달린 생명나무가 있는데 매달 새롭게 12종류의 열매가 맺힌다(계 22:2). 그 실과들은 천국 백성들에게 영원한 생명을 주고, 잎사귀들은 피톤치드같이 영을 소생케 하는 신비의 물질을 뿜어내어 영혼을 새롭게 해준다.

천국에서도 천년왕국처럼 하나님과 어린 양의 이름이 이마에 기록된 이긴 자들이, 1층 천국과 2층 천국에 분봉왕으로 파송되어 사역하게 된다(계 22:5; 눅 19:16-17). 하나님께서는 이 땅이든 천국이든 은혜로 선택하고 철저히 훈련된 하나님의 사역자들을 통하여 거룩하신 뜻을 이루신다는 것이다.

하나님께서는 직접 하실 수 있음에도 불구하고, 반드시 훈련된 사람을 통하여 당신의 거룩하신 뜻을 이루신다는 것은 만고불변의 진리이다. 간혹 직접 하나님과 직통한다고, 성도간의 교제를 단절한 채 두문불출하는 이들도 있는데 참으로 어리석은 행동이다. 성경 전체도 사람을 통하여 기록되었고 세계 선교도 사람을 통하여 이루어졌다. 천국의 운영도 마찬가지다.

많은 신비주의자들이 성경을 영음이나 환상 같은 신비한 은사로 해석할 수 있다고 주장하는데, 이보다 더 어리석고 황당한 일은 없다. 사실상 신비한 환상으로 가득 찬 요한계시록까지도 사도 요한이 눈에 보이는 대로 들리는 대로 아무 생각 없이 기록한 책이 아님을 앞에서 증명했다. 성경은 즉흥적인 은사로 해석하는 것이 아니라, 오랜 기간 광야의 연단 과정으로, 자아가 깨어져 성령 충만한 하나님의 사람들이 해석한다.

요한계시록에서 중요한 것은, 입신과 환상 같은 신비한 현상이 아니라 광야 연단을 통한 구속의 섭리를 경험적으로 깨닫고 있는 기록자인 사도 요한이라는 것이다. 요한계시록은 단순히 네로 황제 치하에서 박해받는 그리스도인들을 위로하기 위해 쓰인 판타지 소설도 아니고, 프린터처럼 대필한 베낀 책도 아니다.

요한계시록 역시 다른 성경책이 기록된 원리처럼 사도 요한이 성령님의 전인적 영감 속에서 환상을 재료로 하여 인격적으로 기록한 구원의 책이다. 기독교 역사상 저명한 신앙인들의 계시록이 여러 권 있었지만, 사도 요한의 계시록만이 성경으로 채택된 근본 이유가 바로 이 때문이다.

부언하지만, 요한계시록의 핵심은 종말론적 환상들이 아니다. 이미 광야 연단 과정을 마쳐 장성한 경지에 오른 사도 요한과 고난을 통한 구속적 섭리인 광야의 도이다. 그러니까 환상을 통한 계시록의 표면적 내용을 아는 것도 중요하지만, 그 이면에 있는 '광야의 도' 를 파악하는 것이 더 중요하다.

사도 요한은, 광야의 도를 분명히 아는 사람이다. 그러므로 밧모섬에 귀향 가서 3층천에 들어가 종말론적 환상을 보기 전까지, 오랜 기간을 '어떻게 하면 광야 연단의 도를 무지한 대중들에게 알기 쉽게 전할 수 있을까?' 를 고민했다. 그는 환상을 보기 오래 전부터, 이미 그 증거의 틀을 만들어 놓았을 것이다. 밧모 섬 동굴에서 보았던 종말론적 환상들은, 이미 준비된 구원의 틀에 채워 넣으면서 완성시킨 보조 도구였던 것이다.

그래서 요한계시록이 제대로 해석되려면, 환상 자체보다도 그 환상을 적절하게 배치한 사도 요한의 영적 안목(성경적 세계관)과 광야의 도를 먼저 파악하는 것이 중요하다. 쉽게 말해서, 환상들이 사도 요한을 이끈 것이 아니고 사도 요한의 연단된 영적 안목과 광야 구속관이 환상들을 이끈 것이다.

이렇듯이 요한계시록은 신비한 환상이 주축이 아니라 광야 연단 과정을 다 마친 사도 요한이 주축이다. 그러므로 요한계시록을 환상으로만 풀려 하지 말고, 말씀으로 연단된 사도 요한의 성경적 세계관으로 풀어야 한다. 요한계시록은 환상 책이 아니라 성경책임을 명심하자.

요한계시록에는 1장 같은 서론과 22장 같은 결론이 있다. 이것은 곧 요한계시록이 신비한 기록이 아니라, 이성적이고 상식적인 기록이라는 것이다. 요한계시록은 신비하고 몽환적인 책이라기보다는, 잘 정리 정돈된 하나의 논문과도 같다. 요한계시록은 성경 65권에 의하여 충분히 검증받을 만큼 객관적인 진리요, 동서고금을 막론하고 모든 광야의 성도들이 충분히 이해하고, 도움을 얻을 수 있을 만큼 상식적이고 쉬운 시청각적 비유의 책이다.

대부분의 신학자들은, 요한계시록은 직접적으론 초대교회 성도들을 위로하기 위한 묵시문학책이고, 포괄적으론 말세지말의 성도들에게까지도 간접적으로 유익을 주는 책이라고 말한다. 게다가 모든 교인들은 대환란 전에 휴거되기에 사실상 계시록의 내용들이 별 의미가 없고, 대환란에서 구원 받을 육적 이스라엘 백성들에게나 유용한 책이라고 주장한다. 이런 주장들은 십자가 중심의 성경적 세계관에 기초하지 않는 어이없고 기가 막힌 낭설일 뿐이다.

만약에 이 말세지말의 성도들에게 요한계시록이 직접적으로 유익하지 않다면 첫 장과 마지막 장에 '이 책을 읽고 지키는 자가 복이 있다' 라고 반복하며 강조했겠는가?(계1:3, 22:7, 10) 요한계시록의 말씀은 대환란에 들어가는 모든 성도들이 자유롭게 선택할 수 있는 선택

과목이 결코 아니다. 반드시 이 책이 있어야만 대환란을 성공적으로 통과할 수 있는 구원의 필수과목이다.

요한계시록은 다양한 환상들을 통하여 광야의 도를 증거하는, 성경 진리로 모든 교회시대의 성도들뿐 아니라, 특별히 말세지말의 성도들에게 없어서는 안 될 대단히 중요한 성경 진리다. 요한계시록은 이렇게 끝난다.

> "이것들을 증언하신 이가 이르시되 내가 진실로 속히 오리라 하시거늘 아멘 주 예수여 오시옵소서"(계 22:20).

마라나타!

주 예수님의 은혜가 요한계시록을 읽고, 지키는 모든 이들에게 있으리라 믿는다. 아멘.

에필로그

대환란은 험난한 미로의 정글과도 같다. 그 험난한 정글을 탈출할 수 있는 방법은 오직 하나뿐이다. 그 방법은 2천 년 전에 예수님께서 개척하신 십자가의 좁은 길을 찾아가는 것이다. 이 길로 예수님 자신도 천국에 가셨고, 이 길로 144,000명의 성도들도 처음 익은 열매가 된 확실히 검증된 진리의 길이다.

이 길은 구원의 광야 길인데, 이 길을 알려주고, 이 길로 들어선 사람들을 목표점까지 인도해 주는 생명의 지도가 바로 요한계시록이다. 복음서의 책들이 애굽을 탈출하여 광야에 입성하도록 도와주는 길라잡이라면, 요한계시록은 광야를 통과하여 가나안 땅에 입성하도록 도와주는 광야 길라잡이다.

지금은 흰색도 되고, 검은 색도 되는 회색지대가 존재한다. 주일은 경건한 그리스도인으로, 평일엔 정욕에 푹 빠져 사는 세상 사람으로 이중적 삶이 가능하다. 이 시대의 대다수 기독교인들이 한 발은 하나님께, 한 발은 세상에 걸치고 살면서 박쥐와 같이 정체성이 불분명한 삶을 산다. 그런데 그런 위선적인 삶이 대환란에서는 불가능하다.

대환란의 극심한 고난은, 모든 이들의 본심을 그대로 드러내주기 때문이다. 마치 거친 태풍이 깊고 어두운 바다 속까지 송두리째 뒤집어 놓는 이치다. 아쉽게도 그때는 우리의 속내를 숨기며 살 수 없게 된다. 우리의 마음이 곧 우리의 행동이 될 것이기 때문이다. 대환란 때는 흑색과 백색의 사람만이 존재할 것이다.

그러다보니 대환란 때는 불의한 쭉정이 교인과 거룩한 알곡 교인의 경계가 분명해진다. 길가와 돌짝밭 신자들을 비롯한 세상의 불신자들은, 초기에는 자신의 본심이 그대로 드러나는 것에 대하여 놀라기도 하고 부끄럽게 생각하며 탄식도 하겠지만, 대환란이 깊어지면서 점점 부끄러운 행실에 익숙해질 것이다.

거대한 해일같이 밀려오는 세속주의에 빠져, 양심이 점점 무뎌지는 그들은 하나님의 말씀에 따라 사는 것을 바보같이 여길 것이고, 정욕을 따라 사는 것을 당연하게 여기며 미친 듯이 쾌락을 추구할 것이다. 회개함으로써, 양심의 불을 더 밝게 하는 것보다 차라리 악을 더 행함으로써 그 불을 꺼버리는 것이 더 편하리라 판단하는 것이다. 아예 스스로 눈을 멀게 하여 분별의 눈이 필요 없고, 정욕적인 감각으로만 사는 어둠 속의 박쥐 같은 인생을 살려 하는 것이다.

반면에 좋은 땅의 심령을 가진 성도들은, 대환란 초기엔 세상 불신자들과 마찬가지로 거친 환경에서 자신의 악한 본성이 그대로 드러나는 것을 보면서 강한 충격에 사로잡혀 방황할 것이다. 하지만 곧바로 자신의 정체성을 깨닫고 주님의 속죄 은총을 갈구하며, 죄를 철저히 회개하게 될 것이다.

대환란에 깊이 들어가면서 성도들은 세상을 본받아 살며 우상처럼 섬기던 정욕적인 삶을 철저히 후회하며, 세상을 배설물처럼 여길 것이다. 그리고 더욱더 세상 소유를 버리면서 예수님을 본받는 경건과 절제의 삶을 추구할 것이다. 이들의 양심의 눈은 점점 더 밝아지면서 '하늘을 우러러 한 점 부끄러움이 없기를, 잎새에 이는 바람에도 나는 괴로워했다' 라는 윤동주 시인의 노래처럼, 하나님의 존전(코람데오)에 있음을 의식하면서 밝은 빛 가운데, 영적 번제를 드리면서 빠르게 성장할 것이다.

이렇듯, 좋은 땅의 심령을 가진 성도들에겐 거친 대환란의 환경이, 오직 성경으로, 오직 은혜로, 오직 믿음으로 돌아갈 수 있도록 영적 대각성과 영적 성숙의 도약대가 된다.

문제는 대환란에 은총으로 완벽하게 준비된 연단의 도구인 재앙이 아니라, 그것들을 받아들일 수 있도록 성경적 세계관과 광야의 도로 무장하느냐, 안 하느냐이다.

성경적 세계관으로 쉽게 풀다
이야기 요한계시록

2015년 3월 20일 인쇄
2015년 3월 25일 발행

지은이 | 박공서
발행인 | 이형규
발행처 | 쿰란출판사

주소 | 서울특별시 종로구 이화장길6(이화동)
TEL | 02-745-1007, 745-1301~2, 747-1212, 743-1300
영업부 | 02-747-1004, FAX / 02-745-8490
본사평생전화번호 | 0502-756-1004
홈페이지 | http://www.qumran.co.kr
E-mail | qrbooks@gmail.com
qrbooks@daum.net
한글인터넷주소 | 쿰란, 쿰란출판사

등록 | 제1-670호(1988.2.27)

책임교열 | 김영미 · 오완

값 11,000원

ISBN 978-89-6562-733-3 93230